普通高等教育工程应用型系列规划教材

大学生职业生涯规划与就业指导

主　编　罗明忠

副主编　谭菲雪　马啸尘　蔡依依

科学出版社

北　京

内 容 简 介

本书以职业生涯规划相关理论和方法为指导，较为系统地介绍了大学生就业过程中的热点问题，通过理论与实践、量表测试与练习、案例分析与讨论的结合，希望可以为在校大学生求职择业提供系统化、全程化的指导。本书适用于分阶段教学，其中第一阶段包括第一篇"我的大学"和第二篇"职业规划"，适合在新生入校后进行教学；第二阶段包括第三篇"求职指导"和第四篇"创业教育"，适合在大三年级开展教学。本书力求突破传统，有所创新，既立足实用性、指导性，又注重方向性、教育性。为了增强可读性，我们在文字风格上力求简明扼要，有关理论和方法介绍也努力做到深入浅出、通俗易懂；在内容体例安排上，力求做到独特新颖、代表性强。

本书的读者对象定位于在校大学生及高校就业指导课程教师，编写时充分考虑了当前大学生的特点，特别注重增强本书的实用性，因此该书既适合大学生作为案头备用书随时查阅和学习，也可作为高校对大学生进行职业生涯规划及就业指导的教材，还可以作为相关培训参考书。

图书在版编目（CIP）数据

大学生职业生涯规划与就业指导 / 罗明忠主编. —北京：科学出版社，
2015.8

普通高等教育工程应用型系列规划教材

ISBN 978-7-03-045473-7

Ⅰ. ①大… Ⅱ. ①罗… Ⅲ. ①大学生－职业选择－高等学校－教材
Ⅳ. ①G647.38

中国版本图书馆 CIP 数据核字（2015）第 190410 号

责任编辑：李 清 张丽花 / 责任校对：郭瑞芝
责任印制：徐晓晨 / 封面设计：迷底书装

科 学 出 版 社 出版
北京东黄城根北街 16 号
邮政编码：100717
http://www.sciencep.com

北京虎彩文化传播有限公司 印刷

科学出版社发行 各地新华书店经销

*

2015 年 9 月第 一 版 开本：787×1092 1/16
2018 年 8 月第四次印刷 印张：13 1/2
字数：320 000

定价：36.00 元

（如有印装质量问题，我社负责调换）

编　委　会

前　言

随着我国市场经济体制的健全和就业制度的完善，大学生就业进入了"自主择业、双向选择"的时代。在人才市场日趋完善的今天，大学生一方面获得了选择职业的自主权，另一方面也迎来了激烈的就业竞争。可见，对大学生进行职业生涯规划和就业指导，是社会发展的客观要求，是高等教育主动适应市场经济体制和就业制度改革的需要，也是高校实现自我完善和可持续发展的根本要求。

本书由西安建筑科技大学罗明忠老师担任主编，确定本书编写的指导思想和特色定位，负责设计全书的框架体系、内容模块、编写体例及最后审核定稿；由蔡依依负责收集案例，并进行全书的汇总修改；由从事大学生就业指导教育一线的教师团队编写，具体篇章由参编者集体讨论后确定为"我的大学"、"职业规划"、"求职指导"和"创业教育"四个部分。其中，第一篇"我的大学"由陈晓静负责，并完成了"大学与学业"、"职业与职业素质储备"两个章节的编写任务；第二篇"职业规划"由马啸尘负责，其中，第三章"职业生涯规划概述"由殷若琳编写，第四章"大学生职业生涯规划"和第五章"大学生职业生涯规划与实践"由马啸尘编写；第三篇"求职指导"由谭菲雪负责，其中，第六章"大学生就业形势、就业制度及政策"由蔡依依编写，第七章"求职准备"、第八章"求职应聘"由王斌编写，第九章"就业程序及就业权益"由谭菲雪编写；第四篇"创业教育"由孙小刚负责，并完成了第十章"创业认知"的编写任务，第十一章"创业实践"由李宁娟编写。初稿完成之后，谭菲雪为全书提供了修改意见。

本书在编写过程中引用和借鉴了大量国内外同行有关职业生涯规划和就业指导相关的理论、著述、文献和网站资料，除注明出处的部分以外，限于篇幅未能一一说明，在此表达衷心的谢意！此外，本书得以尽快出版和面世，得到了科学出版社工作人员特别是李清编辑的支持和帮助，以及西安建筑科技大学华清学院的大力支持，在此一并表示感谢！

我们期望本书能使广大读者受益，但由于时间仓促以及编者自身水平有限，书中难免存在不足、疏漏之处，也有需要后续探讨的方面，恳请广大专家和读者批评指正！

编　者

2015 年 7 月

目　　录

前言

第一篇　我的大学

第一章　大学与学业 …………………………………………………………………… 2

　第一节　认识大学 …………………………………………………………………… 2

　　一、什么是大学 …………………………………………………………………… 2

　　二、现代大学的主要职能 ………………………………………………………… 3

　　三、现代大学在人才培养过程中的主要特点 …………………………………… 5

　　四、大学生涯对学生成长的重要意义 …………………………………………… 6

　第二节　学业规划与时间管理 …………………………………………………… 8

　　一、学业规划 ……………………………………………………………………… 9

　　二、时间管理 ……………………………………………………………………… 11

　　二、时间管理的方法 ……………………………………………………………… 13

第二章　职业与职业素质储备 ……………………………………………………… 16

　第一节　职业基本认知 …………………………………………………………… 16

　　一、职业的界定 …………………………………………………………………… 16

　　二、职业分类 ……………………………………………………………………… 17

　　三、职业选择的准则和方法 ……………………………………………………… 19

　　四、职业在人生中的重要意义 …………………………………………………… 22

　第二节　专业与职业的关系 ……………………………………………………… 23

　　一、专业概述 ……………………………………………………………………… 23

　　二、专业与职业的关系 …………………………………………………………… 24

　　三、正确看待冷热门专业 ………………………………………………………… 25

　第三节　职业素质储备 …………………………………………………………… 28

　　一、职业素质概述 ………………………………………………………………… 28

　　二、职业素质储备的途径 ………………………………………………………… 29

　　三、职业素质储备在职业生涯中的作用 ………………………………………… 32

第二篇　职业规划

第三章　职业生涯规划概述 ………………………………………………………… 36

　第一节　职业生涯规划的起源 …………………………………………………… 37

第二节　职业生涯规划理论概述 ·· 38

一、人职匹配理论 ·· 38

二、职业生涯决策理论 ·· 41

三、职业发展阶段理论 ·· 42

第四章　大学生职业生涯规划 ·· 47

第一节　大学生职业生涯规划的意义 ·· 47

第二节　大学生职业生涯规划的类型和主要任务 ························ 50

一、大学生职业生涯规划的类型 ·· 50

二、大学时代职业生涯规划的主要任务 ······································ 51

第三节　大学生职业生涯规划的要素和基本原则 ························ 53

一、大学生职业生涯规划的要素 ·· 53

二、大学生职业生涯规划的基本原则 ·· 53

第四节　大学生职业生涯规划的影响因素和误区 ························ 55

一、影响大学生职业生涯规划的因素 ·· 55

二、大学生职业生涯规划误区 ·· 56

第五章　大学生职业生涯规划与实践 ·· 59

第一节　大学生职业生涯规划的方法和步骤 ······························ 59

一、职业生涯规划的方法 ·· 59

二、大学生职业生涯规划的步骤 ·· 62

第二节　大学生如何编制职业生涯规划书 ·································· 65

一、职业生涯规划书的写作原则及要求 ······································ 65

二、职业生涯规划书的基本格式 ·· 66

第三篇　求职指导

第六章　大学生就业形势、就业制度及政策 ································ 72

第一节　就业形势及前景展望 ·· 72

一、就业形势 ··· 72

二、影响就业的主要因素 ·· 74

三、就业前景及展望 ··· 77

第二节　就业制度及政策 ·· 81

一、就业制度及政策概述 ·· 81

二、就业制度的内容 ··· 81

三、就业政策的内容 ··· 83

第七章　求职准备 ··· 89

第一节　心理准备 ··· 89

一、常见的就业心理 ………………………………………………………… 89

二、产生心理问题的原因 …………………………………………………… 91

三、调整就业心态，提高就业能力 ………………………………………… 94

第二节　信息处理 …………………………………………………………… 96

一、就业信息 ………………………………………………………………… 96

二、搜集就业信息的渠道 …………………………………………………… 97

三、筛选就业信息的方法 …………………………………………………… 99

四、挖掘就业信息内容，提高就业信息含金量 ………………………… 100

第三节　提升就业能力 …………………………………………………… 102

一、就业能力概述 ………………………………………………………… 102

二、提升就业能力的途径 ………………………………………………… 102

第四节　求职文案 ………………………………………………………… 104

一、求职文案的内容及作用 ……………………………………………… 104

二、求职文案的形成 ……………………………………………………… 105

三、电子简历制作 ………………………………………………………… 114

第八章　求职应聘 ………………………………………………………… 115

第一节　求职渠道 ………………………………………………………… 115

一、大学生就业市场 ……………………………………………………… 115

二、大学生就业途径 ……………………………………………………… 118

三、大学生求职的社会途径 ……………………………………………… 119

四、大学生就业选择 ……………………………………………………… 121

第二节　面试技巧 ………………………………………………………… 122

一、面试的目的和原则 …………………………………………………… 122

二、面试的形式和内容 …………………………………………………… 124

三、面试技巧 ……………………………………………………………… 127

四、面试的难点和应对策略 ……………………………………………… 130

五、面试后的注意事项 …………………………………………………… 132

六、面试禁忌 ……………………………………………………………… 134

第三节　笔试技巧 ………………………………………………………… 141

一、笔试的种类 …………………………………………………………… 141

二、笔试的方法和技巧 …………………………………………………… 142

第九章　就业程序及就业权益 …………………………………………… 146

第一节　就业选择 ………………………………………………………… 146

一、处理好个人成才与职业生涯规划的关系 …………………………… 146

二、处理好个人就业能力与就业期望之间的关系 ……………………… 147

三、处理好短期就业与个人就业目标之间的关系 ……………………… 149

四、处理好就业个人价值取向与社会价值取向之间的关系 ·········· 150
第二节　签约 ··· 152
　　一、签约的程序 ··· 152
　　二、签约的注意事项 ··· 153
　　三、各方的权利与义务 ··· 154
　　四、就业协议与劳动合同的异同 ·· 155
　　五、违约、解约及其责任 ·· 156
第三节　报到 ··· 157
　　一、报到证 ··· 157
　　二、档案、户口、党团关系的迁转 ··· 159
　　三、报到期限及需要的材料 ··· 161
　　四、人事代理 ··· 162
第四节　就业权益保护 ··· 163
　　一、法律保护 ··· 163
　　二、自我保护 ··· 166
　　三、社会保险 ··· 167
第五节　求职陷阱防范 ··· 168
　　一、求职陷阱的种类 ·· 168
　　二、求职陷阱的防范——识别陷阱二三四五法 ································· 173

第四篇　创业教育

第十章　创业认知 ·· 176
第一节　创业 ··· 176
　　一、创业的定义 ··· 176
　　二、创业的功能 ··· 176
　　三、大学生创业的意义 ··· 177
　　四、创业的类型 ··· 179
　　五、大学生创业的方向与项目推荐 ··· 180
第二节　创业者和创业团队 ··· 181
　　一、创业者 ··· 181
　　二、创业团队 ··· 185
第三节　创业的基本条件及其影响因素 ··· 187
　　一、创业的基本条件 ··· 187
　　二、影响创业的因素 ··· 187
第十一章　创业实践 ··· 190
第一节　创业准备 ·· 190

一、拟涉足行业与产品的相关专门知识 ……………………………………… 190

二、创业必备的资源 ………………………………………………………… 191

第二节　创业流程 ………………………………………………………………… 195

一、项目选择 ………………………………………………………………… 195

二、确定创业模式 …………………………………………………………… 195

三、调查研究 ………………………………………………………………… 196

四、撰写创业计划 …………………………………………………………… 197

五、筹集资金 ………………………………………………………………… 197

六、运营管理 ………………………………………………………………… 199

第三节　创业误区及创业风险 …………………………………………………… 199

一、大学生创业误区 ………………………………………………………… 199

二、创业风险 ………………………………………………………………… 200

三、大学生如何规避创业风险 ……………………………………………… 201

参考文献 ……………………………………………………………………………… 204

第一篇 我的大学

第一章

大学与学业

第一节 认识大学

亲爱的新同学们，从踏进大学校门的这一刻起，你们将要离开父母的呵护，独立面对新的挑战，也预示着你们的人生里程开始新的一页。你们的心里是否充满激动、兴奋还夹杂着一丝不安？如果把大学生活比喻成一场演出，那么故事的主角就是你们，演出是否精彩就要看你们的表现。请你带着以下问题，拉开演出的帷幕：

(1)十年寒窗苦读的目的是什么？

(2)上大学的动机是什么？

(3)通过大学的学习，能收获什么？

(4)怎样才能迈着坚实的步伐从学校毕业顺利走向职场？

……

带着这些问题往下看、往下做，阳光将逐渐穿透你心中的迷雾，带领你探寻大学生活，领略什么是真正的大学。

大学，对于每一个经历十年寒窗苦读的大学生而言，永远是一道亮丽的风景线，是众人心目中的知识殿堂。它承载着每个学生的梦想，是个人知识和技能积累的重要阶段，是莘莘学子生命中最为关键的转折点。大学生要想在大学期间更好地获取知识、提升素质、培养能力，就必须从认识大学、适应大学生活开始。

一、什么是大学

国内外学者关于大学的认识，可谓"众说纷纭"。

大教育家、北京大学原校长蔡元培认为："大学者，'囊括大典，网罗众家'之学府也""大学者，研究高深学问者也""大学为纯粹研究学问之机关，不可视为养成资格之所，亦不可视为贩卖知识之所。"

清华大学老校长梅贻琦曾在1931年12月4日就职演说中说过："一个大学之所以为大学，全在于有没有好教授；所谓大学者，非谓有大楼之谓也，有大师之谓也。"

作为专门研究高等教育的学者杜作润而言，他从研究学问、传授知识等方面界定大学："大学是学术殿堂，它研究高深的学问，发展和传授知识；大学是专业教育机构，它实施高等专业教育计划，培养专家和专门人才；大学是社会服务机构，它介于国家和地区的社会、经济生活，并为之服务；大学是岗位培训站，它通过各种形式的教育和教学，培训各类职业岗位人员，使他们能够胜任本职工作或适应工作的变换。"

在西方，从中世纪大学与行会组织的产生来看，学者及教育家们认为："大学是学者的社团""大学是由学者和学生共同组成的追求真理的社团""大学是供人们进行思想、知识交流，并从中进行文化保留、传播和创造的智者之家。"

德国柏林大学的创始人、现代大学之父威廉·冯·洪堡认为："大学是必须经常给予社会所需要的东西的地方，是探索知识和培养人才的基地。"

美国著名的教育学家弗莱克斯纳认为："大学本质上是一个做学问的场所，致力于保存知识，增进系统化的知识，培养远高于中等教育水平之上的学生。""现代大学在最高层次上全心全意并毫无保留地致力于增进知识、研究问题(不管它们源自何方)和训练学生。"

美国加州大学伯克利分校校长代尔教授立足于大学传承知识、解决现实问题的角度来阐述大学的功能，他指出："21 世纪的大学不仅要担负起保护知识的重任，也要担负起保护文化遗产和向人们解释不断增加的含混意识的责任。大学还必须增强研究的能力，解决现实中的问题。"

从国内外学者关于大学的界定来看，我们认为大学应当具备以下四个方面的特征：

(1)大学是一个有大师的地方；

(2)大学是一个传播知识、探寻真理、研究科学的地方；

(3)大学是一个培育人才，使大学生提升自我的地方；

(4)大学是一个有馆藏丰富的图书馆，设备先进的教学大楼、实验室和浓郁校园文化氛围的地方。

二、现代大学的主要职能

大学职能是大学与社会关系的集中反映。伴随社会进步，大学职能呈现出由单一性到多元化、由经院性到社会化的发展轨迹①。现今以高科技为基础的新经济的兴起，进一步要求大学从社会的外围、边缘走向中心，从而赋予大学职能以新的内涵。

世界大学经历了从单纯的教学发展到教学与科研的统一，再到教学、科研与社会服务的统一。现在一般都认为大学被赋予了三种基本职能：人才培养、科学研究、社会服务。

(一)人才培养

大学从起源能够延续至今，并具有广阔的发展前景，最重要的原因就在于它所承载的人才培养的功能。但在不同的历史时期，不同的国家，大学的人才培养的职能内涵是不同的。

---

① 大学的起源，可以追溯到古希腊的"学园"(Academy)。现在所称的大学一般是指以 12、13 世纪产生于西欧的中世纪大学为代表的高等教育实施机构，故大学的职能是指具有中世纪大学结构之特征的高等教育机构的职能。

近现代大学起源于 12、13 世纪的欧洲中世纪大学。最早产生的中世纪大学有意大利的萨莱诺大学，法国的巴黎大学，英国的牛津大学、剑桥大学等，那时，西欧各国的封建制已经基本建立，国家机构逐步完善，需要配备官吏、教会人员和各类专门人才，这些都促成了中世纪大学办学的主要职能。可见，中世纪大学远离社会生产和生活，培养满足教会、政府、统治阶级需要的各种专门人才，为上层社会的利益服务。例如通晓教义、能说会道的神职人员，懂得法理、善言辩的律师、法官，精通医术的医生等。

现今时代，经济全球化、社会知识化、文化多元化、网络信息化等，无不体现着社会各行各业需要全面化、高素质、专业化的人才。培养符合社会需要的人才则恰恰是大学的任务所在，集中体现在培养什么人和怎样培养人，因而大学一方面为大学生提供学习知识、培养技能、成长成才的机会和条件；另一方面，要培养学生树立正确的世界观、人生观、价值观，塑造学生的性格，培养高尚的道德品质。

(二)科学研究

大学具有良好的物质、精神条件，作为社会的组成部分，大学应当成为知识创新和推动科技成果向现实生产力转化的重要力量。

传统大学是传授知识的场所，将研究和发现知识排斥在大学之外。文艺复兴后，神学的地位受到人文主义的挑战，但科学家并没有在大学中找到自己的位置。直到 19 世纪初，洪堡以新人文主义思想为指导创建了柏林大学。柏林大学把培养学者和学术发展当作自身的目的，推崇"学术自由"和"教学与研究的统一"，其原则是"通过研究进行教学"和"教学与科研"相统一，将增扩人类知识和培养科学工作者作为自己的主要任务。柏林大学的精神，推动了德国的科学事业发达昌盛，对世界高等教育产生了深远的影响，也为科学研究成为大学主要职能之一奠定了基础。

在科技日新月异的今天，科学研究的地位越来越受到各国大学的重视。各大学将科学研究成果广泛应用于国家各项事业的发展上，直接转化为生产力，推动社会的发展。像以美国斯坦福大学为主发展起来的"硅谷"科学工业园，依托于北京大学雄厚的人力与技术资源的方正集团等，都体现了大学在以科研技术为基础形成的产学研相结合科技发展基地中的重要作用。

可见，科学研究是每个国家对大学发展的必然要求，也是大学自身与时代步伐保持一致的必由之路。

(三)服务社会

大学应致力于满足社会，如果没有社会的支持，大学就不可能获得生存。面对社会变革的新要求，大学走出了象牙塔，主动融入到社会之中。因为如果脱离社会而去追求纯粹的"大学精神"，不仅不利于科学的进一步发展，也会影响大学自身的发展。

在服务社会方面，大学通过培养社会需要的人才、发展科技研究间接地为社会服务。但大学发展到今天，社会各行各业更需要大学直接为社会服务。现代大学是社会文化科学的中心，在文化研究、科学研究方面处于领先地位，它们有能力担负起对社会机构的指导与咨询责任，帮助解决社会发展过程中遇到的各种理论及实际问题。

现代大学的三项职能从根本上讲是统一的，它们共同构成了一个有机整体。首先，它们的目的一致，都是为社会发展服务；其次，它们的手段互补，培养人才固然以教学为主，但需要教学与研究和社会实践相结合，同样三结合也有助于发展科技和服务社会；第三，大学兼备三项职能，可以实现各种资源共享和效用最大化。

三、现代大学在人才培养过程中的主要特点

2010年《国家中长期教育改革和发展规划纲要（2010—2020）》的出台，对高等教育的人才培养提出了明确的要求，提出了要着力培养信念执着、品德优良、知识丰富、本领过硬的高素质专门人才和拔尖创新人才的目标。对于以人才培养为三大职能之一的大学而言，它们结合当前形势积极思考现代大学人才培养的目标问题，在人才培养的过程中凸显出以下四个方面的特点：

（一）"以学生为中心"的人才培养理念

人才培养理念是一个总体性的称谓，涵盖一切关于大学人才培养问题的理念体系。纵观大学的发展历史，从中世纪欧洲现代大学的起源到现在，大学的人才培养理念随着大学的变迁而变迁。在传统的大学教育中，人才培养理念的问题往往容易被忽视或未引起足够的重视。传统的教育理念忽视学生的个性发展，在很大程度上束缚学生，影响学生想象力、创造力的培养，使学生在传统教育理念的影响下，形成固定的、统一的思维模式。直到1952年美国著名心理学家卡尔罗杰斯在哈佛大学教育学院的主题为"课堂教学如何影响人的行为"的学术研讨会中首次提出了"以学生为中心的教育理念"，该理念强调开放式的、以人为中心的教育方法。美国大学率先将"以学生为中心"的教育理念应用在人才培养的改革与创新上，这一教育理念逐渐被世界各国的大学所接受和认可。

对于大学而言，人才培养理念的转变，实质上就是在人才培养的过程中，一切以学生为出发点，以学生发展为中心，尊重学生的主体意识，培养学生的创造能力和创新性，构建和谐的人文教育环境。

（二）注重培养学生的社会责任感

教书育人，育人为本；德智体美，以德为先。蔡元培曾说，怎样才配做现代学生？要有"狮子样的体力、猴子样的敏捷和骆驼样的精神"，其中"骆驼样的精神"第一是对学术上的责任；第二是对国家的责任；第三是对社会的责任。无数的事例说明，做人、做事、做学问，首先是做人。因此，现代大学把育人作为首要目标，注重培养学生社会责任感，用中国特色社会主义理论体系武装学生，把社会主义核心价值体系融入人才培养全过程，促进学生把个人梦想和"中国梦"紧密融合在一起，把个人价值与社会价值紧密结合在一起，把个人命运与国家命运紧密联系在一起，使每一位学生都能够成为对国家、对社会、对人民有用的人才。

（三）人才培养的着力点在于创新能力和实践能力的培养

享誉国际的高分子材料专家艾伦·麦克迪尔米德任教于宾夕法尼亚大学，他说："我在新西兰上大学的时候，人们认为自然界只有 92 种元素，这是上帝为整个宇宙所创造的；而现在我们知道，还有更多的人造元素。"由此，他认为，尊敬老师是应该的，但是不必盲从、迷信老师说的每一句话，而要敢于怀疑，敢于向老师发问，这是产生变革的必由之路，也是取得重大突破和科学新发现的唯一办法。可见，思想的力量是无穷的，只要学生具有了这种创新意识，敢于探索新事物、敢于创新突破，那任何难题只不过是进步的阶梯。

创新源于什么？创新来源于独立思考和勇于探索的精神。大学作为人才培养的机构，鼓励学生个性发展，注重挖掘学生潜力，努力营造鼓励独立思考、自由探索、勇于创新的良好环境，使学生在校期间养成终身受用的良好习惯和获得未来发展的多种准备。目前，部分大学结合市场需求制定个性化的培养方案，有的将本科期间分为大类培养、专业培养、多元培养三个阶段，帮助学生选择适合自己的个性化成才通道，建立专业准入准出标准，学生只要满足标准，都可以从该专业毕业。

同时，现代大学在人才培养上，不仅注重学生基础知识的学习，也注重学生实践动手能力的培养。各大学在教学实践环节，增加实践教学比重，确保各类专业实践教学的学时学分；在社会实践活动环节，鼓励大学生广泛参加社会调查、生产劳动、志愿服务、公益活动、科技发明和勤工助学等活动。同时，大力推进校企合作，加强学生实习实践基地建设，建设了一批大学生校外实践教育基地和实习、实训基地。

（四）人才培养的落脚点在于适应社会需要

人才培养质量高不高，关键在于是否能够满足社会需求和人的发展需要。蒙着头、关着门，脱离社会需求是办不好大学的。现代大学注重以社会评价为导向来衡量人才培养质量，把社会需求的信息及时反馈到人才培养环节上。大学准确把握并及时研究分析毕业生就业状况和重点产业人才供需情况，以此引导专业设置和课程调整，不断增强人才培养工作对经济社会发展的适应度。

四、大学生涯对学生成长的重要意义

从高中到大学，就如同一个人从一个小小的村庄走进了一个丰富多彩的大城市，所获得的感受是前所未有的。只要留意，就能感受大学生活将为学生带来足以受用终生的体验。那么，大学究竟能给学生的人生带来什么？

（一）大学提升了学生的思想境界

有人说大学的价值并不仅仅在于它提供的知识，而在于学有所成后能够以崭新的思想境界观察和审视学生所属的这个世界。正如，德国学者雅斯贝尔斯说过的："教育的过程首先是一个精神成长的过程，然后才成为科学获知过程的一部分。"

人生是需要有境界的，没有境界的人生，站不高，看不远。所谓的思想境界，就是对信仰的坚守和对理想的追求。表面上看来，境界对学生没有什么用处，不会给学生带来直接效用，但实际对学生的人生影响很大。美国哈佛大学在每一位大学校长的就职典礼上，新老校长都要传递两把钥匙，一把钥匙象征开启信仰之门，一把钥匙象征开启理想之门。人们从中可以感悟，有了对信仰的坚守和对理想的追求，人就会放弃眼前利益，追求长远利益；放弃个人利益，追求公众利益。

大学就是要将一种崇高的社会理念和历史责任传递给学生，唯有如此，大学生才能在追求理想、追求真理、追求知识的整个进程中不断超越、提升自我。

（二）大学为学生提供了多样化的文化体验

作为文化传承和创新的场所，大学集合了多样的文化资源。社会与文化在这里聚合荟萃，科学与人文在这里交相辉映，历史与现实在这里汇集父融，更形象地说，大学就是"南来北往"和"南腔北调"。在多元文化的互动中，大学生犹如在时空隧道中穿梭和转换，会产生各种各样的条件反应。通过各种讨论和交流，大学生在比较和择取中慢慢将人类社会积累的丰富经验和智慧内化为自我成长的重要组成部分，练就应对各种文化环境的感受力和适应力。相反，倘若没有这样一种多元文化的熏陶以及多样文化的体验，每当他们遇到新的文化环境，就难以避免出现"适应性休克"。

可以说，如果没有文化的熏陶，大学生的思想意识就会被窒息，对各种事物的认知就会变得十分麻木。他们对文化掌握得越丰富，对社会发展的感受力就越准确，走向社会的信心就越坚定。他们未来发展的一切判断、观点、动机、标准以及付诸行动的决心，就集中在他们所获得的文化视域和思想范围里。

（三）大学为学生的成长提供了一个新的起点

对于学生而言，在大学岁月以前，生活、学习事务几乎全部由家长、亲人、老师包办。进入大学之后，新的学习环境、生活环境，新的人际关系，为学生的成长提供了新的挑战与起点。

（1）在学习上，"谁想在茫茫的学海中取得成功，就必须要有强烈的好奇心"。大学不仅传承知识，更注重求知欲和探索精神的培养。大学学习主要以自学为主，课堂内外，大学的老师不像中学班主任那样管理具体、细致，他们的主要职责是通过指导、组织学生开展多种活动，培养与引导学生主动思考的能力，激发他们去钻研去探索，他们更多教会的是科学的学习方法和分析、解决、研究问题的能力。

（2）在生活上，每个人都在单独生活，这对于已经习惯父母照顾的学生来说既是考验，也是锻炼。也可以这么说，生活琐事料理的成功与否，也决定着学生未来的路是否会在自己的掌握之中。因为只有学会生活的人，才会勇敢地面对更大的挑战。

（3）在人际关系上，学生第一次进入社会生活，将要面对为人处世，面对人际交往，面对各种复杂、简单的问题。美国著名企业家、职业生涯指导专家卡耐基说过："一个人事业上的成功，只有 15% 由于他的专业技术，另外的 85% 是靠人际关系、处世技巧。"可见，现在的个人竞争，越来越需要他人的配合和合作。在大学这个社交平台，学生可以通过各种途径和渠道，学会与人相处、与人交往、和谐共存。良好的人际关系可以成为有效的人际资源，为学生今后的工作及职业生涯发展创造一个良好的空间。

新的学习平台、新的生活平台和新的人际交往平台为学生展开一个新视野，将带学生走进一个新天地、一个新空间，使学生面对新问题，学会正视、思索、处理，最终能够迎刃而解。

（四）大学培养了学生立足未来职业发展的专业知识和实践能力

随着科学研究的不断深入，社会的专业化程度越来越高，职业分工也越来越细。在这样的社会环境下，当代大学的专业越来越分化，专业知识的学习和实践能力的训练在大学普遍开展。

美国科学社会学家巴伯认为："专业知识是非常高度专门化的观念系统，只有那些在有关领域接受长期训练的专业人员才能得到。"大学正是这样一个地方，这里有藏书丰富、类别齐全的图书馆，有各行各业的知名的专家、学者，有丰富多彩的学术活动，在这里学生们可以尽情地畅游在知识的海洋，汲取自己所需要的知识营养。大学专业知识的学习主要是围绕课堂教学、实验、生产实践、调查研究、论文写作等展开的。每个与专业学习相关的环节都是教育者的精心设计，都需要学生细细地体会与理解。比如课堂是学习知识的过程，实验是规范运用知识的过程，生产实践是理论知识结合实践的过程，调查研究是寻找知识依据的过程等，每一个教学过程都是为了促进学生走向更高的学习阶段，直至满足未来职业发展的需求。

对于每一位大学生来说，完成某一领域的专门任务，不仅需要把握专业理论知识和方法，还要具备一定的实践能力。大学日程安排较松，有大量的课余时间，学生可以拓展学习的内涵和外延，训练自身多方面的能力。在课余时间学生可以结合专业学习和个人特长，选择个人能力拓展的平台。大学为了让学生感触更真实的职场环境，给学生提供与专业人士、成功企业家进行面对面交流的机会，同时鼓励学生多参加各方面的活动和学生社团及校外社会实践，为学生基本能力的锻炼提供了校内外的各种资源保障。

大学是承载大学生人生经历和青春记忆最美好的场所。在短短的大学时光里，大学生将经历一个巨大的人生蜕变。在这人生蜕变的重要时期，大学生一方面是为了更好的成就自己，另一方面是为了积蓄和储备职业发展竞争力，用更好的规划迎接未来的挑战。

第二节　学业规划与时间管理

亲爱的同学们，走进大学，意味着你们已经拥有一片自由广阔的空间。这里是知识的殿堂，将用怎样的四年，来书写自己灿烂的人生呢？这就需要同学们静下心来认真思考一个问题——大学的目标是什么？对于这个问题，每一位同学心中都有自己的答案，但目标仅仅是一个愿望，它需要合理的规划，更需要具体的行动来实现它。

一、学业规划

(一)学业规划的内涵

大学生的学业规划是一个近年来才提出的全新理念，是一种新型的人才成长观念。该理论最早是由我国学业规划与升学决策研究专家张恒亮先生创立，是在职业指导与生涯教育理论的基础上提出来的，目标在于不仅能够实现人职匹配，更在于帮助人们提高个人发展的效率。

学业规划是通过求(升)学决策与学业管理来实现和完成的。求(升)学决策与学业管理是学业规划的具体化与日常化，求(升)学决策是指求学者(中学毕业生)在求(升)学时对下一阶段学习专业、学校与方式的选择，而学业管理则是通过学生对自己每天、每时每刻的学习计划与安排，通过品德修养、智力开发、身体锻炼及其他方面素质的全面提高，以确保其完成学业后，成长为适应社会经济(人才市场)需要的合格人才，进而顺利实现自己的阶段性职业或事业目标。

学生在踏入大学校园之后，就已经完成了学业规划的第一要素，因而在整个大学期间的学业规划主要是指学业管理。因而大学生学业规划，就是学生根据自身情况，结合现有条件和制约因素，为自己确立整个大学期间的学业目标，并为实现学业目标而确定的行动方向、行动时间和行动方案。换言之，就是大学生通过解决学什么、怎么学和什么时候学等问题，以确保自身顺利完成学业，为成功实现就业或开辟事业打下良好的基础。对于大学生来说，只有尽早地设计自己的学业规划，明确自己的学业目标，才能在激烈的竞争中把握住机会，获得成功。

(二)学业规划的步骤

如图 1-1 所示。

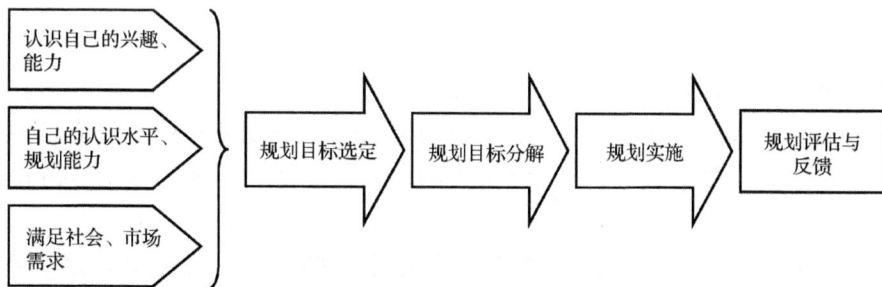

图 1-1　学业规划的基本步骤

1. 学业规划目标的选定

一般来说，影响大学生学业规划目标选定的因素主要有三个：首先，规划主体的兴趣和能力。每个人在选择学业规划时，不仅需要知道自己今后有能力从事什么样的职业，也需要知道自己对哪类工作感兴趣并能满足自己的意向。一个人假如能根据自己的爱好去选择生涯，他的主动性将会得到充分发挥。即使十分倦怠和辛劳，也总是兴致勃勃，心情愉快；即使困难重重也绝不灰心丧气，而能想尽办法，百折不挠地去克服它，甚至废寝忘食，如醉如痴。爱迪生就是个很好的例子。他几乎天天都在实验室里辛劳工作十几小时，在那里吃饭、睡觉，但丝毫不以为苦，"我一生中从未间断过一天工作。"他宣称："我天天其乐无穷。"可见，只有将兴趣与能力结合起来考虑，才更有可能取得职业生涯的成功。其次，规划主体的认识水平、规划能力。个体的认识水平、规划能力往往取决于个体的智商与情商。一般来讲，学生的智商与情商越高，理解能力越强，他所选择的学业目标更加科学、合理，更加符合自身发展需要。毕竟对于每个人来讲，要求他在有限的生命里学习大量的知识技能是不现实的，他要做的是在自己最擅长的领域努力发展，力争实现人生的突破。最后，放眼未来，满足社会或人才市场的需要。这也就是说在学业规划的选定上要着眼于未来，立足社会不断变化发展的需求，避免盲目地跟风，因为当前最热门的并非最好的。只有把自己想干什么、能干什么、社会要求干什么有机地结合起来，才能在最适合自身优势发挥的职业领域取得成功。

2. 学业规划目标的细化、分解

大学的学习生涯具有明显的阶段性，那么与之相适应，大学生学业规划中制定的目标也就具有阶段性。所谓目标的阶段性，实际上就是在总体目标的指引下把目标细化。总体目标就像灯塔，指引着学生前进的方向。但是，为了保证总体目标的实现，学生就要结合大学四年的不同特征，细化学业目标。只有学业规划细化落实到生活的每一天，才能保证学业的严格执行。

3. 学业规划的实施

以四年本科为例，学生可以按照以下的思路实施学业规划：

大一探索期。在探索期，大学生应充分认识自我，了解个人的兴趣爱好，职业技能和职业倾向，如果不是很明确，可以利用专业的测评工具或向专业人士咨询，从而帮助自己进行自我认知。然后结合职业的要求，安排自己学业计划。

大二定向期。在这一阶段，大学生已经基本适应大学生活，也顺利完成了角色转换。他们通过一年的大学学习，已经对所学专业、社会需求、职业方向等方面有了较为详尽的了解。可以尝试利用业余时间参加社会实践或各类社团活动，一方面通过实践环节丰富课本以外的知识；另一方面在实践活动中，根据职业的发展要求，更加明确自己未来的职业发展方向，从而围绕未来的职业发展建立合理的知识结构和相应的实践能力。

大三提升期。大三进入到大学生生涯的分化期。这时，有的学生开始为考研积极准备、有的学生开始积极搜集社会用人信息，无论未来的重点目标是什么，都要不断完善、提升自我。

大学生可以利用搜集到的用人信息、职业访谈等，更加深入了解职业要求具备的岗位技能，根据岗位要求考取相应的职业资格证书。

大四冲刺期。经过分化期，冲刺期的关键就是求职。求职成功与否，就是对学业规划目标是否实现的最好检验。此时，大学生要依据个人职业倾向，对同类用人单位进行调查与分析，最终筛选出几家目标单位。在求职过程中，大学生对职业的了解更加深入和全面，同时也能清楚自己与职业人之间存在的差距。那么，在即将走向工作岗位的毕业前夕，应充分利用好这段时间去完善个人的综合素质，为今后真正进入职场做好准备。

4. 学业规划的评估与反馈

在实施过程中，要及时地对环境和条件做出评价，对自己的执行情况做出评估。由于现实生活中种种不确定因素的存在，学业规划的设计必须具有一定的弹性，因此评估结果出来以后进行反馈，以便自己及时反省和修正学业目标，变更实施措施与计划。同时，应做到定期评估与反馈。每年、每学期、每月、每日进行检查，进而分析原因与障碍，找出改进的方法与措施。

(三)大学生在学业规划时应尽量避免的问题

学业规划对于每一位大学生来说尤为重要。科学、合理的学业目标不仅能够将大学生身上的气质、性格、兴趣和特征等有机地结合起来，推动大学生学业规划的进程，也能为将来求职就业做好知识储备。因而，大学生在进行学业规划时，还应注意以下两个方面：

1. 学业规划目标的趋同性

应该说每个大学生都有鲜明的性格特征，个体之间的差异相当明显。学生在初入大学时，面对越来越人的就业压力，几乎每个人都会关注社会及职业需求，也就是说很多学生的学业规划都是在了解社会需求的前提下进行的，他们做到了"知彼"，但却忽视了最重要的内因即"知己"。同时，受到个人认知水平的制约，有些大学生缺乏规划意识及规划能力，被动的只能模仿别人的学业规划，没有体现出个体之间的差异性，学业规划目标趋同。

2. 学业规划目标弹性空间不足

专业，是大学生设定学业规划的基本依据。一部分大学生在目标设定时，仅仅立足于本专业对应的就业方向，往往忽视本专业就业的外延。但大学不仅是培养专业型人才，更加注重复合型人才的培养。因而，学生在大学期间除了掌握精深的专业知识外，还要拓宽专业知识面，掌握或了解与本专业相近或相关的知识和技能。一旦社会需求及就业市场调整变化，大学生也可以在学业目标方面及时进行调整，不断适应不同岗位对个人知识、技能的要求。

二、时间管理

(一)时间管理的内涵

所谓时间管理，通俗地说，就是指用最短的时间或在预定时间内，把事情做好。大学生在校的时间是短暂的，但在这个过程中需要学习的知识和提高的能力却很多。在短暂的时间内，有效地进行时间管理，是完成学业和职业素质的基础保障。

(二)大学生时间管理现状

林某是某大学环工系学生，出于对专业的爱好，林某上大学以来一直认真学习，在大一、大二也取得了不错的学习成绩。从大三开始，她发现自己过得很累，每天除了上课，还有学生活动，有时还得陪同学逛街，结果搞得自己实验都没有按时完成。每天晚上回到宿舍，林某都哀叹时间怎么过得这么快，她还没完成当天的事情呢，然后就下定决心明天一定要完成计划的事情。但是到了第二天，原来计划的事情，又被其他事情给耽误了。就这样一天一天过去了，快到期末考试了，林某一看自己平时课程没有学好，只能临阵磨枪了，为了不挂科，搞得身心疲惫。

在大学校园里像林某这样的经历较为普遍，他们能够认识到大学校园时光的短暂与宝贵，也想好好利用这美好的时光为将来的职业选择做好准备，但在时间管理方面并不尽如人意，突出表现在四个方面：

1. 时间观念较强，但客观上浪费时间的现象普遍存在

现代的大学生都有着较强的自我意识，他们通过网络、报纸、书刊等媒介对自己所感兴趣的职业有一个较为全面、客观的了解，从初入大学校园他们就积极为将来就业做好全方面的准备。然而，这种主观愿望是美好的，但执行效果却差强人意。一项研究数据表明：当前我国大学生在校期间平均每年的授课时间大约 190 天，个人自由支配时间约 170 天，其中自由支配时间占全年时间的 48%。大量的自由时间对于尚不成熟的大学生而言是把双刃剑，其中一少部分学生能够充分、合理利用课余时间，安排自己的学习、加强自我管理；而绝大部分学生面对自由的校园环境，茫然的不知如何来规划自己的课余时间，久而久之就形成了浪费时间的习惯。可见，并非每位大学生都能处理好学习、生活、社会活动之间的矛盾，合理地安排自己的时间。

2. 时间管理满意度较低，管理、执行力低

审视我国的教育体制，从小学到大学学生从来没有获得过有关时间管理的指导，一些大学生受家庭教育、家长、老师或朋友的影响，虽然能对时间管理的重要性有所感知，也希望自己在利用时间资源方面做得更好，但在具体的操作层面欠缺适当的方法和策略，因而整体的时间管理满意度较低。美国心理学家阿诺德认为"人对情绪的反映和解释往往为他的认知过程所左右"，这就是说不同的认知水平一定程度决定着行为主体不同的情绪反映。按照此种说法，大学生对时间管理满意度较低的原因正在于他们对时间管理方法和策略的认识水平不高，尚未完全认清这一问题的重要性，导致他们对时间管理的满意度较低。

突发事件与团体活动常常同已经安排好的时间计划发生矛盾，这使得大部分学生在时间管理上显得有心无力。比如"当我在执行计划的过程遇到突发事件，就应该去解决突发事件。"面对诸如此类"计划赶不上变化"的难题，很多学生不知所措，只能疲于应付。此外，还有一些大学生表示，自己的情绪和过去的一些事情也会对自己当前计划的有效执行产生影响，甚至可能导致计划中断……比如"早上计划好要去图书馆学习，可总忍不住要跑去上网、逛街，结果事后自己又很后悔，该如何改掉这个坏毛病？"尽管

他们清楚自身在时间管理上存在的问题，也经常为之感到懊恼，却找不到行之有效的解决方法。"虽倍感无奈，但只能任其发展"，成为很多大学生的一种普遍心态。事实表明，大学生不仅会因为客观、自身无法预计的原因导致计划中断，其自身主观的、可以控制的原因也会导致预期计划的中断或难以执行，折射在时间管理方面的问题就是时间管理的能力及执行力低。

3. 很少对自己时间安排的合理性进行反思和总结，总是处在过度忙碌或不知所措的状态

很多大学生充分认识到大学是人生的重要转折点，他们在这里一方面忙于基础课程和专业课程的学习，一方面要充分利用时间为将来就业做好素质储备。在学习和工作中，他们循规蹈矩地按照自己的安排使用时间，对于时间规划是否合理，是否需要适时进行重新规划缺乏必要的思考，导致效率低下，浪费了大量的时间。对于生活中的一些闲散时间，很多人都认为"这点时间能干什么"，没有把闲散时间集中进行使用的习惯，没有将时间进行具体的分配，导致表面上看起来很忙碌，时间安排的很紧，但却不知道自己每天做些什么。

4. 因个体不同，时间管理有所差异

曾经有人以南京某大学为例从性别、年级及专业类别三个角度分析研究了大学生在时间管理方面的差异。

从性别上来说，时间管理作为一种理性行为，应与理性思维相关联，传统意义上男性被赋予更多的理性色彩，而女性则被赋予更多的感性色彩。然而研究结果却正好相反，在时间管理方面，大学女生的分数高于男生，但大多未达到显著水平，差异性不是很大。

从年级来说，大一学生与其他年级学生在时间管理方面存在较大差异，而其他三个年级在时间管理上没有显著差异，主要是因为随着年龄的增长，大学生对大学生活越来越适应，自我管理和时间管理的自觉性越来越强。

对于文科生和理科生在时间管理上孰优孰劣的问题，经验似乎告诉我们，理工科学生要优于文科生，但统计数据却证明在时间管理上基本没有专业类别的差异。事实上，文科和理科不同的课程设置及特点形成了两种不同的生活节奏，文科生相对于理科生而言拥有可支配时间的自由度更大，但这并没有给时间管理造成影响。

三、时间管理的方法

歌德说过："善于利用时间的人，永远有充裕的时间"。大学生有的时候可能会遇到这样的情况，在规定的时间内要完成所有的事情，这时有人就抱怨，怎么事情都凑到了一起。如果人们有太多的事情要做，却只有很少的时间；如果人们想让自己所做的事情更有条理，却不知道如何入手，那么就应该好好学习时间管理的方法。

(一)时间管理的方法

1. 四象限时间管理法

"四象限时间管理法"是美国的管理学家科维提出的时间管理理论，如图 1-2 所示。

该方法是将事情分为重要紧急、重要不紧急、不重要紧急和不重要不紧急四类。该理论是以优先顺序决定哪件事情必须先做，哪些事情是放在第二位来处理，哪些事情可以延缓来处理，即在处理事情之前，应该先对事件进行归类（A 类重要紧急、B 类重要不紧急、C 类不重要紧急和 D 类不重要不紧急）。

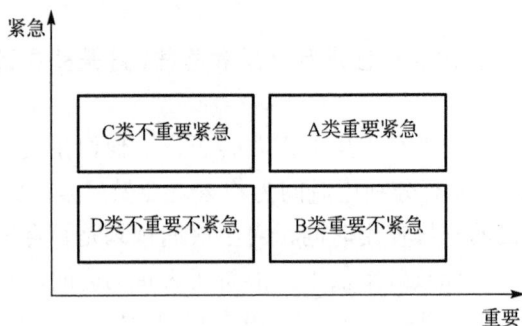

图 1-2　　四象限时间管理法示意图

面对四类不同的事件时，人们应该采取不同的应对措施：

A 类重要紧急事件，这类事件往往要求本人集中精力即刻去做。例如，明天要交的作业、即将到期的工作任务、临时重要会议等。

B 类重要不紧急事件，则要本人花大量的时间进行规划。如个人长期的发展规划、工作中的长期目标、期末考试等，这些事件要求人们在生活、工作中花费大量的时间和精力聚焦在此类事件上。但 B 类事件的处理过程中，事先的规划、准备和预防措施就显得尤为重要，而且在较长时间内要求人们主动去做，从而避免 B 类象限事件向 A 类象限转变。这一点也是传统低效管理者与卓越管理者的重要区别。

C 类不重要紧急事件，往往包含很多日常事务，也就是那些必须很快解决的任务，但从长远观点来看并不十分重要。工作中，许多日常性的工作可以本人自己干或者委托他人来完成，从而发挥组织中团队的作用。在处理此类事件时，如果处理的不够及时，也会演变成 A 类任务。例如，造成干扰的电话，某些信件、文件的处理，某些必要而不重要的会议、活动等。

D 类不重要不紧急事件，则可以不去处理。通常这样的事情会给人们的生活带来乐趣，例如上网、聊天、逛街、运动等，虽然这些事情没有什么重要意义，但它属于喜欢做的事情，可以在没有重要或紧急安排的情况下去做。如果遇到重要或紧迫事情，那么人们则要处理好这些喜欢的事情与其他事情之间的关系。

2. 艾维利的效率法

该方法是效率大师艾维利向美国一家钢铁公司提供咨询时提出的，它使这家公司用了 5 年的时间从濒临破产一跃成为当时美国最大的私营钢铁企业，艾维利因此获得了 2.5 万美元的咨询费，故管理界将该方法誉为"价值 2.5 万美元的时间管理方法"。

这一方法要求每天花费 5 分钟列出明天（下周、下月）要做的 6 件重要事情，然后把这 6 件事情重要性程度进行排序，将最重要的事情排为一号，次要事件排为二号，依次类推。再把这 6 件事写在纸上，在上班开始后按照重要性次序一一执行，当第一件工作完成后，开始第二件工作，这样可以保证每分每秒都在做最有价值、最重要的工作。艾维利的时间管理法最注重的是工作任务的重要性程度和价值，而不是紧急性程度。

每个人的时间有限、资源有限，而工作任务不可取舍的前提下，要有效地利用时间，就必须有所取舍，应选取最重要、最有价值的工作来执行。

3. 帕累托理论

帕累托理论又名二八定律，这是由 19 世纪意大利经济学家帕累托提出的。其核心内容是生活中 80% 的结果几乎源于 20% 的活动，意思就是说在工作或生活上可能有一现象，就是少数的几件事却成就了大部分的价值，如果人们能管理好这少数的几件事，就掌握了大部分的利益。二八定律时间管理的要诀就是做事要做重点，如果不善于管理，整天忙着 80% 的事情，结果发现这些事情带来的效益只有 20% 而已。

二八定律在经济学、管理学领域应用广泛，受到世界许多国际大公司的关注。比如通用电气公司永远把奖励放在第一，它的薪金和奖励制度使员工们工作得更快、也更出色，但只奖励那些完成了高难度工作指标的员工。摩托罗拉公司认为，在 100 名员工中，前面 25 名是好的，后面 25 名差一些，应该做好两头人的工作。对于后 25 人，要给他们提供发展的机会；对于表现好的，要设法保持他们的激情。诺基亚公司也信奉二八定律，为最优秀的 20% 的员工设计出一条梯形的奖励曲线。

在生活中，二八定律对人们自身发展也有重要启示，让人们学会避免将时间和精力花在琐事上，要学会抓主要矛盾。一个人的时间和精力都是非常有限的，在庞杂的社会关系网中，一大部分的人只是泛泛之交，只有一小部分的人际关系等于大部分的情感价值，数量少但程度深厚的人际关系好过广泛而浮浅的人际关系，所以要把 80% 左右的时间花在 20% 的重要人物人际关系的处理上。要想真正"做好每一件事情"几乎是不可能的，要学会合理分配个人的时间和精力，抓住关键点，进行重点突破。

纵观国内外，关于时间管理的方法还有很多种，比如日程表时间管理法、生理节奏法、麦肯锡的 30 秒电梯理论等等，这些方法都从不同的角度运用一定的技巧、方法和工具实现对时间的灵活和有效运用，从而实现组织或个人的既定目标。

第二章

职业与职业素质储备

第一节　职业基本认知

从个人角度来讲，职业活动几乎贯穿于人的一生。职业不仅是个人谋生的手段，也是个人存在的意义和价值的证明。选择一个合适的职业，度过一个成功的职业生涯，是每个人的理想，要想实现这个理想，要先去认识职业世界。

一、职业的界定

(一)职业的内涵

中国自古以来就有"职业"这个术语，它的基本含义也与现代的解释比较一致。在《现代汉语词典》中，"职业"被解释为个人在社会中从事的作为主要生活来源的工作。

我国学者吴国存在综合不同社会学家对职业定义的基础上，将职业概括为：

(1)职业首先是一种社会位置，个人取得这种职位的途径可能是通过社会资源的继承或社会资源的获取。但是职业不是继承性的，而是获得性的，是个人进入社会生产过程之后获得的。

(2)职业是已经成为规模并与专门工作相关的人群关系，或者说已经成为模式的工作关系的结合。它是从事某种相同工作内容的职业群体。

(3)职业同权力密切相连。一种是拥有垄断权，每一种职业(群体)的社会分工中都有自身的位置和作用，使别人依赖于他们、需要他们，这就在一定程度上拥有了对他人的权力，而且总要维持这种权力保持自身的垄断领域；另一种是经济收益权，任何一种职业(群体)凭其被他人所需要、所依赖，获得经济收入。

(4)职业是国家授予的。任何一种职业，必定为社会所承认，职业的存在具有法律效力。所以职业为国家所认可。

经济学家从经济学角度在对职业进行界定时认为职业具有以下的内涵：①职业是一种社会性的活动，是劳动者所进行的社会活动。②职业具有连续性和稳定性，劳动者连续、不间断地从事某种社会工作，这种工作才能成为劳动者的工作，或者相对稳定地从事某项工作的劳动者，才成为该职业的劳动者。③职业具有技术性，即职业需要才能与特长并需要舞台发挥个人的才能与特长。④职业具有经济性，劳动者从事某项职业，必定要从中取得收入，没有经济报酬的工作，即使其劳动活动较为稳固，也非职业工作。

从社会学家与经济学家对职业的分析来看，我们将职业的内涵界定为"职业，是参与社会分工，利用专门的知识和技能，为社会创造物质财富和精神财富，获取合理报酬，作为物质生活来源，并满足精神需求的工作。"

（二）职业与相关概念的区别

在对职业内涵了解的基础上，如何看待"职业与工作""职业与事业""职业与岗位"之间的关系，对大学生选择一个合适的职业，实现个人职业理想有着深远的影响。虽然这几个词的含义在理论上仍然存在一定程度的争议，但可以大致将它们区分如下：

1. 职业与工作

从最基本的内容来讲，工作是由一系列相似的职位所组成的一个特定的专业领域，是在长时间内做着重复的一系列动作或做重复一系列事情。职业则是在不同的专业领域中一系列相似性的服务，它是独立于个人而存在一定的行业或组织中的。例如，教师是一种职业，它可能存在于学校当中，也可能存在于各类培训机构中（如北大青鸟、新东方）。

2. 职业与事业

事业，是指值得个人倾注一生心力，以获得最大实现可能性的生涯目标。在一个事业体中，通常包含广泛的职业范畴，例如医疗事业中包含的职业有医生、护士、科研人员等。可见，职业与事业之间有着密切的联系，但二者之间也有着明显的区别：

从目的性来讲，事业的成就感主要体现在精神层面，其前提是个人对这项活动很有兴趣，感觉到它非常有意义和价值，才能积极主动地长期坚持下去。职业的成就感则主要体现在物质层面，它是人们为了一定的物质需求，不得不从事某一固定活动，从而获取经济报酬。

从时间上来讲，事业不受人的年龄的影响，可以贯穿人的一生。而职业活动往往对人的年龄有一定的要求，当人们达到一定年龄就必须退休，也就意味着个人的职业活动终止。

3. 职业与岗位

从概念上来看，职业是具有一定特征的社会工作类别，它是一种或一组特定工作的统称。岗位，是企业根据生产的实际需要而设置的工作位置，形成于一个组织用来划分一个知识领域或一套技能任务的时候，实质上就是将职业按不同需要或要求进行具体划分。一个职业一般包含一个或几个岗位，因此职业与岗位之间是包含与被包含的关系。

二、职业分类

职业分类是指国家采用一定的标准和方法，依据一定的分类原则，对从业人员所从事的各种专门化的社会职业进行全面、系统的划分与分类。社会分工是职业分类的依据，随着现代科学技术和社会生产力的迅猛发展，社会分工越来越细，职业的种类也越来越多。世界各国对职业的分类各有不同，总体概括如下：

(一)国际职业标准分类法

国际劳工组织(ILO)的工作机构(国际劳工局)在 1958 年颁布了第一部《国际标准职业分类》，它为各国的职业分类提供了基本依据和编制范本。之后经 1968 年、1988 年、2008 年三次修订，形成目前的最新版本《国际标准职业分类(2008)》(简称 ISCO-08)。

ISCO-08 将职业分为大类、中类、小类和细类，其中 8 个大类、43 个中类，125 个小类、436 个细类。几十年来，ISCO 确已成为世界各国制定和修订职业分类体系的蓝本，也为促进国际间各领域的交流提供了基础。

(二)国内职业分类法——《中华人民共和国职业分类大典》

我国在 1986 年首次颁布了《职业分类与代码》，它是我国最早的一部关于职业分类的权威性文献。随着社会分工的不断细化，86 版的职业分类在使用中存在各种问题。1995 年中央、国务院五十多个部门以及有关研究机构、大专院校和部分企业的近千名专家学者参与到新的职业分类大典的编制工作中来，历时四年，于 1999 年 5 月颁布了《中华人民共和国职业分类大典》。新的职业大典从实施到现在已有十余年的时间，它在开展劳动力需求预测与规划，引导职业教育培训，进行职业介绍和就业指导，加强人力资源管理，促进经济社会发展等方面发挥了重要作用。

1. 我国职业分类划分标准

我国的职业分类系统在分类标准上是以工作性质的同一性为基本原则，各层级的分类标准是不统一的。这种划分标准是以 ISCO-08 为蓝本，广泛借鉴国际上的先进经验，深入分析了我国社会职业构成的基础，采用了以从业人员工作性质的同一性为职业划分新原则的方法，并对各个职业的定义、工作活动的内容和形式以及工作活动的范围等作了具体描述，具体分类标准如下：

(1)工作性质的同一性是划分大类的标准；

(2)职业活动涉及的知识领域、使用的工具设备、采用的技术方法以及提供产品的种类和服务是划分中类的标准；

(3)从业者的工作环境、工作条件和技术性质是划分小类的标准；

(4)工作对象、工艺技术和操作方法等的同一性是划分细类的标准。

2. 我国职业分类体系

1999 年的《中华人民共和国职业分类大典》把职业分为四个层次，包括 8 个大类、66 个中类、413 个小类，1838 个细类。细类是我国职业分类体系中最基本的类别，也就是人们生活中所说的"职业"。8 个大类的名称及所包含的中类、小类、细类(职业)数量如表 2-1 所示：

表 2-1　《中华人民共和国职业分类大典》（1999 年）

大类		中类	小类	细类（职业）
序号	名称			
一	国家机关、党群组织、企业、事业单位负责人	5	16	25
二	专业技术人员	14	115	379
三	办事人员和有关人员	4	12	45
四	商业、服务业人员	8	43	147
五	农、林、牧、副、渔、水利业生产人员	6	30	121
六	生产、运输设备操作人员及有关人员	27	195	1119
七	军人	1	1	1
八	不便分类的其他从业人员	1	1	1
合计	8 类	66 类	413 类	1838 类

从职业分类体系中不难看出，职业分类实际是一个综合的大系统。在这个大系统中，8 大类 1838 个细类都是从社会的职业结构中提取出来的，也就是说，一个国家的职业分类系统，体现了这个国家的社会职业结构。在人类历史的进程中，随着社会的不断发展，经济结构的不断调整，各种新兴产业的层出不穷，这也就意味将会有更多的职业出现在以后的职业分类系统之中。

近几年从我国各大学发布的就业质量报告来看，大学生就业主要集中在第一类和第二类，第三类和第四类也有相当一部分，其余类较少。

三、职业选择的准则和方法

有这样一则寓言故事：

有三个人要被关进监狱三年，监狱长称可以满足他们一个愿望。美国人爱抽雪茄，要了三箱雪茄。法国人最浪漫，要一个美丽的女子相伴。而犹太人说，他要一部电话。三年后，第一个冲出来的是美国人，嘴里鼻孔里塞满了雪茄，大喊道："给我火，给我火！"原来他忘了要火了。接着出来的是法国人。只见他抱着一个孩子，女子领着一个孩子，她的肚子里还怀着第三个孩子。最后出来的是犹太人，他紧紧握住监狱长的手说："这三年来我每天与外界联系，我的生意不但没有停顿，反而增长了 200%，为了表示感谢，我送你一辆轿车！"

寓言启示录：这个故事告诉我们，什么样的选择决定什么样的生活。

职业选择属于职业价值观的重要组成部分，它是指人们受到主体需求动机、自身条件的制约，既要考虑职业的声望、地位、社会意义、经济报酬、劳动强度及晋升机会，又要考虑自身的才能、兴趣、爱好等，是从主客观进行综合考量后做出的实实在在的价值判断。正确的职业选择需要与自身实际、职业需求和社会发展相适应。

自 1999 年我国大学扩招以来，大学教育改变了传统的精英教育，逐步走向大众化。随之大学生的就业政策也经历了计划分配到自主择业的转变，在大学生就业过程中，以市场为导向、政府调控、学校推荐、毕业生与用人单位双向选择的就业机制已经形成，这极大地推动了我国高等教育的发展，促进了人力资源的进一步优化，为毕业生的个人发展提供了宽松的外部环境。尽管如此，在大学生就业市场同时存在"毕业生就业难"和"用人单位用工难"的供需矛盾。而导致这一现象的主要原因是大学生对于职业选择缺乏足够的思考和方法。因而，在经济时代如何把握机会，做出正确的职业选择，是每个大学生所应该学会的事情。

(一)职业选择的准则

1. 从客观现实出发

职业选择首先要将个人的职业意愿、自身素质和能力结合起来加以考虑，估计一下自己能否胜任某项职业的要求，避免盲目择业和无从择业的现象发生。例如，从事教师职业的人需要具备较强的科研、写作及语言表达能力等。如果在这方面的能力较强，则从事该项工作获得成功的机会较大，如果有志于从事教师职业，而自己恰恰在这方面的能力较为欠缺应该怎么办？应该说，能力是可以培养的，不要让不利因素限制自己的发展，而要利用它来引导自己找到合适的发展方向。但如果经过一段时间的尝试，仍达不到预期效果，个人就需要及时调整职业选择，不应让个人的兴趣选择过分限制自己职业选择的范围。

2. 发挥个人主观能动性，从个人优势出发

个人在选择职业时，要清楚自己的优势是什么，不足之处在什么地方。如果一个人根据自己的优势和特长选择了某种职业，就会始终保持一种良好的职业心态。马克思在强调选择职业要选择那些最能为人类谋福利的职业的同时，还指出："如果我们很快就会自愧无能，并对自己说我是无能的人，是不能完成自己社会使命的成员。"所以，根据自己的优势选择职业的准则既体现了人尽其才，又体现了大学生对社会负责、对自己负责的精神。

根据自己的优势选择职业，关键就在于是否了解自己的优势、劣势在何处。因而，科学、客观的自我认知及自我评价是非常重要的。在进行了自我评价之后，还应该了解不同职业、不同行业的整体情况、发展趋势、对人才的基本要求，从而做出最终的职业选择。

3. 在选择中适时调整目标

大学毕业生的职业选择只是职业发展计划中第一步，走好第一步固然重要，但未来的路还很长，也许还会面临更多的选择。正如管理学家彼得·德鲁克所说："对你而言，你所做的工作选择是正确的概率大约是百万分之一。如果你认为你的第一个选择是正确的话，那么就表明你是十分懒惰的。因此，一个人必须通过大量地、不断地搜寻和转变，才可能发现一条从心理上和经济上都令其满意的职业发展道路。"

因此，当大学毕业生第一次真正面对社会，可能发现自己设计的人生目标并不现实，学校所学的专业知识也不能学以致用。面对当初可能是对的选择，只是后来情况发生了变化或者选择时考虑的不够全面，这就要求毕业生依据新的情况，适时调整，慎重地进行新的选择，从而实现自己的职业选择；面对自己心目中的理想单位和职业如果不能一

步到位，应采取先打基础、抓住机遇、分步实现的策略，如果是因为不具备客观现实条件，就应适时调整，创造时机使条件成熟。同时，也要求毕业生在与社会接触中使自己迅速成长起来，能够从容面对社会挑选，也能够冷静的选择适合自己的单位。

4. 个人需要与社会需要结合

有人认为服从社会需要就难以顾及个人兴趣，其实不然。社会各行各业需要各方面的工作者及人才，社会需求决定着高校毕业生的就业状况。在服从社会需要的前提下，个人的职业选择仍具有相当大的自由范围。近年来，国家为鼓励大学生到基层、边远地区就业，制定出台了一系列的优惠政策，以各种形式为大学生就业提供广阔的平台。但如果从个人的角度出发，大多数毕业选择在沿海和发达地区就业，甚至宁愿选择在家待业，也不愿到基层、边远地区就业，这不仅给自己造成不必要的挫折和情绪上的困扰，同时个人的行为就可能违反社会需要而同社会发生冲突。因而，大学生应当把社会需要转化为个人需要，这样才能与社会需要协调一致，才能利于个人发展。况且，兴趣是可以培养的，往往对某项职业无兴趣，是因为对它的不了解。如果对它有了较多的接触和了解，就可能逐渐形成对它的兴趣。另外，在新的兴趣形成之后，原有的选择也并非要放弃，广博的兴趣往往会取得更大的成就，这早已无可非议。

(二)职业选择的方法

1. 职业选择准备期——合理的自我评价与定位

许多职业咨询机构和心理学家进行职业咨询和职业规划时，常常采用的一种方法就是有关五个"WHAT"的归零思考的模式：从问自己是谁开始(What are you?)。因而职业选择过程的本身就是一个发现自己，认识自己的过程。对于大学生来说，自我定位就是要了解自己的需要，了解自己特点，了解自己的能力，并客观的评价自我。只有择己所爱、择己所长、择己所需、择己所利，职业选择才会成功。因而大学生应当从以下几个方面全面认识、评估自我：①自我知识的评价；②自我气质的评价；③自我性格特征的评价；④自我能力的评价，主要包括学习能力、创造能力、社交能力、组织管理能力、语言表达能力和适应能力；⑤自我政治素质、品德、修养的评价；⑥职业个性倾向评价(是指劳动者个人对职业的需要、动机、兴趣、态度、价值观和理想等)。通过这几方面的总结与思考，对自己会有一个清晰明确的认识，这对于个人的职业设计及选择会带来很大的帮助。

2. 职业选择的过程——了解你所选择的职业

了解职业岗位的工作内容、工作性质和对从业者素质的要求。可以通过网络、报纸、杂志，也可以向老师、亲朋好友中从事或做过相关工作的人了解有关情况，他们经验丰富、体会深刻，能给你提供指导性信息，使你对自己所选择的职业的认知更加全面。

同时，在大学期间，你也可以利用社会实践或其他形式参与到感兴趣的职业活动中。通过亲身体验，对职业的认识更加客观与全面，也能及时评判自己的职业选择是否正确。例如，学习市场营销专业的学生，很多人大学毕业后的职业首选就是搞销售、营销策划等。然而在他们亲身进行职场体验之后，有些人发现这个专业非常适合自己，更加坚定了当初的职业选择；也有人认为这个职业并不适合自己，在自我否定的同时，开始思考：我是否需要改变职业？我适合做什么？

3. 职业选择的目标——权衡比较，选择最佳

在目标的选择过程中，大学生需要从两个层面的比较中来确定自己的位置。第一，从特性——因素匹配理论出发，即将个人所具有的特性进行具体化，将个人的性格、能力、兴趣、自身局限和其他特质与职业的要求进行比较，把那些个人与职业要求相符的作为职业选择的目标；第二，从选出的目标中进行权衡比较，选择最佳职业。根据搜集的各类信息，在选择的职业目标中进行分析、比较，选择最适合自己的职业，从而在职场中找到自己的最佳位置，使个人潜能得到最大限度地挖掘与发挥。

四、职业在人生中的重要意义

职业生活是构成人生的重要组成部分，对人的发展起着非常重要的影响和作用。因此，了解职业在个体人生中的重要意义，对于大学生全面认识职业、理性选择职业具有重要的现实意义。

1. 职业满足人的生活需要

职业作为个人获得经济收入的主要手段，成为个人进行社会生活的物质基础。人类社会需要的物质基础都是通过劳动来创造实现的。总而言之，职业是个体生存生活的来源，离开职业，人类社会的进步与发展无从谈起。在现实社会中，获取一定的报酬作为生活资料的来源是劳动的目的之一，职业因此成为劳动者维持其生存的基本手段。

2. 职业促进个人的发展

不同的职业对从业者的生理、心理都有特定的要求。职业活动其实是个人不断发展提高的平台。在职业活动中人们按照职业的要求，逐步形成、适应职业需求并不断自我完善的个性品质。随着职业活动时间的增加，职业者的知识结构、技能水平、心理素质、职业道德等都会得到快速的发展与提高，从而逐步促进个体的发展与完善。

3. 职业是自我实现的重要途径

心理学家马斯洛的"需要层次说"中，他所提出的五个层次中的后三种需要是有关人的自我实现的，分别为"爱的需要，获得尊重的需要，充分发挥能力、自我实现的需要。"现代职业分工越来越细，人们从事职业活动往往是在团体相互协作的基础上才能完成。这种相互协作的过程，为劳动者自我实现提供了途径。他们在工作中分工协作，出于个人对某一领域问题的强烈兴趣而孜孜以求，在工作中发挥他的最大才华和能力，展现个人的情感、思想、能力、友爱等特性，从而实现自己的理想和人生目标，并不断地自我创造和发展。这个过程既体现了劳动者的人格、道德水平，又体现了被团体接纳、尊重的程度。

阅读拓展

择业时应避免的决策类型

（1）犹豫徘徊型：把时间和精力花在了信息分析和方案比较上，拿不定主意，做不出决策结果，难以采取行动。

（2）一时冲动型：抓住一个自以为合适的选择，而对其他选择置之不理，没有经过分析和比较就做抉择。

（3）直观感觉型：凭着感觉和难以表述的情绪作决策，缺乏方案比较。

（4）拖拉延误型：考虑问题拖拉、采取行动缓慢，没有机遇意识。

（5）听天由命型：让环境和命运来决定，自我根本就没有目标。

（6）依顺服从型：盲从别人，没有自己的独立见解，缺乏主见。

（7）缺乏能力型：意识到自己能做决定，但始终也做不出决策。

第二节　专业与职业的关系

某院校举办职业规划大赛，一个英语专业的大二的男生不以为然："我学英语的，以后出来做翻译，有什么好规划的。"别人问他："你了解翻译这个职业吗？毕业后想做笔译还是口译？"他回答得很干脆："只要把专业学好了，以后出来还怕找不到工作吗？"

讨论：

1．这个男生说的有没有道理？

2．学什么专业就从事什么职业，是这样吗？专业和职业的关系是怎样的？

3．如果所学的专业不喜欢，应该怎样规划大学生活，从而为就业做好准备？

大学进入专业化的学习阶段，专业学习的好与不好直接影响到大学生将来的就业和职业发展。个人在专业的选择上，除了自身兴趣以外，在很大程度上与今后对职业的选择有关。因而，正确认识、处理专业与职业的关系，对于大学生合理规划大学生活，促进个人成长成才具有非常重要的作用。

一、专业概述

所谓专业，在《教育管理辞典》及《辞海》中的解释为"高等学校和中等专业学校按学科分类或职业分工而设置的教学及管理单位。"

各高校为更好地服务于国家和社会经济发展的需要，不同层次、不同类型的高等学校在专业设置及培养目标上的侧重也有所不同。各专业都有独立的教学计划，以实现专业的培养目标和要求。改革开放以来，我国高等学校的专业结构经历了四次重大的调整和改革，本科专业目录也进行了四次重大修订。

第一次修订目录于 1987 年颁布实施，修订后的专业总数由 1300 多种调减到 671 种，解决了"十年动乱"所造成的专业设置混乱的局面，专业名称和专业内涵得到整理和规范。

第二次修订目录于 1993 年颁布实施，专业种数为 504 种，重点解决专业归并和总体优化的问题，形成了体系完整、统一规范、比较科学合理的本科专业目录。

第三次修订目录于 1998 年颁布实施，修订工作按照"科学、规范、拓宽"的原则进行，使本科专业目录的学科门类达到 11 个，专业类 71 个，专业种数由 504 种调减到 249 种，改变了以往过分强调"专业对口"的教育观念和模式。

第四次修订目录于 2012 颁布实施，修订后的学科门类与 2011 年印发的《学位授予和人才培养学科目录(2011 年)》的基本一致，由原来的 11 个增至 12 个，新增了艺术学学科门类；专业类由原来的 73 个增至 92 个；专业由 635 种减至 506 种，其中基本专业 352 种，特设专业 154 种[①]。

可见，学科的发展、社会分工的变革以及教育对象的变化，都直接影响着高校专业的设置和调整。一旦专业设置不能适应经济社会发展、社会需求的变化，不能适应高校多类型、人才培养多规格的需要，不利于复合型、创新型人才培养的需要，就必须对专业的设置进行大的修订工作，从而满足经济社会发展的需要。

二、专业与职业的关系

学生在大学期间所学的专业将会对自己今后的职业生涯产生影响，正确认识专业与职业之间的关系是大学生合理规划大学生活，明确今后职业发展方向首先要解决的问题。

(一)专业与职业关系的认识误区

对于大学生来说，不了解自己所学专业，自然对今后自己所从事的职业也是模糊不清的，这种现象在初入大学校园新生中较为普遍。在现实生活中，许多有成就的人并非一开始就对自己所从事的职业有清楚的认知，而是在专业的学习过程中通过搜集自己所学专业对应的职业群的有关信息，逐渐理清了职业与专业之间的关系。当代大学生常存在两种认识方面的误区：

部分大学生认为专业学习不重要，大学主要是对综合素质和学习能力的培养，所以专业的选择对个人的发展并无大的影响，只要综合素质强就行，这是许多职业规划专家都认同的看法；另一种观点是对热门专业从一而终，认为只要选择好了专业，将来能投身热门行业，也就别无所求了。在个人的职业发展中，这两种观点都需要纠正，都犯了不切实际的幻想，对现实不屑一顾，他们终将难以实现个人的职业理想和人生目标。可见，正确认识和处理专业与职业之间的关系，对大学生的专业学习与职业发展具有重要的作用。

---

① 《普通高等学校本科专业目录(2012 年)》与教育部 2011 年印发的《学位授予和人才培养学科目录(2011 年)》的学科门类基本一致，分设哲学、经济学、法学、教育学、文学、历史学、理学、工学、农学、医学、管理学、艺术学 12 个学科门类。分为基本专业(352 种)和特设专业(154 种)，并确定了 62 种专业为国家控制布点专业。特设专业和国家控制布点专业分别在专业代码后加"T"和"K"表示，以示区分。

（二）专业与职业关系的科学认识

人们经常将专业与未来职业联系起来思考，从个人兴趣的角度来看，如果个人选择的专业与社会职业总能一致，则是一种理想状态。然而，专业是不同于职业的，专业是学业门类，职业是工作门类，总体来说两者之间有以下四种关系：

（1）专业包容职业。在这种情况下，个人的职业发展一直在所学专业领域内，选择的职业与所学专业相吻合，能够学以致用。

（2）专业为核心，职业包容专业。个人的职业发展以所学专业为核心向外延伸。虽然选择的职业与所学专业方向一致，但职业发展超出所学专业领域，需要根据自己的职业规划，在学好专业的基础上通过自学、研修等方式适应职业需求。

（3）专业与职业交叉。以专业为基础发展职业，个人的职业发展在所学专业的基础上有重点的沿某一方向拓展。所学专业在个人职业发展中仍有重要意义，需要在职业生涯规划的指导下，同时辅修或自学自己规划的要从事的其他专业课程。

（4）专业与职业分离。个人规划要从事的职业与所学专业基本无关，所学专业的某些方面在个人职业发展中具有一定的重要性，但方向并不一致，这时应尽早调整目标。

由此可见，职业并不等同于专业，即使职业与专业完全对口，为了在该专业中充分发挥自己的作用，仅仅靠专业知识也是不够的。更何况很多人并不喜欢当初所选择的专业。因此，进入大学后不能把眼光仅仅局限于专业方面，更重要的是学会用科学的方法和积极的心态围绕自身专业，打下知识、能力、心理素质等各方面的基础，以备将来就业发展之用。

三、正确看待冷热门专业

（一）冷热门专业的界定

一般所说的冷门专业，是指在人们传统观念上认为的，社会上的需求相对较少，就业比较困难的专业，如哲学、历史、地质、海洋、气象、农业、林业、勘探等专业；而所谓热门专业是指在社会某一特定阶段，比较新潮的、社会需求强烈的以及薪水高的职业，如计算机、金融、行政管理、工商管理、财政学、经济学、新闻、会计、旅游专业等。

（二）冷热门专业形成的原因分析

"热门"专业是相应专业人才短缺在人才市场上的反映。由于市场经济规律的作用，如果社会上某行业相关人才紧缺，有关部门为了保证生产经营的正常运行，就高薪录用、聘请人才，造成某一专业领域内人才一时走俏的态势，这一现象又刺激专业选择者争相选报此专业，从而形成"热门"。一段时间以后，该专业人才短缺的状况得到缓解，社会需求下降，人才市场就以此类专业人才就业难、待遇低等现象反映出来，造成一定程度的"过剩"，成为"冷门"，诱导人们不再选报此类专业而转向其他社会需求量大的专业，形成新的"热门"。如果学生不了解市场经济规律在人才市场上的作用周期，盲目挤报"热门"，有可能仅仅抓住了热的"尾巴"，等到四五年大学毕业后，就会成为市场经济条件下人才市场上"必然的浪费"。

可见，冷热门专业在就业市场往往是十年河东十年河西，与一些所谓的"热门遇冷"的专业形成鲜明对比的是，不少在报考时冷门专业的毕业生在就业市场上反而十分抢手。例如，地质学专业的学生几乎都找到了工作，港口航道与工程、海洋地质等专业的毕业生就业情况也不错。反而，经济学、行政管理等一些热门专业的毕业生在求职时却遇到各种问题，整体就业情况反而不如很多冷门专业。

(三)理性选择冷热门专业

专业的选择可以说是未来职业和生活的选择，因而面对"热门"，大学生需要把握好自己，因为"热门"可能适合别人，但不一定适合你。所以大学生不能头脑发热去追潮赶浪，甚至不顾自身条件去削足适履，而应该冷静考虑以下四个问题：

(1)符合自己的兴趣、爱好吗？——Interest

兴趣是事业成功的重要心理动力之一，它能使你对所学专业心驰神往，乐此不疲，因而对某专业的兴趣就为你在专业上取得成功准备了心理条件。

(2)符合你的生涯动机吗？——Motivation

动机是推动一个人去行动的内在原因，是人的行动积极性的基础。面对"热门"专业，你真的感到它有意义、有价值、值得终身去为之奋斗吗？它符合你的志向吗？

(3)你有能力得到它并把它做好吗？做好它需要哪些能力？这些能力结构你具备吗？——Ability

(4)热门专业对其从业者的个性要求你了解吗？你的个性适合从事这一专业吗？——Personality

如果你对上述问题的回答都是否定的，那你最好别去凑这个热闹，避免拿自己的短处去与别人的长处较量，安心在"冷门"中发挥自己的潜能优势和特长，反倒有可能大显身手，做出一番成就来。

阅读拓展

《职业》杂志记者李黄珍，从高考如何选择专业、专业与职业的偏离、专业与兴趣的关系等几个尖锐问题、热点话题入手，走访了钻研职业指导方向的企业高管、人力管理者以及资深行业职业指导师，请他们谈谈对专业选择的一些看法。

在线专家陈畅(北大管理学硕士，知遇网(www.zhiyuhr.com)CEO，职业规划专家，北大城市与环境学院院友导师、北航MBA社会导师，首师大研究生职业生涯规划辅导所特邀顾问。曾多次到高校为大学生提供个询、辅学课程、讲座等就业创业的辅导，具有十多年HR从业和咨询经验。)认为对求职者专业教育背景的要求，主要与"行业特点、企业发展阶段、企业文化以及职位特点"有关。

访谈内容：

记者：HR或者企业管理者在招聘中，是如何看待求职者的专业教育背景的？请您说说，不同职业对于专业性的要求，比如什么行业、什么企业、什么岗位，对专业的要求非常高；什么情况下，会放低甚至没有专业要求。

陈畅：对求职者专业教育背景的要求，主要跟行业特点、企业发展阶段、企业文化，以及职位特点有关。

先来看行业特点：对于IT等技术密集型行业、金融业等资本密集型行业、咨询业等知识密集型行业来说，一般要求求职者具备很强的专业教育背景；对于制造业、日用等快速消费品行业和家电等耐用消费品行业来说，具备较强的劳动密集特点，这样的行业，除了技术岗位之外，一般的职位对于专业的要求会稍微放低一些。

再来看企业发展阶段：对于初创和快速成长期的企业来说，企业规模小，人员少，职位之间职责界限比较模糊，更需要具备跨专业技能和综合素质的复合型人才，更看重人才的开拓精神、工作热情和学习能力，相比较而言会降低对专业教育背景的要求。企业发展到了稳定期，企业规范化管理越来越重要，管理的规范、流程的清晰意味着职责界定的清晰，职位的专业化程度加强，这时候企业需要更多的专业人才和管理人才，对专业人才的专业教育背景的要求也大为增强。

再来看企业文化：我们可以把企业文化初步分成三种：第一种是权威型，这样的企业令行禁止，要求员工恪尽职守、尊重权威、遵守规则，一般会对员工制定较严格和详细的职位要求和工资标准。这样的企业一般要求很强的专业教育背景和很强的责任心。第二种是创新型，这样的企业重视各种形式的创新，希望员工打破旧有观念和规则，提出创新的产品设计、管理办法、企业策略等，甚至鼓励员工换岗，获得不同角度的体验。这样的企业虽然也需要一定的专业教育背景，但是更重视员工的创新能力。第三种是和谐型，这样的企业重视员工关系、关注员工发展、建立和谐融洽的工作氛围，要求员工之间互相尊重，更重视团队合作和团队业绩。这样的企业对专业教育背景的要求要稍弱一些，更强调团队互补和团队合作精神。

最后来看职位特点，我们可以把一般企业中典型的职位分成六种：

第一种是专业型职位，比如：会计师、律师、工程师、各职能领域的专业人士，这种职位的特点是需要专业资格、专业证书或者很强的专业教育背景。第二种是研究型职位，比如：研发、金融分析、市场调查等各行业各职能部门的分析类型的职位，这种职位的特点是除了要求很强的专业教育背景以外，还要求很强的思维分析能力，学历高的占有优势。第三种是管理型职位，比如企业各层级各部门的经理职位，这种职位要求具备专业领域的工作经验，以及较强的管理能力，其中：专业领域的工作经验重于专业教育背景。第四种是顾问型职位，比如：各类型针对企业管理、个人发展的咨询顾问，这种职位的特点是要求具备较强的专业教育背景、专业领域资深的工作经验和很强的思维能力，如果缺乏一定的专业教育背景，工作经验和系统的培训也能补充不足。第五种是行政型职位，比如：行政管理、助理、秘书等，这种职位对专业教育背景要求较低，但是要求细心、责任心和严谨的工作态度。第六种是说服型职位，比如：销售人员，这种职位一般对于专业教育背景要求不高，但是要求很强的成就欲望、毅力和很好的沟通能力。

（资料来源：《职业》杂志）

第三节　职业素质储备

大学是大学生各种能力培养、自我意识完善、心理特征进一步成熟的阶段。进入大学后不能把眼光仅仅局限于学业方面，更重要的是学会用科学的方法和积极的心态去提升能力，为将来入职做好职前准备。

一、职业素质概述

市场经济条件下，就业的竞争说到底就是职业素质的竞争。大学生能否顺利就业，在很大程度上取决于本人职业素质的高低，职业素质越高的人，获得成功机遇越大。因而大学生不仅要了解用人单位的人才选拔标准，还要准确把握职业素质内涵，为成功就业做好充分准备。

（一）职业素质的内涵

由"职业"和"素质"组成的"职业素质"，简单地说，是指劳动者在一定的生理、心理条件的基础上，通过教育、劳动实践和自我修养等途径而形成和发展起来的，在职业活动中发挥重要作用的内在基本品质。影响和制约职业的因素很多，主要包括受教育程度、实践经验、社会环境、工作经历以及自身的生理、心理因素等。

（二）职业素质的特征

1. 职业性

职业性是指劳动者一般都具有一定的专门业务能力。因而不同的职业，职业素质是不同的。对医护人员的素质要求，不同于对工程技术工作者职业的素质要求；对律师的素质要求，不同于对人民教师职业的素质要求。

李素丽的职业素质始终是和她作为一名优秀的售票员联系在一起的，正如她自己所说："如果我能把10米车厢、三尺票台当成为人民服务的岗位，实实在在去为社会作贡献，就能在服务中融入真情，为社会增添一份美好。即便有时自己有点烦心事，只要一上车，一见到乘客，就不烦了。"

2. 稳定性

稳定性是指劳动者的职业素质一旦形成，便会在他的职业活动中稳定地表现出来。一个人的职业素质是在长时间的培训、实践过程中形成和发展的，它一旦形成，便产生相对的稳定性。比如，一个优秀的营销人员，其娴熟的业务水平、丰富的营销经验和技巧就是在长期的市场调研、产品推广环节日积月累形成的，无论在何时何地都会稳定的表现出来。同时，这种稳定的素质随着他继续学习和不断实践，还会在以后的工作中继续提高。

3. 内在性

职业从业人员在长期的职业活动中，经过自己学习、认识和亲身体验，觉得怎样做是对的，怎样做是不对的。这样，有意识地内化、积淀和升华的这一心理品质，就是职业素质的内在性。人们常说，"把这件事交给小张师傅去做，有把握，请放心。"人们之所以放心他，就是因为他的内在素质好。

4. 整体性

一个从业人员的职业素质是和他整个素质有关的。人们说某某同志职业素质好，不仅指他的思想政治素质、职业道德素质好，而且还包括他的科学文化素质、专业技能素质好，其至还包括身体心理素质好。一个从业人员，虽然思想道德素质好，但科学文化素质、专业技能素质差，就不能说这个人整体素质好。相反，一个从业人员科学文化素质、专业技能素质都不错，但思想道德素质比较差，同样，也不能说这个人整体素质好。所以，职业素质一个很重要的特点就是整体性。

5. 发展性

一个人的素质是通过教育、自身社会实践和社会影响逐步形成的，它具有相对性和稳定性。但是，随着社会发展对人们不断提出的要求，人们为了更好地适应、满足、促进社会发展的需要，总是不断地提高自己的素质，所以，素质具有发展性。

(三)职业素质的内容

职业素质由七个方面构成：思想政治素质、职业道德素质、科学文化素质、专业技能素质、身心素质、社会交往素质和创新素质。

(1)思想政治素质：指人们在政治上的信念、世界观、价值观，是职业素质的灵魂，对其他素质起着领导作用，规定着其他素质的性质和方向。

(2)职业道德素质：是社会道德的有机组成部分，是社会道德原则和道德规范在职业生活中的具体表现。职业道德是一个历史范畴。社会主义的职业道德规范的具体要求是：爱岗敬业、诚实守信、办事公道、服务群众、奉献社会。

(3)科学文化素质：指人们对自然、社会、思维、科学知识等人类文化成果的认识和掌握程度，它包括科学精神、求知欲望和创新意识。

(4)专业技能素质：指人们从事某种专业工作时，在专业知识和专业技能方面表现出来的状况与水平。

(5)身心素质：包括身体和心理素质，是从业人员的基础素质。

(6)社会交往素质：主要指语言表达能力、沟通能力等。社交能力是通过后天培养的，从侧面反映了个人的能力。

(7)创新素质：主要是创新意识、创新精神、创新能力等。创新是个人价值的另一种形式，能体现个人的发展潜力和对企业的价值。

二、职业素质储备的途径

职业素质储备主要有两大途径：一是学校围绕人才培养的目标，通过课堂教学、主题教育活动、校园文体活动等形式对学生职业素质的培养；二是学生个人通过社会实践主动拓展自己各方面的能力，为将来进入职场做好准备。职业素质储备的过程是综合素质培养的过程，而并非只是对专业技能等某一项职业素质的培养，因而，这两种途径缺一不可，相互补充、完善。

现在，越来越多的用人单位希望应聘的毕业生具有在校期间的相关实践经验。而学生大学期间的实践途径归纳起来主要有两类：一类是校园的社会实践；一类是校外的社会实践。实践环节在大学生活中具有不可替代的作用，是连接现在所学和将来工作的一条纽带，也是毕业生做好职业素质储备的重要途径。

(一)校园社会实践

1. 参加大学生社团

校园社会实践载体是多样化，其中大学生社团作为高校校园文化的重要载体，是学生丰富校园文化、培养兴趣爱好，扩大求知领域，丰富内心世界的重要方式。目前，从各高校的社团类型来看，可以概括为以下五大类型：理论研究型、学习知识型、文艺活动型、体育爱好型和公益活动型。

大学的社团活动丰富多彩，许多大学生被形形色色的社团弄得眼花缭乱。由于在校大学生投入到校园社团活动的时间和精力是有限的，所以参与学生社团的关键不在于数量的多少，而在于自己在社团活动中能够开阔视野、增长知识、培养能力、陶冶情操，促进自身的全面发展，从而促进提高个人职业能力。因此，在选择社团时，应考虑"三个结合、两个避免"：

(1)社团选择要与个人兴趣相结合。大学生社团本身是以兴趣、爱好为基础组织起来的学生团体，旨在发展参与者的兴趣、爱好。在社团活动开展中，他们百分百地投入其中，寻找各自的舞台和位置，以求最大程度地锻炼自己，努力成为符合社会发展，满足社会需求的合格人才。

(2)社团选择要与个人专业相结合。大学生社团是高校第二课堂的重要组成部分。作为学校课堂教育的补充和延伸，由于交叉性、活动的实践性、组织的社会性而充分体现实践和教学相结合的效果。很多高校通过一些带有专业实践性和多学科交流性质的学术类社团，定期或不定期开展学术讲座，举办学术研讨会等方式推动在校生积极参与各类专业技能竞赛。实践表明，通过参与社团活动，学生可以加深对专业知识的了解，做到了理论联系实际，提高了个人分析问题、解决问题的能力。

(3)社团选择要与职业规划相结合。大学阶段是大学生走向职场的助跑期，从踏入大学校园的那一刻起就应时刻为将来的就业准备着。学生社团作为个人能力提升的重要途径之一，在选择时尽可能选择利于个人职业目标实现的学生社团。

(4)社团选择要避免功利心理。功利心理是一种以实际功效或利益为目标的心理状态，在功利心理的影响下，个体以行为的效果衡量行为的价值。有不少学生是以参加社团能给自己带来利益参加社团的，将"评优奖励时可以加分""可以优先推优入党""可以为求职就业增加砝码"作为自己加入社团的原因，这已经不是个别现象。这种现象在学生中并不值得提倡，首先是因为这样的现象背离了学生社团活动的宗旨，其次是因为加入社团并不一定能够实现自己功利目标。这样既花费了大量时间和精力，又没有达到目的，很容易对学生社团产生负面情绪。

（5）社团选择要避免从众心理。所谓从众，就是在群体的影响和压力下，个体放弃自己的意见而采取与大多数人相一致的心理状态。在大学校园，从众现象是一个很普遍的现象，在参加社团活动方面着重体现在大一新生身上。初入大学校园，各个大学生社团都大力的对自身进行宣传并进行纳新活动，令人眼花缭乱的各种活动策划、宣讲让新生在欣喜之余无所适从。大学生往往是因为"同学介绍加入的""随大家一起加入的""被宣传人员动员加入的"等原因而进行社团的选择。基于从众心理的选择，一方面没有达到通过社团活动开阔个人视野，培养个人能力的目的；另一方面，不利于社团自身的发展，甚至还影响到大学校园文化的氛围。

2. 加入团学组织

团委、学生会一般是大学生进行校内社会实践活动的重要平台。在大学，团学组织强调"以学生素质拓展和社会实践"为工作重点，以开发大学生人力资源为着力点，积极整合有助于提高学生综合素质的活动和工作项目，在思想政治与道德素养、社会实践与志愿服务、科技学术与创新创业、文体艺术与身心发展、社团活动与社会工作、技能培训等方面，引导和帮助广大学生完善知识、能力结构，全面成长成才。

由此可见，团学组织是大学生自我成才、培养职业能力的重要载体，他们通过自我管理来实现自我提升。团学组织为大学生提供了一个与人和社会接触的机会，通过接触社会中不同层面的人，从中可以提高自己的语言表达能力、社交能力、实践能力。在面临困难和问题时，需要大学生多方的协调和努力才能克服困难、解决问题，这可以增进人与人之间的相互理解，从而结识更多的新朋友。

（二）校外社会实践

校外实践为大学生提供了职业实践更广阔的平台，在这里不仅可以培养学生适应社会、融入社会的能力，也可以进一步认识自我、了解自我、明确职业意向，并根据深入社会实践的反馈情况不断修正职业发展的方案和目标，从而顺利走向社会，踏上职业发展之路。

1. 专业实践

专业实践一般安排在学校教学计划内，结合专业课程，由学校设置的教学实践环节，也称为专业实践、生产实习或课程实践。学校为学生搭建了走进企业进行生产实习的机会，在这里不仅可以检验自己所学专业知识的应用能力，也可以了解自己所学知识结构是否合理，以便将来在学习上更有针对性地完善自己知识结构体系。同时，通过专业实习活动，弥补大学生动手能力不足，做到了理论联系实际，对大学生求职具有积极的意义。

2. 社会调研

社会调研是指在寒暑假或节假日，大学生结合专业知识针对社会中的热点问题或经济发展的重要问题进行调查研究。调研的目的就是为了摸清问题，正确认识社会现象，从而运用科学的方法分析解决问题，提高分析问题和解决问题的能力。

3. 校外兼职

校外兼职是大学生利用课余时间进行的有偿劳动，是校外社会实践活动的重要形式之一。大学生校外兼职能缓解他们在经济上的压力，还可以接触社会，获得锻炼，提升自身综合素质。综合素质的提升主要体现在四个方面：首先，大学生校外兼职可以锻炼组织规划能力、时间分配能力，更好地平衡学习、工作和生活之间的关系。其次，大学生校外兼职可以锻炼意志。校外兼职面临的种种困难，增强了其抗压、受挫能力，为今后工作中的受挫或失败打下良好的心理素质。再次，大学生校外兼职可以培养吃苦耐劳的精神，形成独立自主的意识和观念。最后，大学生校外兼职可以提高解决问题的能力，兼职过程中种种问题的出现会提高大学生应对突发事件的能力。

4. 社会志愿者服务

大学的社会志愿者活动依托高校优势，把志愿者活动与所学专业相结合、与学生社会活动和社团活动相结合、与学生思想政治教育相结合。"三结合"的实现使志愿者组织有目的、有计划、有针对性地开展内容丰富、形式多样的志愿者主题活动。志愿者主题活动一方面为大学生发挥个人才能、磨炼个人意志提供了有效载体，另一方面加深了大学生对社会的认识与了解，激发其参与社会实践的热情，推动大学生社会化进程。

5. 就业实践

大学毕业年级，学校会结合就业开展以岗前实习为主要内容的就业实践活动。就业实践基本是到具体的工作单位进行岗位实习，目的性很强，以与单位签约就业为目标。

三、职业素质储备在职业生涯中的作用

大学期间，积极鼓励大学生主动投身参与各种社会实践活动，正在成为社会发展的必然要求和高校培养高素质人才的共识。大学生只有在社会实践活动中提升自己的实践能力，才能在未来的职业生涯中站稳脚跟。

1. 有效解决了人与职业匹配的问题

职业素质储备的过程实质就是在解决大学生的兴趣、能力与职业相匹配的问题。如果学生对自身的了解比较全面、认识比较到位，在确定自己工作时就会多一些理性思考，择业的针对性会更强一些。在职业素质的储备过程中，学生借助"职业偏好问卷""职业自我探索量表"等用于测量个人的职业性格，这些职业量表对于学生认识自我的职业性格等方面具有一定的帮助和指导作用。在职业活动中，才能充分施展自己的个性特点，获得尽可能大的自由感、满足感和适应感。真正做到了知己知彼，方能有的放矢。

2. 满足了个人职业生涯的职业技能要求

职业技能是大学生求职的硬件条件，主要包括专业知识、专业技能和工作经验。目前，大学的课程设置突出理论课程，而实践性课程比较少，教师在教育学生的过程中，也比较重视脑力的训练，而动手能力的训练相对薄弱。那么学生利用课余时间参与校内外社会实践，能学到很多课堂教学学不到的知识，动手能力也得到培养，实现了专业知识和实践应用的结合。从市场经济运行的角度来看，直接满足了企业需要一定职业技能人才的用人需求，在一定程度上缓解了大学生找不到工作和企业招聘不到人才的矛盾。

3. 为个人职业生涯培养了良好的职业道德

来自哈佛大学的研究表明，个人职业生涯取得成功的因素 85%来自职业道德，15%来自职业技能。可见职业道德在个人职业生涯中的重要性。生产实践、校外兼职、志愿者服务等对大学生道德的要求已经内化在具体工作中，诸如积极的人生态度、开拓创新的精神、团队合作精神等，通过不断地实践，启发学生对职业品质重要性的认识。当大学生走向职场，这些道德品质就会内化为一种自我约束的能力，在职业群体中他们的行为准则远远超出一般职业人。

4. 为个人职业生涯培养了良好的职业心理素质

大学生的心理正处于从不成熟走向成熟，但尚未完全成熟的时期。职业心理素质培养所要解决的问题是大学生在择业过程中所面临的各种问题，如职业角色意识、积极心态、抗挫折能力、健全人格塑造、交往能力培养、成功心理培养等，这些素质在今后的职业生涯中与个人的职业有关。职业心理素质是决定个人职业生涯能否取得成功的关键因素，在整个职业发展过程中起着至关重要的作用和影响。

(1)选择职业目标的影响。职业选择首先要解决的问题就是择业目标。职业心理素质对职业目标的选择有着重要的影响，它决定着大学生能否客观、正确地认识、分析自我，如所学专业、思想修养、能力特长、兴趣爱好等；能否客观分析用人单位和社会需要；能否将个人利益与国家利益、个人理想与社会需求有机结合起来；能否在职业选择过程中找到自己的准确位置。

(2)职业选择过程的影响。求职是选择与被选择的过程，是大学生施展才华叩开职业大门的过程，也是用人单位评判、筛选人才的过程。大学生在求职过程中，将会遇到自荐、面试、笔试等一系列的竞争考验，也会遇到一些专业与爱好、个人与家庭、工作与地域、职业与发展之间的一些选择困惑。能否积极面对这些考验，能否做出正确选择，职业心理素质起着重要的作用。良好的职业心理素质，可以使人面对挫折与失败时，及时进行情绪的自我调整，尽快摆脱消极情绪的影响，以便及时总结经验，勇于创新，果断决策。

(3)职业发展中取得成就的影响。大学生毕业走向工作岗位后，身心健康为事业的顺利发展起着促进和保障作用。在个人职业生涯发展中，良好的职业心理素质为事业的顺利发展做好了准备，只要充分发挥自己的聪明才智，挖掘自己潜力，综合自己的优势，扬长避短，不懈努力，就能找到最能施展自己才华、实现人生抱负的舞台。

职业素质储备是一个随着社会发展而不断更新的过程。大学生只有不断强化职业素质以满足社会需求时，才能实现人力资源的合理配置，只有充分认识到职业素质储备的重要意义，才能更好地完成学业，将自己打造成时代需要的高素质人才。

第二篇　职业规划

第三章

职业生涯规划概述

故事导入：有两兄弟，他们住在一幢八十层的公寓楼里。一天，他们一起去郊外爬山。傍晚时分，他们回到公寓楼，发现大厦停电了！这真是一件令人沮丧的事情，因为这两兄弟住在大厦的顶楼，而且还背着大大的登山包。出于无奈，他们背着包开始往上爬。

到了二十楼的时候，他们觉得累了。于是弟弟提议说："哥哥，行李太重了，不如这样吧，把它放在二十楼，我们先上去，等大厦恢复电力，我们再坐电梯下来拿吧。"哥哥一听，觉得这主意不错。于是，他们就把行李放在二十楼，继续往上爬。卸下了沉重的包袱后，两个人觉得轻松多了，他们一路有说有笑地往上爬。但好景不长，到了四十楼，两人又觉得累了。想到还有四十层楼要爬，两人就开始互相埋怨，指责对方不注意停电公告，才会落到如此下场，他们边吵边爬，就这样到了六十楼。

到了六十楼，两人筋疲力尽，累得连吵架的力气也没有了，他们一路无言，安静地继续向上爬着。终于，八十楼到了。到了家门口，哥哥长吁一口气，说："弟弟，拿钥匙来！"弟弟说："有没有搞错？钥匙不是在你那里吗？"大家可能猜到了结局。是的，钥匙还留在二十楼的登山包里！

其实，这个故事反映了我们的人生。二十岁之前，我们活在家人、老师的期望之下，不停地学习、考试，背负着很多压力，就好像是背着一个很重的登山包，加上自己各方面条件都不够成熟，所以走得很辛苦。二十岁以后，从学校毕业，踏上工作岗位，开始自己的职业生涯，依仗年轻的资本，喜欢做什么就做什么，想怎么做就怎么做，就好像是卸下沉重的包袱，随心所欲地生活。

四十岁人到中年，发现青春已逝，但还有很多遗憾，于是开始埋怨，骂老板不识货，怪家人不体恤……就这样在抱怨遗憾中又过了二十年。

到了六十岁，发现人生所剩不多，于是告诉自己，不要再埋怨了，就珍惜剩下的日子吧。于是，默默走完自己的最后岁月。到了生命的尽头，突然想起：好像有什么忘记了。是什么呢？原来是你的钥匙，你人生的关键。你把你的理想抱负都留在了二十岁，没有完成。

大家想一想，我们是不是也要等到几十年以后才来追悔？想不想做些什么来避免这个遗憾发生呢？可见，合理规划自己的职业生涯，是迈向成功的第一步。 正如有人说：你今天站在哪里并不重要，但是你下一步迈向哪里却很重要！

第一节　职业生涯规划的起源

职业生涯规划(Career Planning)简称生涯规划,又叫职业生涯设计,是指个人结合自身情况以及当前的制约因素,为实现自己职业目标而确定的行动方向、时间和方案。

职业生涯规划的兴起得益于 19 世纪 70 年代的第二次工业革命。在工业革命推动下,科学技术突飞猛进,层出不穷的技术新发明被迅速应用于工业生产,大大促进了经济发展。机器化的生产代替了原来的手工劳动,使得社会分工越来越细致,职业种类也越来越多,许多人不能适应这种发展变化的需要,自此,最初的职业指导和职业教育在美国应运而生。

1905 年,美国波士顿人学教授帕森斯发现青年人离校后失业,并不是因为他们没有能力,而是找不到适合自己的职业,于是帕森斯创办了波士顿职业指导局,迈出了使职业规划活动科学化系统化的重要一步。1909 年,帕森斯的《选择一个职业》一书出版,第一次系统阐述了科学的职业选择理论,即通常所说的人职匹配理论。这个理论对今天的职业生涯规划仍具有现实的指导意义。正是由于帕森斯开拓性的工作及其所产生的深远影响,他被后人尊称为"职业生涯规划之父"。

此后在心理学、教育学、社会学等多学科发展基础上,在人力资源管理实践的推动下,职业规划的理论与技术都有了进一步发展。1905 年,比奈(Binet)和西蒙(Simon)出版了智力测试;1927 年,斯特朗(Strong)出版了兴趣量表;1928 年,纳尔(Null)出版了性向测试等。这些崭新的心理测量工具,为职业规划提供了全新的辅助手段,但应用的并不多。此时的规划仍更注重人职匹配和对职业资料的分析,是"职业规划"而非"职业生涯规划"。

由于心理测评技术和工具的发展促进了人们对人格特征与个体差异的认识,职业规划开始更加关注个人发展。1951 年,舒伯(Super)挑战了传统职业规划中的"匹配"论,他引入了"生涯"的概念,在规划中将个人层面与职业层面相结合,强调人的自我了解与接纳,从此扩大了职业规划概念的内涵与外延,将传统的"职业规划"变成"职业生涯规划"。这一时期大量的有关职业生涯规划的理论也开始涌现,并不断发展和完善。尤其是 60 年代前后,除了金斯伯格(Ginsibeger)、舒伯(Super)的生涯发展理论外,罗伊(Roe)的人格理论、鲍丁(Bordin)的心理动力理论、霍兰德(Holland)的类型论、克朗伯兹(Kromboltz)的社会学系理论和斯列皮兹(Slipitaz)的认知发展理论也在这一时期得到发展成型。理论的发展与完善为职业生涯规划的实践和运用打下了坚实的基础。

20 世纪 70 年代以后的美国职业生涯规划以前所未有的速度向社会各个领域推广,其中尤为突出的是在教育领域的发展。各高校生涯规划教育方兴未艾,高校中纷纷设立"生涯规划"的学分制课程供学生选修,希望学生能够通过课程的学习,将自身探索与未来工作相结合,帮助学生了解教育的目的与机会,领会工作的选择与适应之间的关系。"生涯教育"活动的内容包括生涯察觉、生涯探索、生涯决策、生涯规划、生涯准备等不同阶段的生涯技巧。

自职业生涯规划在美国起源和发展之后，从 20 世纪开始，被引入到其他西方发达国家。经过国与国之间的探索和交流，不同国家的本土化运用，尤其是在 20 世纪 50 年代后，职业生涯规划的理论和实践得到了不断加深和丰富。

我国的职业生涯规划教育最早可追溯到 20 世纪初，职业指导教育在欧美等西方国家职业教育运动影响下开始萌芽。1916 年，清华大学校长周诒春先生率先把心理测试的手段应用在学生选择职业中，并开设了生涯规划相关的课程辅导。1920 年，中环职业教育社设立了职业指导部，从介绍经验入手结合我国实践开展了一系列探索。后来因为战争、社会动荡等因素，我国的职业教育指导研究和实践被迫中断。新中国成立后，国家实行计划经济，工作分配，根本不需要职业规划。直到 20 世纪 80 年代社会经济结构发生了变化，劳动人事制度进行了改革后，职业生涯规划才重新进入人们的眼帘。

到 20 世纪 90 年代，随着经济体制改革的不断深入，政府开始对劳动人事制度进行改革。为了打破"铁饭碗"，引入竞争机制和市场机制，国家对毕业生就业制度进行了大刀阔斧的革新，建立了毕业生与用人单位双向选择、自由流动的机制。高校毕业生分配部门的角色也逐渐向就业指导转化。随着市场经济的发展，人们不再满足于找到一份工作，更希望找到一份能够成就自我的工作。此时职业生涯规划不仅成为可能，更是一种必要。各高校开始学习和推广国外前沿的职业生涯规划理论和做法。

第二节　职业生涯规划理论概述

在职业生涯规划中，有三件事要做：第一，进行人职匹配，找到适合自己的职业；第二，运用科学的方法进行决策；第三，了解自己所处的职业生涯阶段，针对职业目标不断进行评估修正，关注职业发展。自 20 世纪初美国职业辅导先驱弗兰克·帕森斯提出三因素理论以来，在职业生涯规划领域探索的专家们，提出了一系列职业生涯规划的相关理论。

一、人职匹配理论

职业人常常要面对职业选择，也就是人职匹配。这里主要介绍霍兰德职业个性理论这一经典的人职匹配理论。

1. 理论概述

约翰·霍兰德(John Holland)是美国约翰·霍普金斯大学心理学教授，美国著名的职业指导专家。他认为人的人格类型、兴趣与职业密切相关，兴趣是人们活动的巨大动力，凡是具有兴趣的职业，都可以提高人们的积极性，促使人们积极地、愉快地从事该职业，且职业兴趣与人格之间存在很高的相关性。

霍兰德的理念是：人的内在本质必须在职业生涯的领域中得以充分扩展，期待一个人能在适当的生涯舞台上充分地展现自我，实现自我，不仅能安身，更能立命。他的理论就是协助当事人从迷惑中找到"人之所是"的立命之所。

2．主要观点

霍兰德认为，某一类型的职业通常会吸引具有相同人格特质的人，而具有相同人格特质的人对许多生活事件的反应模式也基本相似，他们创造了具有某一特色的生活和工作环境。在同等条件下，人和环境的适配性或一致性将会增加个体的满意度、职业稳定性和职业成就感。

霍兰德生涯理论的基础主要由四个基本假设组成。

第一，大多数人的人格特质都可以归纳为六种类型：现实型(R)、研究型(I)、艺术型(A)、社会型(S)、管理型(E)和常规型(C)；

第二，职业也有六种类型，其名称、性质与人格类型的分类相对应；

第三，人们总是尽量寻找那些适应自己个性、突出自己特长、体现自己价值和令自己愉快的职业；

第四，一个人的行为表现是人格类型与职业类型相互作用的结果。如果了解自己的人格类型和职业类型，我们就可以预测自己的职业选择、工作变换、职业成就、教育及社会行为。

3．具体内容

1) 社会型(Social)

社会型人格：典型表现是喜欢与人交往、合作。积极关心他人，帮助别人解决困难，善言谈，喜欢给人培训或传达信息，关心社会问题，愿意为人服务，渴望发挥自己的社会作用，寻求广泛的人际关系，比较看重社会义务和社会道德。社会型的人通常易合作、友好、仁慈、随和、善解人意，但往往缺乏机械能力。

社会型职业：主要是那些与人打交道的工作。如:导游、福利机构工作者、社会学者、教育工作者(教师、培训人员、教育行政人员)、社会工作者(咨询人员、公关人员)、精神卫生工作者、公共保健护士等。

2) 管理型(Enterprising)

管理型人格：典型表现是追求权力、权威和物质财富。通常喜欢竞争、精力充沛、自信、自负、热情，有野心、有抱负，具有冒险精神和领导才能，善于控制形势，擅长表达。具有管理型人格者大多为人务实，习惯以利益得失、权利、地位、金钱等来衡量做事的价值，有较强的目的性，多从商或从政。

管理型职业：主要是指那些通过控制、管理他人而达到个人或组织目标的职业。如政治领袖、项目经理、市场经理或销售经理、营销管理人员、政府官员、企业领导、法官、律师、体育运动策划者、投资商、电视制片人或保险代理人等。

3) 常规型(Conventional)

常规型人格：典型表现是尊重权威和规章制度，喜欢规范化的工作或活动，他们希望按计划办事，习惯接受他人的指挥和领导，愿意在一个大的机构中处于从属地位。具有常规型人格者大多具有细心、顺从、有序、有条理、有毅力、效率高等特征，较为谨慎和保守，缺乏创造性，不喜欢冒险和竞争，擅长文书工作，他们通常以传统和依赖的态度来看待事物，并用认真、现实的方式来处理问题。

常规型职业：主要是指那些对事务性工作进行细致有序的系统处理的职业。如：会计、出纳员、图书管理员、秘书、档案文书、税务专家、记事员、行政助理、打字员、投资分析员等。

4）现实型（Realistic）

现实型人格：典型表现是喜欢从事户外工作或操作机器。具有现实型人格者大多愿意使用工具从事操作性工作，动手能力强，做事手脚灵活，动作协调，并具有传统的价值观，倾向于用简单、直接的方式来处理问题，用他们的机械和技术能力来进行生产，不善言辞，缺乏社交能力，通常喜欢独立做事。

现实型职业：通常是那些使用工具、机器，或从事与植物、动物相关的，需要基本操作技能的工作。如：技术性职业（计算机硬件人员、摄影师、制图员、机械装配工、特种工程师、军事工作者等）和技能性职业（木匠、厨师、技工、修理工、花匠、驯兽员等）。

5）研究型（Investigative）

研究型人格：具有研究型人格者是思想家而非实干家，典型表现是抽象思维能力强，喜欢逻辑分析和推理，考虑问题理性，不断探讨未知的领域。具有研究型人格者喜欢独立的和富有创造性的工作，一般会以复杂、抽象的方式看待世界，并倾向于用理性和分析的方式来处理问题。

研究型职业：通常是指那些对文化知识进行研究和探索的职业。如：科学研究人员、实验室工作人员、数学家、生物学家、化学家、物理学家、工程设计师、程序设计员等。

6）艺术型（Artistic）

艺术型人格：典型表现是有创造力，乐于创造新颖、与众不同的成果。具有艺术型人格者做事理想化，追求完美，渴望表现自己的个性，通常以展示自己的艺术价值来获取成就，以复杂和非传统的方式来看待世界，与他人交往更加感性，他们大多擅长表达，直觉能力强，独立性强，具有表演、写作、音乐创作和演讲等天赋，不擅长事务性工作，通常会尽力避免过度模式化的环境。

艺术型职业：通常是指那些进行艺术创作的职业。如：艺术领域的演员、导演、艺术设计师、雕刻家、建筑师、摄影家、室内装潢师、广告制作人等；音乐领域的歌唱家、作曲家、乐队指挥等；文学领域的小说家、诗人、剧作家、漫画家等。

4. 六种类型的相互关系

霍兰德所划分的六大类型，并非是并列的、有着明晰边界的，这六种类型的人和职业具有不同的典型特征。一个人的行为表现是职业类型和人格类型相互作用的结果，所以他以一个六边形模型形象地阐述了六个类型之间的关系，如图 3-1 所示。

然而，大多数人都并非只有一种人格特点，很可能是同时包含两种或三种。霍兰德认为，这些特点越相似，相容性越强，则一个人在选择职业时所面临的内在冲突和犹豫就会越少。因此在进行职业选择时应遵循以下几个原则：

（1）适宜原则：即具备某一种人格特点者最好从事具备相应特点的职业。如具备社会型人格者最适宜从事社会型的职业。

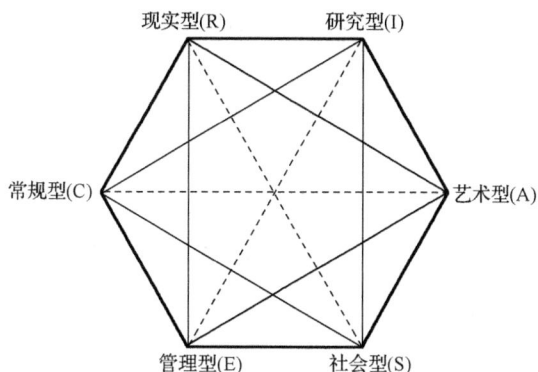

图 3-1 霍兰德的人格-职业六边形模型

(2)相近原则：六边形各角间相邻类型彼此间具有较高的相容性。即具备某一种人格特点者如果从事六边形中相邻类型的职业，可以较好地适应。如具备社会型人格者比较适合从事管理型和艺术型的职业。

(3)相隔原则：相隔一角的类型之间相容性其次。即具备某一种人格特点者如果从事六边形中相隔一角类型的职业，需要付出一定的努力。如具备社会型人格者通过努力可以从事研究型和常规型的职业。

(4)相斥原则：在六边形上处于对角位置的类型之间即为相斥关系。即具备某一种人格特点者最不适合从事处于对角位置类型的职业。如具备社会型人格者最不适合从事现实型的职业。

人们通常倾向于选择与自我人格类型匹配的职业环境，这样可以更好的发挥个人的潜能。但在职业选择中，个体并非一定要选择与自身人格特质完全对应的职业环境。一则是因为个体本身常是多种人格类型的综合体，单一类型显著突出的情况不多，因此在评价个性类型时，也时常以其在六大类型中得分居前三位的类型组合而定，组合时根据分数的高低依次排列字母，构成其人格组型，如 RCA、AIS 等；二则是因为影响职业选择的因素是多方面的，不能完全依据人格类型，还要参照社会职业需求及获得职业的现实可能性来综合评估。

二、职业生涯决策理论

职业生涯规划经常会遇到决策问题。职业生涯决策是个人根据各种条件，并经过一系列活动以后，进行的目标决定，以及为实现目标而制定优选的个人行动方案。它是一个复杂的认知过程，通过此过程，决策者组织有关自我和职业环境的信息，仔细考虑各种可供选择的职业前景，做出职业行为的公开承诺。从这个概念我们可以看出：职业生涯决策是一个过程，而不单单是一个结果。这里，我们主要介绍奇兰特（Gelatt）的职业决策理论。

该理论认为，决策是一连串决定的组合，任何一个新决定都被先前的决定所影响，而新做出的决定又会连锁影响导致后一个决定的出现，所以，决策是一个决定又一个决定连锁反应的发展历程，而非单一的孤立的事件。这也说明生涯决策不是一次选择或一个结果，而是持续不断地做决定及修正的终生历程，具有系统工程的特征。

为了使决策过程理性化、系统化，奇兰特职业决策模式特别强调资料的重要性和过程的严整性，为此他提出了资料处理的三个策略系统和职业生涯决策过程的七个步骤。

1. 关于资料处理的三个策略系统

(1)预测系统。预测不同的选择可能会造成的结果，估算出每个行动可能造成该结果的几率，以此作为该采取哪个行动方案之参考。

(2)价值系统。个人对于各种可能的行动之喜好程度。

(3)决策系统。评判各种行动方案的标准，其选择取向包括：

① 期望取向，即选择可能达成自己最想要的结果的方案，就是与自己的职业观相一致，与自己的兴趣、特长最相符的方案。

② 安全取向，选择最安全、最保险的方案。这方案适合追求稳定的人，但该方案也许与你的职业兴趣不一致。

③ 逃避取向，避免选择可能造成最不好结果的方案。这也是适合追求稳妥，不爱挑战的人，选择的结果也许是与你的期望有一定差距的。

④ 综合取向，就是考虑自己对于行动结果的需求程度、成功几率及避免最不好的结果，权衡这三个方面，然后选择一个行动方案。

2. 关于职业生涯决策的七个步骤

(1)个体意识到做决策的需要，根据需要制定决策的目的或目标；

(2)搜集与目标或目的有关的信息资料，并调查可能的行动方案；

(3)根据所得的资料，预测各个可能的行动方案的成功几率及其结果；

(4)根据价值系统，评价结果是否满足需要；

(5)评估各种可能方案，选择其中的一个方案执行；

(6)若达成目标则终止决定，然后再等待下一个决定的出现；

(7)若没有成功，则继续调查其他可行的办法。

三、职业发展阶段理论

职业生涯阶段的划分是职业生涯规划的一个重要内容，指的是个人职业生涯中具有各种不同特征的时期。我们可以把这些不同的时期分为连续的几个阶段，每个阶段都有各自的特征和相应的职业发展任务。

在这个问题上，不同的专家学者有不同的见解，有的提出三阶段论，职业发展专家休普提出了四阶段论，美国学者利文森提出了六阶段论，格森豪斯的五分法，施恩的九分法和我国学者廖泉文提出的"三、三、三理论"等，在此不一一介绍。在众多的分类方法中，本书重点介绍代表性较强的舒伯职业发展理论。

美国代表性的职业管理学家舒伯（Donald E.super）是职业生涯发展研究领域中最具权威性的人物之一，是全球最有影响力的生涯发展研究者。舒伯的职业发展理论从人的终身发展角度出发，把整个人生分为成长阶段、探索阶段、立业与发展阶段、维持阶段和衰退阶段，并介绍了各个阶段的发展特点，具体见表3-1。

表 3-1 舒伯职业生涯发展理论的五个阶段

职业发展阶段	工作方面的需求	情感方面的需求
成长阶段 （1～14岁）	希望尝试不同的行为方式，并开始思考自己的能力及工作要求	希望获得他人的认同并逐渐形成独立的自我概念
探索阶段 （15～24岁）	要求从事多种不同的工作，希望自己探索	进行试探性的职业选择，在比较中逐渐选定自己的职业
立业与发展阶段 （25～44岁）	希望干具有挑战性的工作；希望在某一领域发展自己的专业知识和技能；希望在工作中体现创造性；希望在经历3～5年后转向其他领域	希望面对各种竞争，敢于面对成败；能处理工作和人际关系矛盾；希望互相支持；希望独立自主
维持阶段 （45～64岁）	希望更新技能；希望在培训和辅导青年员工中发展自己的技能	具有中年人较为成熟的思想感情；对工作、家庭和周围的看法有所改变；自我陶醉以及竞争性逐渐减弱
衰退阶段 （64岁以上）	计划好退休；从掌握转向咨询和指导性工作；寻找自己的接班人；寻找组织外的其他活动	希望把咨询看作对他人的帮助；希望能接受和欣赏组织外的其他活动

在舒伯的生涯发展阶段中，每一阶段都有一些特定的发展任务需要完成，都需要达到一定的发展水准或成就水准，而且前一阶段发展任务的达成与否关系到后一阶段的发展。从表中的阶段划分可以看出，我国大学生正处于职业探索阶段，而探索阶段又包括三个时期，见表3-2。

表 3-2 舒伯职业生涯发展理论中探索阶段的三个时期

具体时期	特点	主要任务
尝试期 （15～17岁）	个人对需要、能力、兴趣、价值观以及就业机会等因素都有所考虑，并通过幻想、讨论、课外工作等方式进行择业的尝试性选择，鉴定出可能合适的工作领域和工作层次	明确一种职业偏好
过渡期 （18～21岁）	个人进入劳动力市场或专门的培训机构，更多的考虑现实并试图补充对自我认知的看法	明确一种职业倾向
试验和初步承诺期 （22～24岁）	个人已经发现了一个大体上合适的职业，开始从事第一份工作并试图把它作为可能的终身职业，在这个时期，承诺仍是暂时的，如果第一份工作不合适，个人可以重新进行选择，确定并实现某种职业倾向的过程	实现一种职业倾向，发展一种现实的自我认知，了解更多的机会

舒伯将生涯发展划分为五个阶段（又称大循环），在每个时期至下个时期之间，称为转换期，又称为小循环，包括：新的成长、再探索以及再建立三个历程。个人一旦进入一个新的生涯发展阶段，可能进入一个新的发展循环，需重新经历成长、探索、建立、维持、衰退等一系列历程。举例来说，一个大学一年级的新生，必须适应新的角色与学习环境，经过"成长"和"探索"，一旦"建立"了较固定的适应模式，同时"维持"了大学学习生活之后，又要开始面对另一个阶段——准备求职。原有的已经适应了的习惯会逐渐衰退，继而对新阶段的任务又要进行"成长"、"探索"、"建立"、"维持"与"衰退"，如此周而复始。

舒伯的生涯发展观，除了原有的发展阶段理论之外，较为特殊的是加入了角色理论

（分别是孩子、学生、休闲者、公民、工作者、持家者六个不同的角色），这六个角色交互影响，形成个人独特的生涯类型。每个人在其人生中的不同时期担当着一个或者多个角色，而且每种生活角色的强度随着时间的变化而变化。角色转化的变化从根本上说是社会权利和义务的变化。大学生就业后的社会角色转换不是瞬间发生和完成的，而是有一个过程的。

舒伯将生涯发展阶段与角色彼此间交互影响的状况，描绘出一个多重角色生涯发展的综合图形，并将其命名为"生涯彩虹图"。图的纵向层面代表的是纵观上下的生活空间，由一组职位和角色组成。在每一个阶段对每一个角色投入程度可以用涂颜色来表示，颜色面积越多表示该角色投入的程度越多，空白越多表示该角色投入的程度越少。生涯彩虹图的作用主要是对自身未来的各阶段如何调配做出各种角色的计划和安排，使每个人成为自己的生涯设计师。

图 3-2 为某位当事人为自己所勾画的生涯彩虹图。半圆形最中间一层子女的角色在 5 岁以前是涂满的，之后逐渐减少，8 岁时大幅度减少，一直到 45 岁时开始迅速增加。早期个体享受被父母养育照顾的温暖，随着成长成熟，慢慢开始同父母平起平坐，而在父母年迈之际，则要开始多花费一些心力来陪伴、赡养父母。

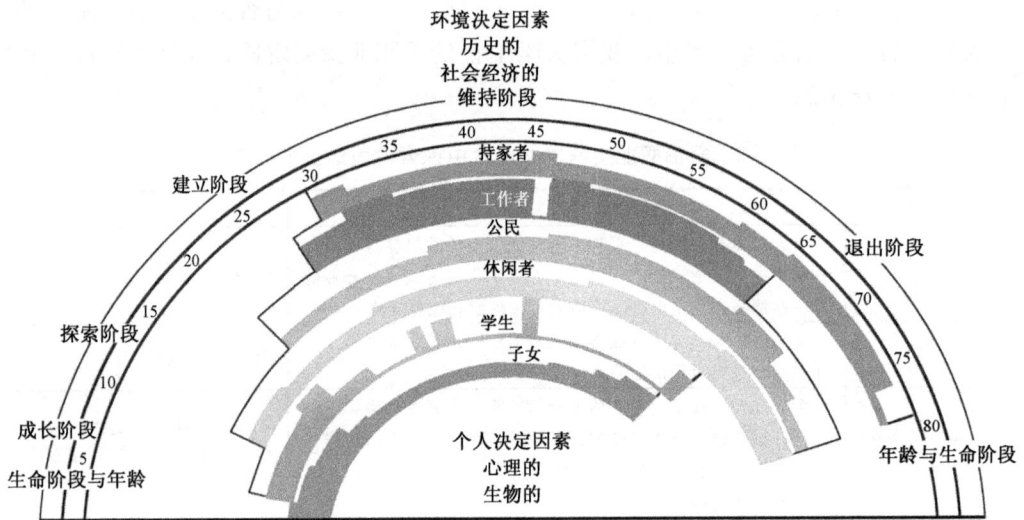

图 3-2　生涯彩虹图

第二层是学生角色。在案例中，学生角色从四五岁开始，10 岁以后进一步增强，20 岁以后大幅减少，25 岁以后便戛然而止。但在 30 岁以后，学生角色又出现，特别是 40 岁出头时，学生角色竟然涂满了颜色，但在两年后又完全消失，直到 65 岁以后。这是因为现代科技发展日新月异，青年在离开学校、工作一段时间以后，常会感到自身学习已不能满足工作需要，需要重回学校以进修的方式来充实自我；也有一部分人甚至等到中年，儿女长大之后，暂离原有的工作，接受更高更深的教育，以开创生涯的"第二春"。学生角色在 35 岁、40 岁、45 岁左右凸显，正是这种现象的反应。

　　第三层是休闲者角色。这一角色在前期较平衡的发展，直到 60 岁以后迅速增加，也许有人会惊讶舒伯把休闲者角色列入了生涯规划的考虑之中。其实，平衡工作和休闲是一项非常重要的任务，特别是在如此快节奏、高效率的社会中，正如图 3-2 中的空白也构成画面一样，休闲是我们维持身心健康的一个重要手段。

　　第四层是公民角色。案例角色从 20 岁开始，35 岁以后得到加强。60～70 岁之间达到顶峰，之后慢慢减退。公民的角色，就是承担社会责任、关心国家事务的一种责任和义务。

　　第五层是工作者角色。该当事人的工作角色从 26 岁左右开始，颜色阴影几乎填满了整个层面，可见当事人对这一角色相当认同。但在 40 岁时，工作者的角色完全消失。对比其他角色，不难发现，这一阶段学生角色和家长角色都有不同程度的增强。两三年后，学生角色小时，家长角色的投入程度恢复到平均水平，而工作者的角色又被颜色涂满，直至 60 岁以后开始减少，65 岁终止。

　　第六层是持家者角色。这一角色可以拆分为夫妻、父母、(外)祖父母等角色，然后分别作图。此处家长的角色从 30 岁开始，头几年精力投入较多，之后维持在一个适当水平，一直到退休以后才加强了这一角色。76～80 岁之间几乎没有了持家者的角色。

　　虽然个体的生涯过程中可能还承担其他角色，但对于大多数人来说，上述这些是最基本的角色。在使用"生涯彩虹图"时，可根据自身情况进行适当调整。

　　舒伯对"生涯"内涵所持的观点，影响生涯辅导工作的实施至为深远，可以说，目前的生涯辅导模式根本上均是发展论导向的。个人在人生发展的每一特定阶段，都有其主要的阶段性任务，生涯辅导工作是协助个人达成其每一阶段的生涯发展任务，并为下一个阶段的发展做好预先的规划和准备。然而，一旦个人进入一个新的生涯发展阶段，极可能进入一个新的发展循环，需要重新经历成长、探索、建立、维持、衰退等一系列历程。这些人生阶段并不完全取决于年龄，每个人都会在不同时间点上再次经历这些阶段，或者部分阶段。适当的完成人生各阶段的生涯发展任务，即是"生涯成熟"的表现。

练习题——我的"生涯彩虹图"

　　"生涯彩虹图"是职业生涯规划中用于自我了解的有效工具，在其绘制过程中，大学生能够很好地进行生命广度和生活空间的探索。可以按照以下步骤操作：

　　(1)准备一张如图 3-3 所示的空白职业"生涯彩虹图"。

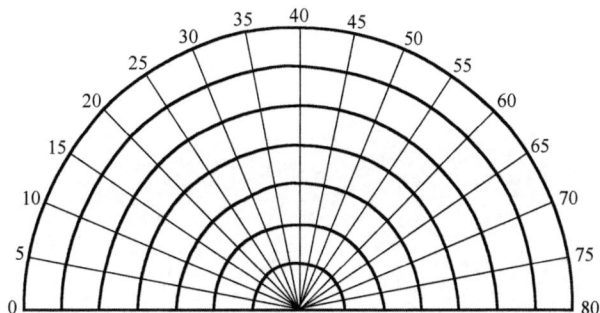

图 3-3　职业"生涯彩虹图"

(2) 图 3-3 的要点是，按照出生到生命终结(可以自己确定，也可以取 80 岁)，按 5 年一段对圆周进行划分代表人生的某个时间段，而扇面上被同心圆分割的部分代表不同的角色。角色可以按自身情况选定，通常有儿童、学生、工作者、父母、丈夫/妻子、家务者、休闲者、公民等。

(3) 用彩笔在图中画出自己所扮演的角色，一种颜色代表一种角色。按照某个年龄段扮演某个角色的多少来决定需要把格子涂多满。

(4) "生涯彩虹图"的目的是要引起大学生对"角色"和人生安排的思索，因此在完成彩虹图后，需要回答以下几个问题：

① 你的生涯彩虹图中，哪个年龄段看上去内容最多？哪部分的空白比较多？这意味着什么？需要调整吗？

② 现阶段的角色分配是你理想的状态吗？为什么？

③ 未来 5 年会发生什么变化？面临哪些挑战？你准备好了吗？

第 四 章

大学生职业生涯规划

大学生职业生涯规划，是学生在大学期间制定的对自己整个人生的规定和计划。制定职业生涯规划，要清晰地认识自己，客观分析自己的性格、兴趣爱好及能力。如果从进入大学时就提高对自己的要求，就有意识开始规划自己职业生涯，那就一定会获得丰富的社会实践经验。我们把这种将大学生活看作是职业生涯发展阶段的观念称为大学生职业生涯观。

大学生对职业生涯概念的认识，应着重把握以下三点：

(1)职业生涯规划分为认知、设计、行动三大部分。

认知包括对人生理想、职业价值观、兴趣爱好、个性特征、能力状况等主体方面的认知，也包括对家庭条件、社会坏境、职业分类、工作性质的认知，还包括对职业生涯相关理论和方法的认知；设计是指个体根据认知的结果，有针对性地树立职业目标、制订实施方案、确定阶段任务；行动则是将设计的内容付诸实践。三者环环相扣、浑然一体。

(2)职业生涯规划以职业实现和职业维持为中心，但同时也包含对性情培养、家庭角色扮演、生活方式和状态等非职业因素的规划。

对于绝大部分大学生而言，职业将是物质生活来源的基础，也是心理塑造的重要因素，所以职业生涯规划的核心是找到适合自己的理想职业，并努力坚持下去。但也需要明确，职业实现和职业维持并非孤立的，他们需要生涯的其他方面作支撑。

(3)职业生涯规划受客观条件的影响，具有框架性。

首先，职业生涯规划属于一种社会科学，本身无法做到像自然科学那样严谨精确；其次，职业生涯规划调整的是主体与客观因素的适应关系，由于客观因素无法完全预料，所以职业生涯规划既需要根据现实情况安排路线和行动，也需要在客观因素变化时，运用合理的方法去应对。大学生由于还没有走入职场，客观因素的可控性更差，如果不进行科学、有效的职业生涯规划，就不可能为我们提供一个合理有序的发展框架。

第一节　大学生职业生涯规划的意义

美国哈佛大学有一项非常著名的调查，以一批智力、学历、环境等条件相差不多的大学毕业生为对象，了解他们是否有明确的人生目标。调查结果显示，有27%的人没有目标，60%的人目标模糊，10%的人有清晰但短期的目标，只有3%的人有清晰而长远的目标。25 年后，哈佛大学对这批人进行了跟踪调查，结果发现，占 3%的有清晰而长远目标的人几乎都成为了社会各界的成功人士；占 60%的目标模糊的人生活稳定，但没什么突出成绩；那 27%没有目标的人，工作与生活都很不如意。这些人之间的根本差距就在于 25 年前是否规划了职业发展的目标。

哈佛大学的这个调查数据值得我们深思，我们都知道，职业生涯规划需要结合自己的资源情况、制约因素而进行。对一个人而言，最大的资源可能不是金钱，而是时间和精力。随着年华逝去，精力日减，职业生涯的可规划性将日益降低。从国外职业教育的经验和对职业发展研究中可以发现，职业兴趣培养和职业生涯教育是一个长期实践的过程。在我国，大部分学生直到大学才开始考虑职业的问题，甚至有不少大学生直到毕业前夕才拿着简历与求职书到处乱跑，被动地做出生涯决策，结果浪费了大量的时间、精力与资金，到头来感叹招聘单位不能"慧眼识英雄"，叹息自己无用武之地。这部分学生就是没有充分认识到职业生涯规划的意义与必要性，认为职业生涯规划纯属纸上谈兵耽误时间，以至于没有利用好这个从校园进入社会前最后的缓冲阶段。实际上未雨绸缪，先做好职业生涯规划，磨刀不误砍柴工，有了清晰的认识与明确的目标之后再把求职活动付诸实践，这样做不仅效果要好得多，也更经济、更科学。

大学阶段是一个人生涯规划的重要阶段，学生在大学阶段对自己的职业生涯能否进行及时有效的规划，十分关键。如果此时对职业生涯规划采取冷漠的态度，那么未来职业发展的空间将是极为有限的。因为这一阶段的生涯规划，对人的一生生涯发展具有基础性、尝试性的价值。具体表现在：

第一，职业生涯规划有利于大学生全面客观的进行自我认知（审视与评价自己的性格、兴趣、能力、核心价值观等方面）。在进行规划之前，学生首先要对自己职业生涯的主客观条件进行测定，并综合分析个人的兴趣爱好和能力特点，之后才能确定一个最佳的职业奋斗目标。

第二，职业生涯规划有利于大学生正确认识工作世界。工作世界是一个人实现其生涯理想的外部平台。对工作世界的认识，可以帮助学生预测未来可能发生的情况，为此做好心理准备。在进行规划之前，学生还要对未来的职业环境有一个认识，既要"知己"，也要"知彼"。

第三，职业生涯规划有利于大学生树立正确的生涯目标。经过对自我和工作世界的探索，学生在综合两个方面的信息后，进行初步的职业选择，为自己的生涯设立目标，确定大体的发展方向。职业生涯规划也能帮助学生反思自己在重大问题上常用的决策风格，从而能够自主决策，为自己的生涯发展设立长远和近期目标，并制定切实可行的行动计划。

第四，职业生涯规划还能促使大学生不断探索并明确职业目标和实施策略。职业生涯规划是一种内在激励，能激发学生自我约束、自我管理的积极性，进一步明确学习目标、端正学习态度，避免学习的被动性和盲目性，在职业发展中少走弯路，节省时间和精力，成为学生学习、实践、不断提升综合素质的动力。所有这些都对大学生的前途和未来有着积极影响。

最后，职业生涯规划之所以重要，还因为生涯存在着路径依赖。所谓路径依赖，是指人类社会中的某些演进和变迁类似于惯性效应，一旦选择进入某一路径(无论是"好"还是"坏")，惯性的力量会使这一选择不断自我强化，让人难以轻易走出，职业方向也是如此。俗话说，"隔行如隔山"，一旦进入了某个行业或职业，想再改换就需要付出更多的努力，有更大的难度。因此在一开始就有意识地进行职业生涯规划更有利于个人积累，有利于职业发展。

总之，通过职业生涯规划，大学生在充分认识自己、客观分析环境的基础上，能够科学树立目标，正确选择职业，并运用适当的方法，采取有效的措施，克服职业生涯中的困难和阻力，避免求职陷阱。同时，按照规划经过有针对性的、系统的学习和充分的就业准备，大学生的就业竞争能力无疑将得到极大的提升，有助于毕业后顺利就业，实现一生的职业生涯目标。

阅读拓展

比尔·拉福的成功之路

中学毕业之际，比尔·拉福就立志经商，他的父亲是洛克菲勒集团的一名高级职员，父亲的职业熏陶了年少的拉福。拉福的父亲在商界打拼了多年，对商海中的事务了如指掌，深谙其中的奥秘。他发现儿子机敏果敢，敢于创新，有一定的天赋，却很少经历磨难，没有经验，更缺乏知识，于是拉福父子进行了一次长谈，共同制定了计划，一起勾画出职业生涯的蓝图。拉福听从了父亲的劝告，升学时没有直接去读贸易专业，而是选择工科中最基础、最普通的专业——机械制造。这着棋很绝妙，因为做商贸必须具备一定的专业知识，在贸易中工业产品占据了绝大多数，如果不了解产品的性能、生产制造情况，就很难保证贸易的收益。因此，具备一些工科的基础知识是经商的先决条件，况且，工科学习不仅是知识技能的培养，它还帮助人们建立一套严谨求实的思维体系，训练人的推理分析能力，使之有一种脚踏实地的工作态度，这些素质对经商的帮助极大。比尔·拉福就这样在麻省理工学院度过了四年，他没有拘泥于本专业，还广泛学习了化工、建筑、电子等方面的基础知识，这些知识在他后来的商业活动中发挥了重要的作用。

大学毕业后，比尔·拉福没有立即一头扎进商海。按照原先的设计，他开始读经济学的硕士学位。商业毕竟不是工业，这是一种经济活动，有其本身的规律和特征。现代商业不像古代阿拉伯人做得那么简单了，无论是程序上，还是原则、内容上都相当复杂，需要进行专门的了解。在市场经济条件下，一切经济活动都通过商业活动进行，不了解经济规律，不学习经济学的知识，很难在商界立足。于是，比尔·拉福掌握了经济学的基本知识，深入了解了经济规律，懂得了商业活动的社会地位和作用，搞清了影响商业活动的众多因素。他还特意认真学习了相关经济法律。在现代商业活动中，法律充当了至关重要的角色，没有法律保障，现代商业将陷入一片混乱。他更注重学习经济学家的工作，但他的志向不在于此，比尔·拉福对会计、财务管理较为精通。这样，几年下来，在知识上他完全具备了经商的素质。

你也许会感到意外，比尔·拉福拿到硕士学位后居然没有立即投身商海，而是考了公务员，去政府部门工作。原来，他的父亲，这位老谋深算的商业活动家深知，经商必须有很强的交往能力，人际关系在商业活动中异常重要，要想在商业上获得成功，必须深知处世规则，充分了解人的心理特征，善于与人交往，能够给人以良好的印象，使人信任你、愿意与你合作。这种开拓人际关系的能力是在学校学习不到的，只有在社会上、在工作中才能得到锻炼，而训练交际能力、观察人际关系的最佳去处就是政府部门。拉福在政府部门一干就是五年。这五年中，他从稚嫩的热血青年成长为一名老成、世故的公务员。此外，他通过五年的政府机关工作，结识了一大批各界人士，建立起一套关系网络。他非常善于利用这些网络，这个网络能够为他提供丰富的信息和许多便利条件，这对他后来事业的成功帮助极大。

五年的政府工作结束以后，比尔·拉福已经完全具备了成功商人所需的各种条件，羽翼丰满了。于是，他辞职下海，去了父亲为他引荐的通用公司熟悉商业业务。又经过两年，他已经掌握了商情和商业技巧，业绩斐然。这时候，他不再耽误时间，婉言谢绝了通用公司的高薪挽留，跳出来自己开办拉福商贸公司。功夫不负有心人，比尔·拉福的准备工作太充分了，他几乎考虑到了每个细节，学会了商人应具备的一切。因此，他的生意进展异常顺利，拉福公司的成长速度出奇的快。二十年后，拉福公司的资产由最初的 20 万美元发展为 2 亿美元，而比尔·拉福本人也成为一个奇迹，受到众人的尊敬。

1994 年 10 月，比尔·拉福率团到中国进行商业考察，在北京长城饭店接受《中国青年报》记者采访时，谈起了他的经历。比尔·拉福认为他的成功应感谢他父亲的指导，他们共同制定了一个重要的职业生涯规划，这个方案使他最终功成名就。

第二节　大学生职业生涯规划的类型和主要任务

一、大学生职业生涯规划的类型

结合大学生职业生涯规划的特点以及一般职业生涯规划的时间维度划分方法，可以把大学生的职业生涯规划分为两种类型。即：近期规划和远期规划。近期规划包括短期规划和中期规划，远期规划包括长期规划和人生规划。其中，"短期规划"指 2 年以内的职业生涯规划，规划目的主要是确定近期目标，制订近期应完成的任务计划；"中期规划"指 2～5 年的职业生涯规划，是最常用的一种职业生涯规划；"长期规划"指 5～10 年的职业生涯规划，目的主要是设定较长远目标；"人生规划"指对整个职业生涯的规划，时间跨度可达 40 年左右，其规划的目的是确定整个人生的发展目标。

类型一：大学生职业生涯规划的近期规划

近期规划是规划时间年限与大学生涯年限基本符合的大学生职业生涯规划，即一般职业生涯规划中的短期规划和中期规划，这种规划一般在 5 年以内。

大学时期正处于职业准备和选择阶段，职业生涯探索阶段的主要目的，就是通过选择、尝试与磨合，找到最合适自己的职业，大学生的职业生涯近期规划，就是大学生根据这个阶段的主要特点和任务要求，在确立总体目标之后，以实现就业为阶段目标，为自己的大学学业生涯制订相应的行动计划和实施方略。

近期规划的特点主要是以大学学制为阶段进行目标分解和策略实施，其最根本的目的是为了实现总体目标而在学业上做好准备、顺利毕业并进入目标职业。近期规划的侧重点以就读期间的职业学习和职业准备为主要内容，规划期限基本以大学生涯的终止为结束。

对大学生而言，近期规划更具针对性，也更具可操作性。通过近期规划，大学生可以在认识自我、了解职业的基础上，从自身的条件和社会的需求出发，确定职业发展的方向，明确职业目标，制订大学期间的学习、培训、实践计划，不断地挑战自我、超越自我，为将来迈出校门、走向社会做好准备，为总体目标的实现打下良好的基础。由于规划的时间跨度不长，因此近期规划也比较易于评估与修正。由于近期规划能与大学阶段的学习和生活紧密联系，因此，我们提倡大学生在规划自己的职业生涯时采用这种目的和策略极为明确可行的规划类型。

类型二：大学生职业生涯规划的远期规划

远期规划时间年限在 5 年以上，即一般分类中的长期规划和人生规划。对职业生涯进行远期的规划，能够使大学生明晰各个阶段的职业目标，保持整个职业生涯发展的连贯性和持续性，使总体目标（比如说最终希望成为某上市公司的董事）更容易循序渐进地达成和实现，进而产生最大的职业动力。大学生如果有条件的话，应该进行这种远期的职业生涯规划，激励自己为达到各个阶段的目标而不懈努力。

不过，时间跨度较长的职业生涯规划要求对自我、对职业有比较充分的认识，同时对社会形势和客观环境有敏锐的观察力和超前的预测能力，需要花费较长的时间对职业目标和职业要求进行深入的研究、调查、论证，并制订比较切实可行的完整性实施方略。同时，由于远期规划的时间跨度较长，实施过程中会受到个人和环境不断变化的影响，规划目标的实现难度非常大。大学生尚处于职业生涯的探索阶段，对社会、对职业的了解都相对有限，因此远期规划的制定可以先以简略的职业理想和职业目标为主，具体的远期规划要建立在近期规划的基础之上，根据职业发展的实际情况进行调整和修正。

二、大学时代职业生涯规划的主要任务

大学时代是个人职业生涯的探索阶段，进行职业生涯规划时，大学生需要从个体的实际情况出发，根据大学阶段不同的年龄特征，制定具体可行的发展规划，同时兼顾近期目标和未来发展的关系。具体说来，大学生职业生涯规划的主要任务包括：

1. 确立职业发展的目标和方向

大学生理想的职业发展目标不仅应该符合个体的性格、兴趣，而且应该具有一定的挑战性。首先，大学生要运用各种方法，包括测评手段，了解自身的能力、性格和兴趣偏好，然后积极地思考外部环境和职业发展资源，最后为自己设定一个具体的发展目标。

2. 制定职业发展策略

大学生制定职业发展策略大致有三种类型：

(1)一步到位型，针对在现有条件下可以达成的职业目标，动用现有资源一次实现。

(2)多步趋近型，对于那些目前无法实现的目标，先选择一个与目标相对接近的职业，然后逐步趋近，以达成自己的理想目标。

(3)从业期待型，在自己无法实现理想目标、也没有相近的职业可以选择的情况下，应该先选择一个职业投入工作，等待机会，以实现自己的理想目标。

3. 明确职业发展路径

设计可行的职业发展路径是大学生实现理想目标的必要条件，职业发展路径需要贯穿人的一生。在生活中，每个人都会面临很多选择，我们要思考每种选择可能的发展道路，包括可能达成的目标、遇到的困难、外界的评价、所需的帮助等。当然，我们也应该根据实际情况的变化不断调整发展路径。

4. 设计具体的活动计划

大学生在进行活动计划的设计时应主要考虑其可操作性，首先从个体的实际情况出发，根据细化的子目标，制定具体职业活动的时间表，并保证效果的可检查性。当然，因为外界环境是可变的，计划制定需要考虑调整的空间。

大体说来，大学4年应做好如下几方面的准备：

大一期间：发展自己的兴趣与能力。参加各类学生组织，参与体育、通识教育和课外活动；逐步熟悉就业制度与政策，主动了解不同职业的介绍资料，和家人、朋友、老师等已经有过工作经历的人谈谈自己的职业兴趣，进行一些职业倾向测试，更好地进行自我探索，确认自己喜欢的职业和专长，刻苦学习，争取获得好成绩。

这期间需要思考的问题包括：我是谁？适合我的位置在哪里？我做得最好的事情是什么？我的职业兴趣是什么等等。

大二期间：扩展自我生涯平台，继续探索和搜集有关职业生涯发展领域的信息。可以通过暑期实习实践经验和参加志愿者活动等，获得第一手资料。

这期间需要思考的问题包括：我了解我的专业吗？我能通过本专业做什么？我的专业未来会有怎样的发展等等。

大三期间：在实践中提升自己的能力。建立更广泛的职业发展网络，通过各种渠道丰富实践经验；探索自己在目标职业能力需求方面的优势与不足，有计划地改进；评估个人早期职业目标需要的路径支持，做好相关准备。比如自己的职业选择需要更高的学历，就着手准备考研；或者开始建立专门的联系渠道，以便辅助自己的求职整体战略计划的实施。

这期间需要思考的问题包括：我在进行职业选择时最看重的因素是什么？在我尝试接触的职业中，哪一个最适合我？我需要为此做哪些准备等等。

大四期间：确定职业生涯目标和路径，制定具体实施计划。面对从学校到职业人的转变，应提前准备好求职材料；通过就业信息的搜集，进一步明确目标岗位；参加模拟招聘会，丰富求职经验；整理个人社会关系，从中获取求职建议，甚至推荐机会。

这期间需要思考的问题包括：在当前的就业形势下，哪些职业可能提供给我？我该采取何种方式求职等等。

第三节　大学生职业生涯规划的要素和基本原则

一、大学生职业生涯规划的要素

著名职业生涯规划专家罗双平曾用公式总结出职业生涯规划的三大要素，该公式为

职业生涯规划=知己+知彼+抉择

式中，"知己"是对自身条件的充分认识和全面了解；"知彼"是对欲从事职业的环境、相关的组织等信息的有效掌握；"抉择"是在知己知彼的基础上，再来确定符合现实、能充分发挥自己专长和强项、自己有浓厚兴趣并且与环境相适应的职业目标。他还将个人职业生涯规划三大要素间的关系与主要内容整理成图，如图 4-1 所示。

因此，我们可以总结出大学生在进行职业生涯规划时正确抉择的黄金准则：

1. 择己所爱

大学生首先要考虑的是自己喜欢哪种职业，或者对哪种职业比较感兴趣。一般来说，只有从事自己喜爱的、感兴趣的工作，工作本身才能给你一种满足感，你的职业生涯才会变得妙趣横生，你也才会全身心地投入，做出一番成绩。

```
知己:          知彼:
性格          组织环境
兴趣          组织发展战略
特长          人力资源需求
智商          晋升发展机会
情商          政治环境
              社会环境
              经济环境

           抉择:
           职业抉择
           路线抉择
           目标抉择
           行动抉择
```

图 4-1　职业生涯规划要素

2. 择己所长

在人才市场的就业竞争中，大学生必须善于从与竞争者的比较中来认清自己的所长和所短，亦即竞争的优势和劣势，然后在此基础上按照"择己所长、扬长避短"的原则选择自己擅长的领域，才能发挥自我优势。

3. 择市所需

职业只有为社会所需，才有发展和保障。大学生不仅要了解当前的社会职业需求状况，还要善于预测职业随社会需要而变化的未来走向，以便能使自己的职业生涯规划富有一定的预见性。

4. 双赢互利

大学生进行职业生涯规划，要注重个人价值与社会价值的统一。在充分实现个人价值的同时，也应对组织、行业和社会的发展进步做出应有的贡献。

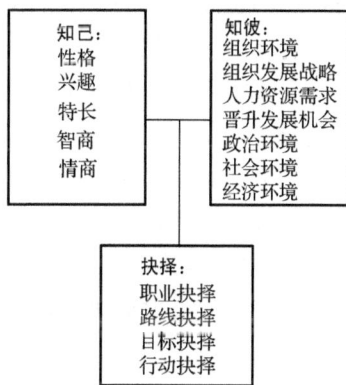

二、大学生职业生涯规划的基本原则

职业生涯规划的过程是大学生探索自我、科学决策、统筹规划的过程，为了保证职业生涯规划的实用性和科学性，大学生在进行职业生涯规划时应遵循以下四个原则：

1. 量体裁衣原则

这是做好职业生涯规划应当始终遵循的原则，也是最重要的原则。人与人之间的内

外在条件有很大差异，发展潜力也有很大不同，因此，职业生涯规划是一项完全个性化的任务，没有统一的定式，需要结合个体的具体特点进行设计。大学生在进行职业生涯规划前，要对自身的内在素质，比如知识结构、能力倾向、性格特征、职业喜好进行系统地评估。既考虑自身的职业发展动机，又考察其成功的可能性，在此基础上设定相应的职业目标和具体的发展规划。

2. 可操作性原则

职业生涯的可操作性，主要包括目标的现实性、计划的可行性和效果的可检查性三个方面。所谓目标的现实性，是指个体目标的设定应该建立在个体现实条件的基础上，是对个体现实资源的真实评估和科学预期，是可以达到的目标，而不能是追新逐异或好高骛远的空想；所谓计划的可行性，就是指为个体制定的计划是非常具体的，是依据他们现有能力可以完成的行动计划；所谓效果的可检查性，就是说目标的实现和计划的执行情况以客观事物为标准，是可以度量和检查的。每个大学生都说有目标和计划，但并不是每个人都可以实现自己的目标，完成自己的计划，甚至有人根本不知道自己是否完成了计划，这就体现了目标和计划的可操作性。职业生涯规划是大学生达成理想目标的规划和步骤，因此，这些内容本身应该是具体明确的，而不能是空洞的口号。

3. 阶段性原则

从职业生涯发展来说，人生的不同阶段承担着各自的发展任务，需要解决相应的发展问题。因此，职业生涯设计也应该结合个体的年龄特征，确定具体的发展方向，制定阶段性的发展目标。在现实与最终目标之间设定一个个的阶段性目标，就像从山脚到山顶的一级级台阶，每迈一步都能够感到自己在朝终极目标前进，奋斗过程就变得不那么缥缈，而是更具体、真实。当然，在大学生自身条件或外界环境发生改变时，所设计的理想目标和阶段性目标都需要相应地改变，因此，这就要求所设计的目标存在可调整的空间。即使是最终目标，也需要结合不同阶段性目标的完成情况而不断进行修正。

4. 发展性原则

发展性原则是指设计职业生涯规划时，不仅仅局限于大学生当前的发展，而且要考虑到大学生未来的职业发展空间，职业生涯规划要有超前性和预测性。因此，职业生涯规划应该基于影响职业发展的核心因素和本质因素，而不是表面现象进行。如对企业文化的认知、合作与责任意识的水平可以长期影响大学生的职业发展，而个人的外部形象和面试技巧仅仅能够说明个体短期的职业状况。职业生涯规划要评量更核心和本质的因素，从大学生自身长期发展的角度进行。

阅读拓展

分段实现大目标

1984年，在东京国际马拉松邀请赛中，名不见经传的日本选手山田本一出人意料地夺得了世界冠军。当记者问他凭什么取得如此惊人的成绩时，他说了这么一句话：凭智慧战胜对手。当时许多人都认为这个偶然跑到前面的矮个子选手是故弄玄虚。马拉松赛是体力和耐力的运动，只要身体素质好又有耐性就有望夺冠，爆发力和速度还都在其次，说用智慧取胜确实有点勉强。两年后，意大利国际马拉松邀请赛在米兰举行，山田本一代表日本参加比赛。这一次，他又获得了世界冠军。记者请他谈谈经验时，山田本一回答的仍是上次那句话：用智慧战胜对手。这回记者在报纸上没再挖苦他，但对他所谓的"智慧"迷惑不解。

10年后，这个谜终于被解开了。他在自传中写道：每次比赛之前，我都要乘车把比赛的线路仔细看一遍，并把沿途比较醒目的标志画下来，比如第一个标志是银行；第二个标志是一棵大树；第三个标志是一座红房子……这样一直画到赛程的终点。比赛开始后，我就奋力地向第一个目标冲去，等到达第一个目标后，我又以同样的速度向第二个目标冲去……我被一次又一次阶段性的成功喜悦激励着，40多公里的赛程，就被我分解成这么几个小目标轻松跑完了，这就是目标分解的作用。起初，我并不懂其中的道理，我把目标定在40多公里外终点线的那面旗帜上，结果跑了十几公里时就疲惫不堪了，我被前面那段遥远的路程给吓倒了。

在现实中，我们做事之所以会半途而废，这其中的原因，往往不是因为难度较大，而是觉得成功离我们较远。确切地说，我们不是因为失败而放弃，而是因为倦怠而失败。如果大学生在职业生涯规划中，具有一点山田本一的智慧，职业目标应该就会更容易实现了。

第四节　大学生职业生涯规划的影响因素和误区

一、影响大学生职业生涯规划的因素

每个大学生都希望自己的职业生涯朝着既定的方向发展，能够顺利地实现预期的目标。但是，职业生涯的发展受多种因素的影响，如性格、兴趣爱好、自信心、责任心、进取心、自我认知与自我调节、自我效能感等。对于大学生来说，影响职业生涯规划的因素可以分为自身因素和环境因素。

1. 自身因素

(1)健康状况。健康的身体是人们开始职业生涯的首要条件。所有的用人单位对健康都有明确的要求，绝大多数单位在劳动者就职前都安排有体检，条件合格者才能被录用。部分大学生就是由于肝、肺、心脏等功能不全，或是血压、视力等项目不符合要求从而失去了获得目标职业的良机。

(2)价值取向。价值观直接影响大学生的就业观。值得关注的是受到功利主义、实用主义思潮的冲击，不少大学生在选择工作单位时，过多地考虑待遇、地区、行业，而较少考虑国家和社会的需要，缺乏艰苦创业、自主创业的精神准备。

(3)自我认知。正确认识和评价自己，对合理定位、主动就业具有重要意义。经过高考进入大学的学生，可能会突然之间失去了目标，不知道干什么，再加上缺乏社会阅历，认识自己难以客观、全面，带有一定的浅表性和片面性。有的大学生对自己的兴趣、爱好等各个方面缺少充分了解和掌握，在临近就业时无所适从；有的大学生过高地评估自己的能力，盲目设定就业期望，暴露出过于理想化的求职心态；有的大学生看到就业形势严峻，不敢参与竞争，表现出悲观和消极的就业心态；还有的大学生对自己的能力和水平估计不准确，忽视专业能力和专业需求，以及单位发展潜力和个体发展前景，择业时片面求高求好，致使难以找到合适的工作。

(4)职业能力。大学生在校期间应注重全面培养自己职业能力。除了具备扎实的专业基础外，还应主动加强和提高自身在人际交往、社会实践、创新意识、团队协作等方面的综合能力。

2. 环境因素

(1)经济发展水平。经济发展水平直接影响人们的职业选择。从宏观上看，人口、产业结构、经济形式和经营方式、科学技术等社会经济因素对择业的影响极大。比如在经济发展水平高的地区，企业相对集中，可供选择的就业机会比较多，而社会需求正是大学生职业生涯规划和选择最重要的客观条件，所以很大一部分大学毕业生的择业地区取向是：往东不往西，往南不往北，往东南沿海不往西北内地。

(2)就业制度和政策。2002 年以来，我国大学生就业制度改革力度加大，国家和地区相继出台了一系列为促进大学生充分就业的制度和政策。如社会用工制度、社会保障制度、档案和户籍管理制度等的改革，高校毕业生跨省市流动体制、市场配置毕业生等机制，在客观上都会影响大学生的职业生涯规划。

(3)社会舆论。就业应该是大学生个人的选择，但是也不能忽视社会、文化、传媒的影响，由于长期缺乏正面的引导，导致大学生中"考研热""考公务员热""出国热"和盲从"热门职业"等不正常现象的出现。

(4)职业因素。职业的社会功能、职业报酬、职业的自然条件和职业对人才的能力要求等因素，也是大学生在进行职业生涯规划时考虑的重点内容之一。

(5)教育环境。学校教育对大学生职业生涯规划具有直接且重要的影响。主要包括学校的社会影响力、办学定位、教育教学改革、课程设置以及就业指导工作的力度等几个方面；家庭教育的目标、生活水平、家长的职业态度等，也对大学生的职业生涯规划发挥着重要影响。

二、大学生职业生涯规划误区

1. 职业生涯规划就是功利地为找工作而准备

职业生涯规划是为了找到适合自己的职业，如果在大学阶段就为自己日后的职业发展充分准备，那就可以相应地加快个人的职业发展历程。找到了适合自己的职业就可以更好地发展自己的职业生涯，职业生涯的有利发展也会促进个人生涯的发展。我们可以看到，职业就是人生最大的课题之一。所以说，在大学阶段规划职业是对人生负责的一种表现。

2．职业生涯规划没有变化快

大学生往往认为计划没有变化快，还不如走一步算一步。有这种意识的大学生混淆了规划和计划及规划和变化的关系。计划是一种较主观的思考安排，而规划则是将主客观都考虑到的一种思考统筹安排。一般来讲，造成计划落空主要有两方面的原因：一方面反映了计划的不周密，另一方面也暴露了自我管理的不严格，没有把计划落实在行动上。但如果是规划呢？那就会在事前把自律性差、环境不具备等因素考虑进去，并制定相应的应急方案。要澄清的是，计划和规划并不仅仅是以执行的最终结果为判断依据，而是以考虑的全面周到与否和严格执行与否来区分的。

3．职业测评是可以测出自己适合什么职业的

目前大学生中有这样一种认识倾向，认为通过做职业测评就可以测出自己所适合的职业。其实，测评主要是依据一定的行为投射反映内在心理，界定影响目标行为的关键因素并确定所占影响的权重，再结合一定的真实样本，通过测评个人对关键因素的关键事件的反应来做出一定判断。测评是通过外在因素来分析内在本质特征，可见，不能单方面依靠测评，而且很多测评选取的常规模型不是来自国内案例，这样就更加大了测评的风险性。职业生涯规划是一定要将理论分析和实践验证以及自我修正等手段加以综合考量，并且经过一定时间验证才可以确定的。

4．职业生涯规划是可以通过讲座等方式速成的

职业生涯规划是不能速成的。职业生涯规划有几个必须在实际情景中亲身探索才能确定的因素，而这些仅仅通过理论上的学习、课堂的讲授是无法落实的。技能、技术等操作层面的东西可以速成，只要掌握了正确有效的方法。但职业生涯规划必须要经过实际职业体验和职业能力塑造、职业潜力开发等多个过程才可以初见端倪的，自身定位是无法通过理论来速成的。

5．职业生涯规划是大四时才要面临的事情

大一时用不着想，这是很多刚上大学的新生所抱定的观念。的确，大学生的职业生涯是在大四毕业后才开始的，在大一时确实不用开始找工作。那这是否就说明了大一阶段与职业生涯规划没有关系呢？其实不然，首先，大一开始的生活严格意义来说是学业规划。学业规划是要在实际的专业学习和探索中选择自己最喜欢最适合的专业来学习，并且在大学期间最大限度地选择并精通一门自己最喜欢最擅长的一个细分领域。学业规划所选定的专业不一定是自己所学的专业，因为很多学生在高考报专业时的轻率和盲目导致了上大学后专业与兴趣的巨大错位，这个错位只能由上大学后的大一、大二阶段来纠正和弥补。大学阶段本是一体的，无论怎么划分、怎么安排，其核心的、最后的目标还是实现就业，使学生找到适合自己的职业。

从职业生涯规划对大学生的影响来看，职业生涯规划意识的觉醒以及职业能力与职业素质的准备，不是越晚越好，而是越早越好。因此，大学生应该从大一开始花时间进一步了解自我，探索职业和社会，设计自己的职业生涯，为将来步入职场、走向社会做好准备。

阅读拓展

打开你观念的抽屉

　　一天，报社的一位年轻记者去采访日本著名企业家松下幸之助。年轻人很珍惜这次采访机会，做了认真的准备。因此，他与松下幸之助先生谈得很愉快。采访结束后，松下先生亲切地问年轻人："小伙子，你一个月的薪水是多少？""薪水很少，一个月才一万日元。"年轻人不好意思地回答。"很好！虽然你现在薪水只有一万日元，其实，你知道吗，你的薪水远远不止一万日元。"松下先生微笑着对年轻人说。看到年轻人一脸的疑惑，松下先生接着道："小伙子，你要知道，你今天能争取到采访我的机会，明天也就同样能争取到采访其他名人的机会，这就证明你在采访方面有一定的潜力。如果你能多多积累这方面的才能与经验，这就像你在银行存钱一样，钱进了银行是会生利息的，而你的才能也会在社会的银行里生利息，将来能连本带利地还给你。"松下先生的一番话，使年轻人茅塞顿开。通过不懈的努力，后来他成为了报社社长。

　　这个年轻记者的外职业生涯表现为单位是报社，职务是记者，工资是每月一万多日元；内职业生涯则表现为具有争取到采访名人的能力，还表现在他建立的一个新观念，那就是对于年轻人来说，注重才能的积累远比注重薪水的多少更重要，因为它是每个人最厚重的生存资本。在积累了才能与经验后，这种内职业生涯的发展带动了年轻记者外职业生涯的发展。

　　可见，大学生在进行职业生涯规划时，不应过多地看重眼前的利益，而应较多地注重职业、企业、甚至行业的发展空间，将内外职业生涯的优势和弊端统筹考虑，这样才能实现职业生涯规划的科学性和有效性。

第 五 章

大学生职业生涯规划与实践

职业生涯规划不应该只存在于大学生的头脑中，还应该落在纸面和实际行动上。这就需要大学生积极做好职业生涯规划书的撰写工作，并且归纳和总结自己在职业生涯发展规划中存在的问题，努力去解决它们。不仅如此，大学生还应该适时地调整方案，以应对一些可预料的变数，保证职业生涯规划的实现。

第一节　大学生职业生涯规划的方法和步骤

一、职业生涯规划的方法

职业生涯规划的方法有很多，在这里向大学生推荐两种便捷有效的方法：

(一)人职匹配——5W 问题澄清法

许多职业咨询机构和心理学专家进行职业咨询和职业规划时常常采用的一种方法就是 5 个"W"的思考模式。从问自己是谁开始，然后顺着问下去，共有 5 个问题：

(1)Who am I(我是谁)？应该对自己进行一次深刻的反思，有一个比较清醒的认识，优点和缺点，都应该一一列出来。

(2)What will I do (我想做什么)？是对自己职业发展的一个心理趋向的检查。每个人在不同阶段的兴趣和目标并不完全一致，有时甚至是完全对立的，但随着年龄和经历的增长而逐渐固定，并最终锁定自己的终身理想。

(3)What can I do(我能做什么)？这是对自己能力与潜力的全面总结，一个人职业的定位最根本的还要归结于他的能力，而他职业发展空间的大小则取决于自己的潜力。对于一个人潜力的了解应该从几个方面着手去认识，如对事的兴趣、做事的毅力、临事的判断力以及知识结构是否全面、是否及时更新等。

(4)What does the situation allow me to do(环境支持或允许我干什么)？这种环境支持在客观方面包括本地的各种状态，比如经济发展、人事政策、企业制度、职业空间等；在主观方面包括同事关系、领导态度、亲戚关系等，两方面的因素应该综合起来看。有时我们在职业选择时常常忽视主观方面的东西，没有将一切有利于自己发展的因素调动起来，从而影响了自己的职业切入点。而在国外通过同事、熟人的引荐找到工作是最正常也是最容易的。当然我们应该知道这和一些不正常的"走后门"有着本质的区别。这种区别就是这里的环境支持是建立在自己的能力之上的。

(5) What is the plan of my career and life (我的职业与生活规划是什么)？最后，将自我职业生涯计划列出来，建立形成个人发展计划书档案，通过系统的学习、培训，实现就业理想目标：选择一个什么样的单位；预测自我在单位内的职务提升步骤，个人如何从低到高逐级而上；并预测工作范围的变化情况，不同工作对自己的要求及应对措施；预测可能出现的竞争，分析如何相处与应对；确定自我提高的可靠途径；如果发展过程中出现偏差、工作不适应或被解聘，如何改变职业方向等。

案例一　澄清你的 5W 问题

小周，23 岁，女，普通一类本科，财务管理专业，大四学生。刻苦上进，学习能力强，曾在一家财务咨询公司实习一年，未来的职业目标是成为一名财务、金融行业的高级经理人。在临近毕业之际，摆在她面前的路有两条：一是去全国重点大学攻读社会学专业硕士研究生；二是去国内知名会计事务所工作，职位是审计，薪水和待遇都不错。

小周很纠结，找到老师咨询意见，老师帮助小周做了详细分析。

先工作：理由是毕竟当前大学生就业形势严峻，可以考虑先积累工作经验。再说这家会计事务所的工作机会非常难得，就算研究生毕业也未必能遇到这么好的机会，况且还是社会学专业。

先读研：虽然此次的工作机会确实宝贵，但有可能入职后的很长一段时间，都在审计岗位上，工作辛苦不说，还势必常常出差，对于提升业务能力空间不大。到名校读研究生不仅可以提高学历优势，也可以开阔视野，培养自己的综合素质，加大求职竞争力。在这个过程中，还可以利用导师、师兄师姐等良好的社会关系获取就业信息甚至得到推荐入职的机会。

可见，先工作和先就业的做法各有利弊，小周究竟应该做何抉择呢？在老师的指导下，小周回答了以下 5 个问题。

(1) 小周是谁？

(2) 小周想做什么？

(3) 小周目前会做什么？

(4) 环境支持或允许小周做什么？

(5) 小周的职业生涯规划是什么？

问题 (1) 的答案很清楚，小周是普通大学财务管理专业本科应届毕业生，有一年财务咨询公司实习的经历。

问题 (2) 的答案是，小周想做一名高级财务经理。

问题 (3) 的答案也不难，小周学习了较系统的财务管理专业知识，又在财务咨询公司实习一年，大学 4 年所学与现有经验基本对口，小周应该可以胜任财务管理行业的一些基本工作，比如审计。

问题(4)的答案非常明显，目前小周有两种选择：进入业内知名会计事务所，担任审计工作；或者到全国重点大学攻读社会学专业研究生。

问题(5)的答案是小周与老师沟通后得出的，既然想成为高级财务经理，首先必须积累经验，因此最好进入一家业内知名会计事务所工作，从基层开始做起，然后再一步步向更高的职位努力。

接下来让我们对以上5个问题的答案做个小小的归纳，找出其中的共性。不难发现，这些答案中指向率最高的是到会计事务所工作。

老师告诉小周，她可以先到会计事务所工作，然后再考虑考本专业研究生，或者在职进修。因为这样做和她既定的职业目标一致，攻读非本专业研究生会使其职业生涯绕了弯路。

(二)面对单一选择——SWOT分析法

SWOT分析法又称态势分析法，是一种根据自身的既定内在条件进行分析，找出优势、劣势及核心竞争力之所在的战略分析方法，它是一种能够较客观而准确地分析和研究个体现实情况的方法。其中，主观因素S(Strength优势)是内部环境中的积极因素，主要是指有利的竞争态势等；主观因素W(Weakness弱势)是指在竞争中相对弱势的方面，也是内部环境中的消极因素；客观因素O(Opportunity机会)是外部环境中的有利因素，具体包括：市场需求、竞争对手失误等；客观因素T(Threat威胁)是外部环境中的不利因素，具体包括：新的竞争对手、行业政策变化、经济衰退等。

SWOT分析具有显著的结构化和系统性的特征，分析直观、使用简单是它的重要优点。就结构化而言，首先在形式上，表现为构造SWOT结构矩阵，并对矩阵的不同区域赋予了不同的分析意义；其次内容上，其主要理论基础也强调从结构分析入手对外部环境和内部资源进行分析。即使没有精确的数据支持和更专业化的分析工具，也可以得出有说服力的结论。但是SWOT不可避免地带有精度不够的缺陷。例如SWOT分析采用定性方法，通过罗列S、W、O、T的各种表现，形成一种模糊的描述，以此为依据作出的判断，不免带有一定程度的主观臆断。

将调查得出的各种因素根据轻重缓急或影响程度等排序，构造SWOT矩阵。在这个过程中，要将那些对个体发展有直接的、重要的、大量的、迫切的、久远的影响因素优先排列出来，而将那些间接的、次要的、少许的、不急的、短暂的影响因素排在后面。

在完成环境因素分析和SWOT矩阵的构造之后，便可以制定相应的行动计划了。制订计划的基本思路是：发挥优势因素，克服弱点因素，利用机会因素，化解威胁因素；考虑过去，立足当前，着眼未来。运用系统分析的方法，将排列与考虑的各种因素相互联系并加以组合，得出一系列可选择对策。

案例二 以周红为例进行SWOT分析

周红，女，1991年出生。2012年考入著名大学新闻传播专业，2016年7月毕业，现读大三。

1. 内部环境分析

S：优势

理想远大、生活态度积极，善于以积极的眼光看待自己的人生；诚实守信、为人正直，喜欢与人交往，待人诚恳；有强烈的责任心，较强的社会适应能力，心思细腻；思考问题有独特看法，勇于创新，喜欢接触新生事物。

W：劣势

社会工作经验不足，遇事缺少理性思考，有时表述问题过于繁琐；自恃清高，我行我素，很多时候听不进他人的友善建议；优柔寡断，为此常常错失良机。

2. 外部环境分析

O：机遇

如今是一个信息爆炸的时代，媒体在社会中的作用更是与日俱增。而传播学在国内是一门新兴学科，其涉及面广，发展空间巨大，并且需紧跟传播技术的发展。更重要的是，社会对这方面人才的需求量大，相对来说就业前景一片光明。

周红所在的大学为她提供了良好的学习环境，以及精良的硬件教学设施。她还曾经参与过一些科研项目的研究，向该行业的一些高层人士学习。

T：威胁

我国就业形势严峻，人才过剩的现象比比皆是。因此越来越多的用人单位更看重实际工作能力和工作经验，并非只注重学历。近年来大学生的数量剧增，受过高等教育的人才遍地都是，想要从中脱颖而出，最后拼的还是知识的把握和能力的展现。

3. 未来选择

通过 SWOT 法进行个人分析后，周红对自己的发展有了更加清晰的认识。未来一年的实习期间，她打算利用自身较强的学习能力，努力提高传播学和广告学理论知识在实践中的应用，为即将到来的就业奠定基础。

二、大学生职业生涯规划的步骤

职业生涯规划是一个长期的连续过程，需要设计一套程序来保证它的顺利实施。一般认为这个过程主要包括自我探索、环境分析、目标设定、计划与实施、评估与反馈五个步骤。

1. 自我探索

这是"知己"的过程，即对自身的能力、素质、价值等方面进行全面审视，正确深刻地认识和了解自己，并对自己的优缺点进行汇总分类，唯此才能对自己未来的职业生涯作出最佳的抉择。进行自我评估，既了解自己的现状和未来志向之间的差距，还要端正态度、脚踏实地、逐步前进。

自我评估的主要内容是与个人相关的所有因素，包括兴趣、性格、能力、特长、需求、学识水平、思维方式、价值观、情商以及潜能等，即弄清楚自己是谁，自己想要做什么，自己能做什么。做有效的自我评估要更注重挖掘自己的潜能。潜能可以在情况危急的时刻发挥出来，也可以被你自己所建立的有挑战性的目标所激励。自我评估的方法包括：自省、测评、角色建议。

需要提醒的是，自我评估不是一两次心理测评可以解决的事情，而是要贯穿整个职业生涯过程。自我评估的方法很多，中国古代就有"吾日三省吾身"的做法，目前国内也已经有了许多可供选择的职业测评工具。关于测评，有两个建议：认认真真做测评，别不当回事；平平常常看结果，别太当回事。

常言道"当局者迷"。一个人对自己的认识总是片面的，所以，在自我评估中还应当包括他人的意见，我们称之为"角色建议"。这些人包括你的父母、老师、同学、朋友，还有职业生涯的专业咨询人员。这些不同人物角色的建议，会帮助你更清醒地认识现实与理想间的差距。

2. 环境分析

相对于自我探索，环境分析是"知彼"的过程。它的主要内容包括政治、经济、文化、组织以及个人所处的环境等，主要目的是找出环境中的有利因素和不利因素，以便相应的调整自己，从而适应环境的要求。

在制定职业生涯规划时，要分析环境的特点、环境的发展变化情况、个人与环境的关系、个人在环境中的地位、环境对个人提出的要求以及环境中对自己有利与不利的因素等等。

3. 目标设定

在认识自己、分析环境的基础上选择职业时，要充分考虑到自身的特点和环境因素对自己的影响，对这些因素的分析，是职业选择的前提条件。分析自我、了解自己、分析环境、了解职业世界，使自己的性格、兴趣、特长与职业吻合。这一点对刚步入社会、初选职业的大学毕业生而言非常重要。

确定职业及理想职业目标首先源于个人的志向，它是个体对所立志向的具体化和形象化，是建立在自我认知和对环境科学分析的基础上，具有最大实现可能性的志向。选择理想职业目标要具有一定挑战性，同时也要能够合乎自己的性格，顺应环境的变化趋势。至于如何具体选择这个理想目标，需要我们不断摸索和尝试，但原则上要忠于自己的志向。

职业生涯目标的确定包括人生目标、长期目标、中期目标与短期目标的确定，它们分别与人生规划、长期规划、中期规划和短期规划相对应。首先要根据个人的专业、性格、气质和价值观以及社会的发展趋势确定自己的人生目标和长期目标，然后再把人生目标和长期目标细化，根据个人的经历和所处的组织环境制定相应的中期目标和短期目标。

值得注意的是伴随现代科技与社会进步，大学生要随时注意修正职业目标，尽量使自己职业的选择与社会的需求相适应，一定要跟上时代发展的脚步，适应社会需求，才不至于被淘汰出局。

4. 计划与实施

针对职业生涯规划的目标体系，选择可操作的方针，进行整合，就形成了职业生涯规划的方案。每个人的现实状况与理想目标之间都存在多种可供选择的路径，可以选择不同的行业，选定了行业还可以选择不同的企业，选定了企业还能选择不同的职位起点等，这就是职业生涯路线的选择。这一过程中比较重要的行动方案有职业生涯发展路线的选择、相应的教育和培训计划的制定等。

制订实施方案可以分三步完成：对准差距；找对方法；确定实施步骤与完成时间。

（1）对准差距。

我们为什么要找差距呢？事实上，实现目标的过程就是缩小差距的过程。只有客观分析目前的状况与实现目标所需要的知识、能力、观念等方面的差距，才能采取有效的行动。

思想观念的差距。比如，面对竞争，一种观念是希望竞争对手失败；另一种观念是设法比竞争对手做得更好更强。观念不一样，导致的做事方法不一样，做事的结果也会不一样。

知识的差距。据统计，在 18 世纪，知识更新周期为 80～90 年，19 世纪到 20 世纪为 30～40 年，20 世纪初至 50 年代为 15～20 年，70 年代以后为 5～10 年，90 年代以后缩短为 3～5 年。延长知识保持期的唯一方法就是知识更新。知识的价值不在于拥有而在于应用。

心理素质的差距。它涉及一个人的毅力如何，面对变故和挫折时心理承受能力怎么样。

能力差距。除情绪智力之外，可能还会有一些能力差距：比如具体操作能力的差距，讲演能力的差距，身体适应能力方面的差距等等。

（2）找对方法。

在了解自身条件、分析差距的前提下，找到适合自己的缩小差距的方法并制订实施方案。如教育培训的方法、讨论交流的方法、实践锻炼的方法等，这些都是缩小差距的根本方案。

（3）实施步骤与完工时间。

在制定具体实施步骤时，限定完成该任务的具体时间。所有的规划、设计都要依靠个体具体的实践来完成。计划的实施过程也就是个体的各种工作经历，具体内容包括实际工作、职能培训、学习深造等。

事实证明，每个人都有适合其发展的路径，但彼此不同，谁也不能完全复制别人的成功之道。一个人选定职业后从什么方向上实现自己的职业目标，是向专业技术方向发展，还是向行政管理方向发展，发展方向不同，要求就不同，这就是所谓的职业生涯路线。因此，在职业生涯规划时必须对此做出选择，以便安排今后的学习和工作。职业生涯路线选择的重点是在对职业理想、职业能力、职业环境三方面的要素进行综合分析的基础上确定自己的职业生涯路线。当然，职业生涯路线也可能出现交叉与转换，这需要根据自身的情况来决定。

德国寓言大师克雷洛夫说："现实是此岸，理想是彼岸，中间隔着湍急的河流，行动则是架在河上的桥梁。"任何希望，任何计划最终必然要落实到行动上。只有行动才能缩短自己与目标之间的距离，只有行动才能把理想变为现实。做好每件事，既要心动，更要行动，否则成功就是一句空话。

5. 评估与反馈

俗话说，"计划跟不上变化"。影响职业生涯的内外因素很多，有些变化是可以预测并加以控制的，但是更多的变化是难以预测的。在这种情况下，要使规划行之有效，需要根据实际情况对生涯规划的进展做出评估，并适时进行修正。当然，个体既可以只对某个阶段性目标的实施路径进行修正，也可以对职业目标进行修正，但这一切都应符合客观现实的需要。事物都是处在运动变化中的，由于自身及外部环境条件的变化，职业生涯规划也要随着时间的推移而变化。在制定职业生涯规划时，由于对自身及外界环境都不十分了解，最初确定的职业生涯目标往往都是比较模糊或抽象的，有时甚至是错误的。经过一段时间的工作以后，有意识地回顾自己的行为得失，可以检验自己的职业定位与职业方向是否合适。这样在实施职业生涯规划的过程中自觉地总结经验和教训，评估职业生涯规划，可以修正对自我的认识，通过反馈与修正，纠正最终职业目标与分阶段职业目标的偏差，保证职业生涯规划的行之有效。同时通过评估与修正还可以极大地增强我们实现职业目标的信心。其修正的重要内容包括：职业的重新选择，职业生涯路线的选择，职业生涯目标的修正，实施策略计划的变更等。

事实上，职业生涯规划的评估与反馈过程是一个再认识、再发现、再规划的过程。因此务必根据个人需要和现实变化，不断调整职业发展目标与计划。对于自己碰到的问题和环境，需要及时调整发展规划，一成不变的发展计划有时形同虚设。应对职场繁杂信息和变动，选择的成功法则就是必须建立有效的信息整理、分析和筛选系统，再结合自身竞争力合理规划职业生涯，这样才能在职业发展过程中凭借良好的职场敏感度达到职业成功的彼岸。

第二节　大学生如何编制职业生涯规划书

《职业生涯规划书》是对职业生涯发展规划的一种书面化的呈现。通过撰写职业生涯规划书，不仅能帮助大学生正确认识自己，而且可以让大学生对职业生涯有一个宏观的计划，并根据社会环境和自身条件等多方面因素确定未来的职业发展方向。

职业生涯规划可行性越高，大学生实现人生价值的转化率就越大。

一、职业生涯规划书的写作原则及要求

1. 资料翔实，步骤齐全

收集资料有多种途径，要尽可能注明资料的出处，并多运用图表数据来说明问题，以提高资料来源的可信度和说服力。

步骤主要分为四步：首先分析需求，分析条件及目标设定；其次分析阻碍和可行性研究；再次设计方案和提升(改变)计划；最后制订详细的实施计划和措施。

2. 论证有据，分析到位

要了解有关的测评理论及知识，认真审视并思考自己的测评报告并对照自我认识与测评结果的异同，分析与测评结果形成差距的原因，从而确定自我评估结果；要理清自

己所处的环境(包括居住的地方、喜欢的地方、亲朋的意见等)，明确自己最大的兴趣是什么、最喜欢与之共事的人的类型、最重视的价值与目标、最喜欢的工作条件等，再通过目前环境评估(社会影响、家庭影响、学校因素、就业形势等)和当前社会环境分析(组织环境分析、技术的发展、经济的兴衰、政策法规的影响等)来确定自己的职业方向，做到有理有据，层层深入。

3. 重点突出、逻辑严密

语言朴实简洁，用词精练准确，行文流畅，条理清楚，这是最基本的写作要求。职业生涯规划书一般包含对职业规划的认识、对自我的剖析、对所学专业的认识、对职业方向的探索及确定目标并制订计划这五个方面的内容。在对这些内容进行分析阐述时，必须紧紧围绕职业目标这条主线来展开，从而体现文章论述的逻辑性和连贯性。要将重点放在自我探索、环境分析、目标实施上。职业生涯规划只有建立在对自我和职业的充分认识的基础上才能体现出它的科学性和可行性。

4. 目标明确，合理适中

撰写职业生涯规划书应围绕论述的中心展开，职业生涯目标不能过于理想化。职业生涯规划书撰写是否成功，在很大程度上取决于有无正确适当、切实可行的目标。

5. 分解合理，组合科学

目标分解、实现路径选择要有理论依据，而且备用路径之间要有内在联系性。目标组合要注意时间上的并进、连续，功能上的因果、互补作用，全方位的组合要涵盖职业生涯、家庭生活、个人事务等方面。

二、职业生涯规划书的基本格式

1. 自我探索(基本情况)

(1)职业兴趣——喜欢干什么？

(2)职业价值观——最看重什么？

(3)职业能力——能够干什么？优势能力是什么？弱势能力是什么？

(4)性格特征——适合干什么？

2. 环境分析

(1)家庭环境分析(经济状况、成长经历、家庭社会地位、社会关系等)

(2)学校环境分析(学校层次、培养类别、专业学习、实践经验等)

(3)社会环境分析(就业形势、就业政策、竞争对手等)

(4)职业环境分析(行业、职业、企业、地域等)

3. 目标设定

综合自我探索和环境分析的主要内容得出本人职业定位的 SWOT 分析：

内部环境因素	优势因素(S)	弱势因素(W)
外部环境因素	机会因素(O)	威胁因素(T)

结论：我最终的职业目标是……

4. 计划实施（参考）

时间	总目标	分目标	计划内容	策略和措施
大学一年级				
大学二年级				
……				

阅读拓展

大学生职业生涯规划书范文

1. 自我探索

(1)我的性格：大家都说我是一个活泼开朗的人，很善于与人交流，人缘也比较好，但是很多时候在一些场合缺乏自信，有的时候患得患失，总是考虑的太多，所以错过了一些很好的机会。从小到大都比较要强，不服输，总想比别人做得更好，不过来到大学，发现人外有人，天外有天，所以开始懂得只要自己努力了就不后悔，不管结果是不是第一，只要自己尽力了就可以。性格比较直爽，有的时候容易伤人，还需要进一步改善。我是个很好的合作伙伴，做事踏实认真，大家交给我的事情总能很好地完成，一丝不苟。

(2)我的兴趣：喜欢看电视，看报纸，上网，逛街，打羽毛球等。很喜欢玩，但是也很关心时事和政治方面的新闻，可以说爱好广泛，但是没有什么突出的特长。

(3)我自己认为所具有的能力：通过在班级里担任班长，自己的很多能力都有所提高。比如，在协调班级工作中，增强了合作意识，并提升了统筹规划的能力；在解决工作中遇到的小摩擦的过程中，我也提升了解决问题和矛盾的能力。另外也具有了一定的与人交流沟通和组织各种活动的能力。

(4)我的价值观：我自己感觉我的人生观和价值观都比较正确，信仰共产主义，而且认为人一生不能只为了钱去追逐，最有意义的一生是活的快乐幸福，而不是为了追逐金钱和奢侈的生活。

(5)我的优势和劣势：优势——我的人缘较好，善于与人交流，还有在组织活动等方面有一定的能力，性格比较开朗，能够很好地调节自己的心情。比较要强，做事踏实；劣势——缺乏恒心，自制力也比较差，不能很好地控制自己，有时候性格太直，有什么说什么，容易伤害到别人。

(6)我的技能：英语比较好，计算机常用软件能够熟练的使用，口语表达能力比较强，善于学习新事物。

2. 专业就业前景分析

我所学的是自动化专业，与本专业就业领域相关联的行业近年来随着市场经济的日趋繁荣和对外开放程度的不断加深，也获得了飞速发展。民航、铁路、金融、通信系统、税务、海关等部门的自动化程度越来越高，科研院所、高科技公司也借助强大的人才优势，发展迅猛。未来随着自动化技术应用领域的日益拓展，对这一专业人才的需求将会不断增加，自动化专业的毕业生也将借助这一技术的广泛应用而在社会生活的各个领域、经济发展的各个环节找到发挥自己专长的理想位置。虽然现在的自动化专业就业形势较为理想，但是如果在专业素质上没有很过硬的技术，也很难找到一个满意的工作。

由于对技术的要求较高，而在大学本科阶段有很多东西都学不到，所以我要考本专业的研究生，继续深造，争取能够在对口专业找到一个工作。虽然，对于一个女生来说，学习自动化专业比较困难，但是如果坚定了信念，并为之付出努力，应该没有什么做不到的事情。在今后的几年里，我要尽可能的掌握自动化专业的理论知识，在大学阶段争取社会实践的机会，在实践中培养自己的职业技能。

3. 职业选择分析

(1)在选择职业时遇到的最大困难和困惑：我现在学习的专业是自动化，如果我从事本专业工作，那么就需要我有很扎实的专业基础，但是现在我所学习的编程等内容对我自己来说有一定的难度，而且对这些内容并没有很浓的兴趣；第二，现在全国开设此专业的学校有很多，而对于此专业我们学校并没有什么竞争力，所以不知道自己以后能不能找到合适的工作，也不知道今后能不能胜任自动化专业的工作。

(2)我的职业选择：第一是电力工程师；第二是大学老师；第三是考公务员。

(3)我的选择路径：考研

(4)SWOT分析。

优势因素(S)：①有学习新知识的能力；②目标明确；③善于动脑思考；④分析问题的能力比较强；⑤英语水平较高；⑥求职能力强；⑦情商较高，综合素质比较强。

弱势因素(W)：①专业知识水平不够；②做事毛躁，不耐心。

机会因素(O)：①所学专业很好，获得工作机会不错；②工科专业缺口，需求量较大；③毕业时，金融危机逐渐缓解。

威胁因素(T)：①女生工作不好找；②全国开设此专业的学校很多，竞争压力较大；③现阶段大学生就业形势紧张。

SWOT分析：我性格的严谨等方面都很适合目标职业，而且综合素质比较高，比较有竞争力，而且现在大环境对此专业有一定的缺口，因此就业相对比较容易。但是作为女生有一定的劣势，需要我学好专业知识，在其他方面超出男生，这样才能找到一份满意的工作。

(5)我的职业目标选择的工作内容和胜任条件。

工作内容：①电力系统的规划立项，进行投资概算；②负责电力设备的设计工作；③研究开发电力设备安装施工技术；④负责相关发电设备运行的技术督导工作；⑤分析和处理电力设备安装、调试、检修和改造中的技术问题。

职业概述：电力工程师是从事电站与电力系统的勘测、规划、设计、安装、调试、运行、检修、电网调度、用电管理、电力环保、电力自动化、技术管理等工作的电力专业工程技术人员。

胜任条件：我学习的专业和本职业的要求相关，如果研究生毕业后参与此工作，在专业上的知识应该就够用了。我比较认真，在技术工作中可以很好地完成任务。我的合作能力比较强，可以建立一个很好的合作团队。

（6）与职业选择目标的差距

①专业知识储备不足；②缺乏耐心做事的能力。

4. 大学期间的行动计划

（1）大一学年：在学好基础课的同时，积极参与社团工作或进行实践活动，在活动中提升自己的吃苦耐劳和团队合作能力，不断提高自己的创新能力。

（2）大二学年：大二是专业课最多的时候，因为我要从事本专业工作，并想考研，因此，一定要抓紧一切时间努力学习，并加深编程知识的掌握，如 C 语言和 C++，这是以后学习的基础，要打好基础。大二的实验课程明显增多，要把理论与实验相结合，工科需要的是动手能力，要在实验里多锻炼多学习。争取参加数学建模大赛，并申请 URTP 项目，帮助老师做一些项目。

四六级：在大二第一学期考过英语四级，在大二第二学期考过英语六级，并争取考过计算机三级。

奖学金：争取在这一学年，每科成绩都过 80，争取获得高级别奖学金。

入党：好好表现，向党组织靠拢，起好带头作用，争取入党。

体育：加强锻炼，提高体能，为了今后考研的辛苦学习和高强度的工作提前锻炼好身体。

（3）大三学年：关注考研动态，大部分的时间就要放在考研复习上，并参加考研辅导班，争取考上自己理想专业的研究生。

（4）大四学年：把握好考研的冲刺阶段，并利用好各类实习机会，争取在实习过程中，提高动手能力，为以后的工作打好基础，做一个懂理论并强实践的大学生。

第三篇　求职指导

第 六 章

大学生就业形势、就业制度及政策

由于教育的快速发展，我国初步实现了从人口大国向人力资源大国转变的目标。但随着国际、国内经济环境的变化，就业供大于求矛盾逐渐突显，大学生就业的环境并不乐观，全国城镇就业供大于求的局面短期内难以根本改变，高校毕业生就业的结构性矛盾突出，毕业生就业期望与现实就业岗位之间的差距依然较大。面对就业形势的根本性变化，党和国家高度重视，相继出台了一系列新政策，大学生就业进入了一个新的阶段。

第一节　就业形势及前景展望

一、就业形势

(一)总体就业形势

目前，我国的总体就业形势比较严峻，具体表现在四个方面。

1. 供求关系矛盾短期内难以改变

我国当前正处在劳动年龄人口增长高峰期，城镇人员的就业问题、农村富余劳动力向城镇转移和下岗失业人员再就业形成了"三峰叠加"局面，在就业岗位相对不足的情况下，这些人员挤占了部分大学生就业岗位，对大学生就业构成了威胁。据有关部门统计：2012 年，全国城镇需要就业的人数达 2500 余万人，其中高校毕业生达 680 万人，而全年新增城镇就业岗位仅 1200 余万个。受产业结构调整和经济发展速度下降等因素影响，今后几年每年需要在城镇就业的人数仍将保持在 2400 万人以上，劳动力供大于求的矛盾十分尖锐。

2. 供求结构性矛盾突出

一方面很多劳动者缺乏职业技能，或者原有技能不能适应新职业的需要，难以实现就业；另一方面，新型产业、行业和技术型职业所需要的高素质劳动者供不应求，技工短缺现象尤为突出，其中高技能人才的需求增长幅度很大。

3. 地区间就业状况不平衡

在我国中西部地区、老工业地区、基地、资源枯竭城市、困难行业和破产企业集中地区，就业困难人员多，岗位供应不足，就业难问题比较突出。

4. 统筹城乡就业，任务繁重

目前进城就业的农民工大约 1.2 亿人，在乡镇企业就业的农民约 8000 万人。随着城镇化发展，还将有 1.5 亿农村剩余劳动力需要向城镇和非农产业转移就业，改善农民进城就业环境，维护他们的就业合法权益，仍需做大量工作。

(二) 大学生就业形势

1. 毕业生人数逐年上升

我国大学自 1999 年开始扩招，2005 年，全国在籍大学生人数达 2300 万人，居世界第一。由此给大学生就业带来了前所未有的压力。2001 年，全国普通高校毕业生人数 114 万，2015 年 749 万人，毕业生人数创历史新高，如图 6-1 所示。复杂严峻的毕业生就业形势在今后一段时间内还将持续。

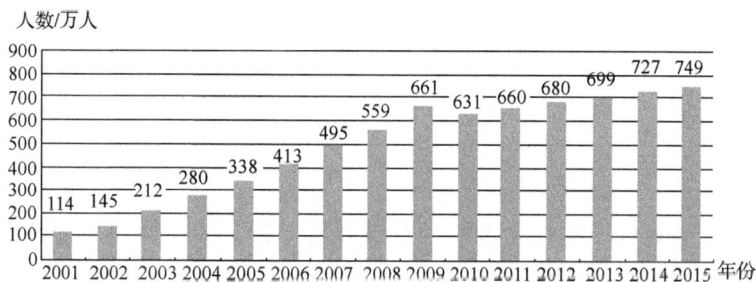

图 6-1　历年高校毕业生人数

2. 各行业用人需求减少

由于我国宏观就业形势面临经济放缓、就业总量持续增加和结构性矛盾突出三重压力，针对高校毕业生的有效用人需求呈下降趋势。2014 年相关机构对近 500 家用人单位招聘数据统计发现，这些单位 2014 年计划招聘岗位数同比平均降幅约 14%。从行业情况来看，医疗卫生、咨询、电子商务、旅游、文化体育、销售等行业用人需求略有增加，但钢铁、机械、采矿、能源、建筑等行业，用人需求不同程度减少。

3. 就业竞争压力增大

根据教育部提供数据：2010 年全国高校毕业生平均一次就业率 72.2%，2011 年 77.8%，2012 年 68%，2013 年 71.9%，2014 年 87.96%，按此比例，每年有近 20%—30% 高校毕业生未能就业或者未能及时就业。近些年，举办的各类招聘会总是人满为患，公务员考试炙手可热，出现几十人、几百人甚至数千人竞聘一个岗位的情况。

4. 高学历就业形势依然严峻

硕士生的就业形势不容乐观，本科生总量上供过于求。事实证明，并不是学历越高就越好就业，有些学生因为学历较高，反而陷入了"高不成，低不就"的尴尬境地。

案 例

即将大学毕业的珊珊加入了找工作的大军。2014 年新年过后，她准备参加招聘会，春季招聘会人气很旺，她曾经听一位学长说过，如果在招聘会上挤上三圈，保证你的头骨都得散架。当时她听了之后，觉得有点夸张。可是当她走进招聘会后，才发现学长的说法真的很贴切。人多得数不清，她挤入人群投了 7 份简历，然后再挤出来足足花了 3 个小时。后来，再也没有勇气进入这个庞大的人群了。

大约一个半月后，她看到了一则新闻报道：2014 年全国普通高校毕业生人数 727 万，比 2013 年增加了 28 万人。看到这则新闻，她不禁想："怪不得招聘会上人这么多，看来就业竞争真是越来越激烈了。"

像珊珊这样有过招聘会现场经历的大学生有很多，通过这样的招聘会最真切地感受到了大学生就业形势的严峻和竞争的激烈。

二、影响就业的主要因素

(一)就业不利因素

在新的就业制度下，虽然大学生求职择业自主性不断增强，但由于受诸多主客观因素的影响，目前我国高校毕业生就业竞争激烈，整体就业形势依然十分严峻。

1. 客观因素

(1)社会需求不平衡影响大学生就业。

虽然近几年社会对大学毕业生的需求总量有所上升，但仍然存在着学科专业、学历层次、地区、用人单位及性别之间需求的不平衡。一是学科专业之间：随着高新技术的迅猛发展和国家对基础设施投资的不断加大，计算机、通讯、电子、土建、机械、自动化及农业等技能类专业毕业生需求旺盛,而文史哲学类专业毕业生社会需求则相对较少。二是学历之间：目前我国中高层次的人才相对短缺，社会对高层次的复合型、开拓型和应用型人才需求日益迫切，呈现对人才结构的需求层次重心上移的趋势。三是地区之间：东部沿海地区、经济发达地区及一些中心城市对大学生需求旺盛，中西部地区的需求有所增加，而一些边远地区及经济相对落后的地区需求仍然不足。四是用人单位之间：公有制单位对大学生吸纳能力明显下降，三资企业、民营企业及高新技术产业的需求数量大大增加，非公有制经济单位已成为目前大学生就业的主渠道。五是性别之间：由于部分用人单位只录用男生不接收女生，从而使男女生就业机会呈不均等状态。

(2)社会对大学生素质要求逐渐提高。

用人单位提高对毕业生的素质要求是大学生就业市场成为"买方市场"的必然结果。当大学生这种劳动力资源成为一种非稀缺资源时，为了使企业招到真正的人才，招聘者必然从一个更宽泛的范围，通过多种形式去挑选最适合的高素质大学生。他们不仅注重个人综合素质，而且其毕业学校和学历层次也成为必要的指标；不仅注重个人自荐过程和面试成绩，而且注重考察其在校期间的综合表现；不仅注重个人胜任应聘职位必备的专业素养，而且也非常注重胜任该职位与之相关能力的高低；有些单位甚至把工作经验累积作为录用的标准和要求。总之，用人单位接收大学毕业生已从"数量型"转为"质量型"，他们选择人才更加注重的是品德、素质和能力。

(3)用人单位与人才输送高校之间缺乏畅通渠道。

毕业生就业市场不够完善，用人单位寻人才，毕业生找工作，都缺乏针对性。供需见面会像赶庙会，往往拥挤不堪，成功率低。在就业的理念上也存在一定的问题，对于高校毕业生就业，社会认为是学校的事，学校则认为是政府的事，各自责任不明确，合理使用人才对大学生、用人单位、社会各方的意义还没有被客观认识。

2. 主观因素

(1)大学生的就业观念与就业形势不适应。

随着我国改革开放的不断深入，就业形势也在不断发生变化。大学生就业体制和干部人事制度的改革，打破了"铁饭碗"和"大锅饭"，人才流动和再就业已成为社会普遍现象，住房分配、公费医疗、社会保障等有关制度的发展和完善，使得在公有制单位就业与在非公有制单位就业的差别日益缩小，高科技的迅猛发展和第三产业的多样化，使就业形式也在发生着深刻的变化。然而，与此形势不相适应的是大学生就业观念的滞后，相当一部分学生及家长，仍停留在过去传统的精英教育阶段的就业观念上。他们认为上了大学就理应有一个待遇丰厚、环境优良的固定工作，有的认为大学毕业生就应该"一次就业定终身"，有的甚至认为只有在党政机关、事业单位和国有企业上班才算就业等等，大学生传统的就业观念不能适应高等教育"大众化"的要求，即给大学生就业带来了困难，也制约了大学生在就业中的正确选择，使大学生在职业选择上背离了人职匹配的发展理念。

(2)大学生的择业目标与市场需求严重错位。

大学生的就业期望值与现实需求的矛盾仍然是造成大学生就业难的主要原因。一方面，大学毕业生普遍感到"找不到理想的单位"，另一方面许多基层一线用人单位急需人才却难以招到"合适的"员工，这就反映出大学生求高薪、求舒适、求名气的心态仍然普遍存在，总希望到大城市、大机关、大公司、大企业等工作，甚至希望就业的单位名气大、条件好、待遇高、环境美、离家近。然而，现实中最需要大学毕业生的恰恰是那些边远地区、中小城市、艰苦行业的基层一线中小型单位，这些地区和单位人才奇缺，渴望能招录到大学毕业生，但年年要人却招不到，即使招到了也容易流失，这样便造成了大学毕业生为一个较优越的职位竞争激烈，从而使不少毕业生错过了择业良机，也导致了大学生"无业可就"和"有业不就"并存的矛盾日益凸显。

(3)大学生知识能力与应聘职位要求符合度不高。

大学毕业生现有及潜在的知识能力能否胜任所应聘职位及今后职业发展要求，往往是用人单位在选录人才时首要考虑的重要内容。在现实中，大学毕业生在求职择业时往往不能满足职业胜任的要求，究其原因，固然与高校人才培养有关，但更重要的还是大学生自身原因。部分大学生在校期间未能提早确立职业发展方向，没有明确学业、职业和人生三大目标，要么未做职业生涯发展规划，要么做了规划却未真正付诸行动，导致自身知识能力培养缺乏针对性、目的性和方向性，是造成上述问题产生的关键所在。

(4)大学生求职择业的技巧方法不能满足顺利就业的要求。

大学生择业困难，有些固然与自身知识能力水平和职业胜任能力不高有关，但仍有不少大学生是由于未能掌握必要的求职择业的技巧与方法而造成的。具体来说，一是没有根据确立的职业方向有针对性地收集筛选就业信息；二是未能根据有效就业信息有针对性地制作高质量的求职材料，尤其是针对应聘单位和职位去制作个性化求职材料；三是求职材料投递的途径、方式和方法欠妥当，导致获得面试的机会相对较少；四是面试前的准备工作不够充分，面试过程中的综合表现未能体现自己真实水平；五是忽视了面试礼仪等诸多问题。常言道："态度决定一切，细节决定成败"。大学生求职择业是一个复杂而又完整的过程，大学生在校期间既要重视择业前期的知识能力培养，还应及早去掌握和提升求职择业所必要的技巧与方法。

(二)就业有利因素

1. 党和国家对大学生就业高度重视

党和国家领导人多次做出重要批示，要求各级党委、政府全力做好大学生就业创业工作，并多次在有关会议上强调做好大学生就业工作的重要性。同时根据不同的就业形势，国家每年都出台了相应的就业政策和措施，为引导、协调、安置毕业生就业提供了有力保障，各级党委和政府，因势利导，拓宽就业渠道，最大限度的保障大学生优先就业。社会对大学生就业也愈显关注，相对于其他群体，大学生享受到的就业关注和政策支持，在某种意义上堪称"超国民待遇"。

2. 中国经济的快速发展为大学生提供了广阔空间

近年来，我国经济保持较快增长，就业市场不断扩大。中国加入 WTO、西部大开发战略、东北老工业基地振兴计划的实施等为大学生提供了更多的就业机会。国企改革的逐步实施，也将增加对人才的需要。

3. 高等学校不断深化以就业为导向的高等教育改革

近年来，教育部坚持和完善毕业生就业情况公布制度，并提出高校年度招生计划与毕业生就业率适度挂钩。要求高等学校认真落实毕业生就业工作在学校的"一把手工程"，要求高等学校以就业为导向，深化教育教学改革，适应社会发展需要。落实科学发展观，适当控制招生增长幅度，相对稳定招生规模，深化教育改革，提高教学质量。要求高校在专业结构调整时，既要考虑面向全国，又要考虑区域经济发展特殊的、局部性的需求，同时还要分析当前的长短线，冷与热。要有超前的眼光和意识预测中长期人才需求的趋势，力求做到专业设置的前瞻性。要求高等学校要积极开展市场调研和毕业生就业跟踪调查，优化学科专业结构，把就业、创业理念引入教学环节，大力加强实践教学，增强大学生就业意识和创业意识，切实提高大学生的就业创业能力。

4. 大学生就业市场逐渐走向规范化和多样化

随着国家对大学生就业工作的日益重视，大学生就业市场越来越规范有序。以政府为主导、学校为基础的大学生就业市场正在逐渐形成，并走向多样化。完善高校大学生就业信息服务体系，提升就业服务信息化水平，是降低求职成本、做好毕业生就业工作的重要手段。就业信息的网上发布，就业指导的网上进行，就业单位的网上招聘，是大学生就业市场信息化、网络化的重要表现。此外，高等学校不断加强就业指导课程建设，把就业指导课列入必修课，积极开发就业创业指导教材，促进就业指导教师队伍的专业化和职业化等，为全面提升大学生求职能力发挥越来越重要的作用。

三、就业前景及展望

(一)当前就业市场的趋势

据麦可思《2014 年中国大学生就业报告》的数据统计，2013 届大学生毕业半年后的就业率为 91.4%，比 2012 届的 90.9%略有上升，比 2011 届的 90.2%上升了 1.2%，近三届毕业生就业率呈稳定态势。麦可思研究院创始人王伯庆表示，从近三届的趋势可以看出，大学生毕业半年后就业率呈略有上升的趋势，说明在目前经济增速放缓，新增劳动力增速同样放缓的背景下，劳动力市场可消化大学毕业生人数在持续增长，所以大学生毕业半年后就业率呈稳定状态。

据陕西省教育厅发布的《2014 年陕西高校毕业生就业质量年度报告》显示，陕西省2014 年高校毕业生初次就业率 88.48%，截止 2014 年 12 月 31 日，高校毕业生总体就业率达 90.38%，比 2013 年高校毕业生初次就业率略有上升，与 2012 年同期相比上升了0.18%，近三年毕业生就业形势基本稳定。具体表现在：一是就业质量有较大提升。2014年陕西省高校毕业生到国有企业就业人数比 2013 年增加 7842 人，增幅达 22.66%；到小型、微型和民营企业就业的比例由 2013 年的 55.93%下降到 2014 年的 51.45%。二是工学类毕业生普遍受到用人单位青睐。重点院校的电气、电子、机械、材料、航空与航天制造工程等专业，就业率超过 95%，有的专业达到 100%。省属院校的工学类毕业生就业也明显优于其他专业。三是综合类本科院校和市属高职院校就业率较低。这部分院校缺乏行业背景支撑，文史艺专业毕业生比例较大、女生较多，社会需求较少，就业较困难。四是陕西籍毕业生出省就业意愿不高。由于东西部地区工资差距逐年缩小，在外省生活成本较大等原因，陕西籍毕业生大多倾向于在本省就业。

(二)未来就业市场的发展趋势

随着我国改革开放的深入和社会主义市场经济的不断完善，以及大学生就业市场的进一步发展，今后几年大学生就业市场呈现以下发展趋势。

1. 中小企业和非公有制单位将是大学生就业的主要渠道

我国中小企业占企业总数的 99%以上，吸纳了 75%以上的就业人员。随着我国市场经济的不断完善和发展，中小企业发展十分迅速，和国有大型企业相比，中小企业更渴望人才，更欢迎大学毕业生的加盟。谁先去占领，谁就会拥有主动权，谁就会拥有更多的发展机遇。这就要求大学生积极转变就业观念，不要将目光仅仅局限在大公司、大企业上，要适应形势发展，投身到充满生机活力的中小企业和非公有制企业中去。

2. 第三产业将是大学生就业的重要选择

当前我国正处于工业化和信息化并行的阶段，一、二、三产业的结构正在加速调整，今后第三产业将会快速增长，第三产业的就业容量和就业弹性较大，所以第三产业将是今后大学生就业的不错选择。

3. 社区、农村、基层为大学生就业开辟了新渠道

目前，政府相继出台了一系列鼓励措施，帮助实施毕业生面向基层的就业项目，努力探索政府开发基层公共服务岗位的新机制。通过认真做好"三支一扶计划""西部计划""农村义务教育阶段学校特设岗位计划"等项目的组织实施，积极引导毕业生到农村、基层就业。

4. 通过实施小城镇建设和城市社区建设战略，加快劳动力的开发利用

在实施小城镇建设和城市社区建设过程中，需要大量的专业技术人才，国家将通过进一步深化改革，包括人事制度改革、工资制度改革，吸纳更多的大学生投身到小城镇建设和城市社区建设中去。

5. 国家将继续加大对中、西部地区的开发和东北老工业基地建设的投入

为缓解就业压力，目前，中央对中、西部和东北地区已经出台了或正在出台一系列优惠政策吸引人才，同时，中、西部和东北地区也都制定了一系列吸引毕业生的优惠政策，这些都将对大学生的就业去向产生重大影响。

6. 实行灵活的就业形式

长期以来，大学生普遍认为只有找到稳定工作才算就业，这种观念还是计划经济的思维模式，不能适应社会主义市场经济的需要。事实上，采取非全日制的、临时性的、阶段性的弹性工作已经成为现代人就业的一种形式。

7. 宏观调控将进一步加强

通过市场机制实现毕业生的最佳配置是大势所趋，但要实现人才的合理流向控制，还离不开宏观调控手段，尤其是在向关系国计民生的国有骨干企业、重点教学科研单位、国防、军工及边远、艰苦地区输送优秀人才方面，国家将会加强以市场为导向的宏观调控力度，积极引导、吸引毕业生到这些地区和单位就业。

(三)未来各专业就业前景

实践证明：没有永远的热门专业，也没有永远的冷门专业。当今世界，科技发展迅速，国际化程度越来越高，就业市场风云变幻，没有人能准确断定，三五年后什么专业是热还是冷。在解读《国家中长期科学和技术发展规划纲要(2006—2020 年)》《国民经济和社会发展第十一个五年规划纲要》等资料的基础上，教育专家们试图对未来几年各专业的就业前景做出预判：我国今后几年内急需人才主要有以下八大类：以电子技术、生物工程、航天技术、海洋利用、新能源、新材料为代表的高新技术人才；信息技术人才；机电一体化专业技术人才；农业科技人才；环境保护技术人才；生物工程研究与开发人才；国际贸易人才；律师人才。

根据下面图 6-2 的数据显示(数据来源于智联招聘和百度指数)，我们可以详细了解各专业以及各行业的就业前景(竞争值越高竞争越激烈)。

位居前三位的航空/航天研究与制造、能源/采矿/采掘/冶炼和石油/石化/化工行业多数为国企。总体来看，说明与国企相关的行业是竞争最为激烈的行业。

竞争值

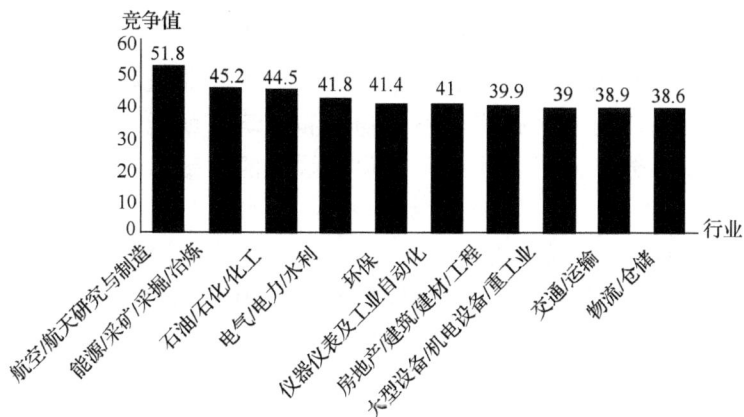

图 6-2　2014 年冬季求职期竞争最激烈的十大行业

(四)哪些专业易于就业

1. 机械类专业供不应求

机械类专业毕业生在人才市场上仍然"热销"。国家近几年加大力度强化装备制造业,今后一段时间,社会对机械类人才仍有较大需求。具有开发能力的数控人才将成为各企业争夺的对象,近年来,机械设计制造与加工专业人才供不应求。从当前机械行业的发展来看,印刷机械、数控机床、发电设备、工程机械等就业前景仍然较好。

2. 经济类专业热度不减

经济类职位是人才市场需求榜上不落的冠军,有关统计数据显示,经济类人才未来几年需求总量仍然很大。根据收入调查显示,金融业高薪引才,整体薪金水平总是在众多行业中排名靠前。这与金融业的人才需求和其不断调整及推出的增值服务有关,一些新兴的金融服务机构也逐渐成为吸纳金融人才的大户。

3. 建筑类专业依然乐观

虽然近期房地产行业面临较大压力,但在人才市场上,与房地产相关的专业,包括建筑、土木、规划、销售等人才需求仍然较旺。随着国家和各地对基础设施投资力度的加大,建筑类专业毕业生就业前景依然乐观。

4. 医学类专业潜力无限

随着医疗体制改革的不断深化,将会有更多的私立医院,这使医学类专业人才更为抢手。而且,由于人们工作、生活的压力不断增大,患病率也在增加,现有的医疗系统不能完全满足社会的需要。所以,医学类专业人才将会走俏。据有关部门分析,将来从事老人医学的人才紧缺,保健医师、家庭护士也将成为热门人才。

5. 艺术类专业不断提升

传统的美术、音乐、表演等专业已经渐渐显露出就业面狭窄现象。传统艺术正与计算机技术、工业、建筑、管理等学科交叉,衍生出新的专业,这些专业也相应地成了近年来的热门。目前，广告设计、工业设计、环境艺术设计、公关策划、动漫制作、游戏策划、游戏设计等专业人才紧缺。艺术专业正朝多学科综合的方向发展，实用艺术的应用范围越来越广。不懂物理和建筑，就无法搞建筑、装潢设计；不懂计算机就做不出数字化影音作品。文化课缺失的"跛脚"艺术类毕业生就业压力加大。

6. 外语类专业就业方向多元化

随着我国与世界交流的逐渐深入，外语类人才需求旺盛。从近几年需求情况看，需求量最大的是英语、日语。此外，俄语、德语、法语、西班牙语、意大利语的需求也较大。这些语种的毕业生就业较为容易，高层次的外语人才供不应求。有专家预测，小语种将走向热门。近年来，外语类毕业生去向已完全呈现多元化态势，除了传统的外交外事领域，越来越多的毕业生到金融、通信、传媒、咨询、体育、物流等领域就业。就业领域的扩大无疑意味着就业机会的增加。那些具有扎实的语言功底，同时具备金融、法律、经贸、外交、新闻、中文等知识背景的外语类毕业生，契合社会对于复合型人才的需求，直接推动着外语类人才培养模式的变革。

7. 法学专业大有可为

从近几年的国家公务员录用可知，政府部门对法学专业毕业生的需求依然旺盛。从绝对数量来看，我国对该专业的人才需求较大。立法机关、行政机关、司法机关、仲裁机构每年都要从应届毕业生中招聘法学专业毕业生，而企业对法学专业人才也越来越重视，中国的律师行业更急需补充大量高素质的律师人才。

8. 师范类专业持续走俏

调查显示，工作的稳定性和待遇节节拔高促使教师成为最受欢迎的职业之一。从大城市的就业状况来看，师范类学生的供求量趋近平衡，其中民办教育机构(包括培训机构)对师范类人才的需求量占了很大比例。而在师范类各专业中，需求较大的专业有教育学、特殊教育、教育技术、数学、汉语言文学、英语、日语、物理、计算机等专业。由于我国教育政策的调整，近几年民办学校、职业学校大量兴起，这使得师范生就业机会增多。

9. 复合型人才更能抢占先机

文科类毕业生(如文、史、哲专业)就业困难，由于社会对这类人才的需求有限，而且此类学科专业技能不强、替代性较大，所以这些专业的学生就业受到限制。同样的问题也出现在侧重基础研究的纯理科专业毕业生身上。因此，文科类专业的学生不能只是简单掌握文案写作技能，还应掌握其他技术，如计算机知识、经济学知识、外语等，方能胜任未来相对要求较高的工作岗位。在择业过程中，除了重视传统的求职项目，如企业行政助理、文秘等工作岗位外，也应关注媒体、出版、广告、市场营销等工作岗位。这类岗位文科生占有优势。而对做基础学科研究的纯理科专业的学生来说，如果平时善于积累，也有后天优势：基本功扎实，入手快。这些专业的毕业生可向相关热门转型，比如转向 IT、金融、教育等行业。

第二节　就业制度及政策

一、就业制度及政策概述

大学生就业制度及政策是国家就业制度及政策的一个重要组成部分，是大学生求职择业的前提和依据。了解大学生就业制度及政策的内涵和基本内容，对大学生面对现实、调整自我、树立正确的择业观念、提升择业基本素质、提高执行国家就业政策的自觉性有着十分重要的意义。

(一)就业制度

就业制度是指国家对人们合法取得就业岗位、维护就业行为的根本性规定，是国家根据不同时期社会人才、人力供需状况及社会经济、政治状况，为充分利用劳力、人才资源和实现供需平衡而确定的指导劳动就业工作的行为规范和工作标准体系。大学生就业制度是国家整体劳动人事制度的一个重要组成部分，其产生、发展、改革与经济体制的变化密切相关。

(二)就业政策

就业政策是指国家和各级地方政府及高等院校，为促进大学生就业工作而制定的基本原则、具体的实施程序、实施办法、权益和义务等方面的规定。就业政策主要包括国家教育部及其他有关部委和各级地方政府、培养学校为大学生就业工作颁布的有关文件。

(三)就业制度及政策的主要作用

大学生就业实行的是中央和地方两级管理、以地方管理为主的工作体制。国家制定的就业政策是针对全国毕业生就业工作进行宏观调控，它虽然会随着时间的发展而不断调整变化，但在相当长的一段时间内，国家的就业政策具有较高的稳定性。大学生就业制度及政策的主要作用包括：①导向作用，即可以引导毕业生走正确的择业道路，少走弯路，提高就业成功率。②保护作用，它将成为毕业生就业中的保护伞，维护毕业生的合法权益，保证就业的公正性。③规范作用，毕业生就业涉及用人单位、毕业生本人及所在学校三方。通过就业制度及就业政策约束各方在毕业生就业工作中的行为，明确各方的权利、义务及法律责任，更好地推进就业工作。

二、就业制度的内容

我国大学毕业生就业制度经历了两个阶段，简单说就是由"统包统分"到"双向选择，自主择业"。从新中国成立初期到1982年是统包统分阶段，这一阶段，既保证了大学生的就业，又为国家培养了大批优秀建设人才，对于国家的经济建设起到了积极作用。

1982～1993 年是国家探索大学生就业制度阶段，这一阶段，在清华大学和上海交通大学进行试点，但仍然是以统包统分为主，双向选择、自主择业为辅，属于二元共存阶段。2000 年，教育部将毕业生的派遣证改为报到证，这标志着大学生就业基本实现了由统包统分到双向选择，自主择业的转变。

1. 统招毕业生的就业制度

按照教育部教学[1999]2 号和人事部人办发[1999]11 号文件规定，普通高校毕业生在国家就业方针、政策指导下就业。毕业生就业坚持"公开、公正、择优、自愿"的原则，其就业机制为"市场导向，政府调控，学校推荐，学生和用人单位双向选择"。毕业生通过供需见面会与双向选择落实就业单位的，毕业生就业主管部门负责派遣到接收单位；未落实就业单位的，派遣回生源所在市地，由当地毕业生就业主管部门和就业指导机构推荐或自行联系工作单位。各市、县、区要结合本地实际，通过举办毕业生就业洽谈会、计划指导下的双向选择和考试录用等各种措施，积极帮助未就业毕业生落实工作单位。

2. 定向毕业生的就业制度

定向毕业生指地区联合办学定向毕业生、贫困地区定向毕业生和行业定向毕业生。定向生在招生时就已经确定了就业去向，因此，定向生毕业原则上要到当年国家招生计划规定的定向地区或单位工作。定向生如遇家迁、升学、留校、参军或原定向单位破产等特殊情况时，可申请办理定向改派。申请办理定向改派的定向毕业生要出具下列相关材料：个人改派申请；关于上述某种情况的证明材料（户口迁移证明、录取通知书、破产证明等）；原定向地区（单位）的主管部门出具的退函；所到地区（单位）主管毕业生就业部门的意见；与新的接收单位签署的就业协议。将上述材料汇总报给学校就业指导中心，经学校初审后，报送省级高校毕业生就业指导中心审查批准，才允许改变就业去向。

3. 免费师范生的就业制度

免费师范毕业生一般回生源所在省份中小学校任教，并且可以申请免试读在职硕士。对于违约的免费师范毕业生，将按照规定退还已享受的免费教育费用并缴纳违约金，已在职攻读教育硕士专业学位的，由培养学校取消学籍。省级教育行政部门负责本行政区域内免费师范毕业生的履约管理，建立诚信档案，公布违约记录，并记入人事档案，负责管理违约退还和违约金。

4. 结业生的就业制度

结业生是指没有拿到毕业证的学生。结业生由学校向用人单位一次性推荐或自荐就业，找到工作单位的，可以办理就业手续，但必须在《报到证》上注明"结业生"字样，在规定时间内无单位接收的，由学校将其档案、户口关系转至其家庭所在地，自谋职业。已被录用的结业生，在国家财政拨款单位就业的，其工资待遇按照国务院有关文件规定，比国家规定的普通高校毕业生工资标准低一级。结业生在一年内补考及格换发毕业证书者，国家承认其毕业资格，工资待遇从补发证书之日起按毕业生对待。

5. 肄业生的就业制度

大学肄业的学生由学校发给肄业证书，国家不负责其就业和办理就业手续。并将其档案和户口转回其生源所在地自谋职业。

三、就业政策的内容

大学生就业政策是随着我国高等教育的发展及劳动人事制度改革的深入而形成及不断变革的。从 20 世纪 90 年代末开始，我国的高等教育进入了跨越式发展的阶段，并很快由"精英化"迈入了"大众化"的时代。毕业生就业所面临的形势发生了根本性变化，大学生就业工作越来越受到党和国家的高度重视，许多新的政策及措施相继出台。

我国高等学校毕业生就业政策的内容主要包括就业总政策、具体政策和有关特殊政策三大部分。总政策主要是关于毕业生安置、使用的基本方针和原则。具体政策包括毕业生就业工作的程序、纪律和各项具体规定以及各地根据具体需要在不违背政策规定的前提下制定的地方性条例。有关特殊政策涉及支援国家重点建设、支边、病残学生的就业政策。这些政策是国家就业政策的重要组成部分，受国家政治、经济、人事等制度的影响。国家对大学生就业工作高度重视，国务院和相关部委制定和出台了一系列促进和保障高校毕业生就业政策，对缓解高校毕业生的就业压力起到了积极作用。

(一)大学生就业的主要政策

1. 毕业生报考国家公务员的政策

国家行政机关、其他国家机关和参照国家公务员制度管理的事业单位从高等学校应届毕业生中录用国家公务员，一律实行考试考核、择优录取的办法，被录用公务员的毕业生与组织、人事部门签订就业协议书，学校就业指导中心凭就业协议书将其纳入就业方案，并予以办理就业派遣手续。

2. 毕业生报考研究生的有关政策

报考研究生的毕业生在与用人单位签订就业协议前，原则上应向用人单位说明本人已参加或准备参加研究生考试，在征得用人单位同意后，可以在就业协议上注明"如果毕业生考取研究生，本协议无效"。如果用人单位不同意此项，那么毕业生原则上不应签署此协议，如果已经考取研究生的毕业生在初签协议时有意隐瞒考研情况，而本人又要求读研的，则按毕业生违约处理。毕业生离校前需要出具原签单位同意读研的退函。

3. 毕业生择业期限的政策

为了保证毕业生充分就业，国家政策规定毕业生的择业期限为三年，对未落实具体就业单位而派回生源地的毕业生，三年内找到就业单位的，就业主管部门仍为其办理有关就业手续。

4. 毕业生档案申请在学校保留的政策

按照国家有关规定，对毕业离校时仍未落实工作单位的毕业生，根据本人意愿，可向学校提出申请，在两年内继续将其户口和档案保留在学校所在地公安机关和学校确定的档案管理单位，两年内落实单位的毕业生，学校负责将其户籍和档案转到就业地，超过两年仍未落实就业单位的毕业生，由学校将其户籍和档案转回其入学前户籍所在地。

5. 离校未就业毕业生享受的服务和政策

按照《国务院办公厅关于做好 2013 年全国普通高等学校毕业生就业工作的通知》(国

办发[2013]35 号)和《人力资源社会保障部关于实施离校未就业高校毕业生就业促进计划的通知》(人社部发〔2013〕41 号)要求,为做好离校未就业高校毕业生就业工作,从 2013 年起实施离校未就业高校毕业生就业促进计划:

(1)地方各级人社部门所属公共就业人才服务机构和基层公共就业服务平台要面向所有离校未就业高校毕业生(包括户籍不在本地的高校毕业生)开放,办理求职登记或失业登记手续,发放《就业失业登记证》,摸清就业服务需求。

(2)对实名登记的所有未就业高校毕业生提供更具针对性的职业指导。

(3)对有求职意愿的高校毕业生要及时提供就业信息。

(4)对有创业意愿的高校毕业生,各地要纳入当地创业服务体系,提供政策咨询、项目开发、创业培训、融资服务、跟踪扶持等"一条龙"创业服务。

(5)要将零就业家庭、经济困难家庭、残疾等就业困难的未就业高校毕业生列为重点工作对象,提供"一对一"个性化就业帮扶,确保实现就业。

(6)对有就业见习意愿的高校毕业生,各地要及时纳入就业见习工作对象范围,确保能够随时参加。

(7)对有培训意愿的离校未就业高校毕业生,各地要结合其专业特点,组织参加职业培训和技能鉴定,按规定落实相关补贴政策。

(8)地方各级公共就业人才服务机构要为离校未就业高校毕业生免费提供档案托管、人事代理、社会保险办理和接续等一系列服务,简化服务流程,提高服务效率;有条件的地方可对到小微企业就业的离校未就业高校毕业生,提供免费的人事劳动保障代理服务。

(9)加大人力资源市场监管力度,严厉打击招聘过程中的欺诈行为,及时纠正性别歧视和其他各类就业歧视。加大劳动用工、缴纳社会保险费等方面的劳动保障监察力度,切实维护高校毕业生就业后的合法权益。

6. 其他情况毕业生政策

毕业前,学生突发疾病且不能坚持正常工作的,应回家休养。一年以内、半年以上治愈的,可随下一届毕业生就业;半年内治愈的,可到原就业单位就业;一年后仍未治愈或无用人单位接收的,户口关系和档案材料转至家庭所在地,按社会待业人员办理。毕业生报到后,接收单位对毕业生身体状况进行检查,单位在 3 个月内若发现毕业生身体条件不符合要求,不能坚持正常工作的,经县级以上医院检查确属在校期间的旧病复发,报主管部门批准,可将毕业生退回学校,如属新生疾病,按在职人员病假期间的有关规定处理,不得把上岗后发生疾病的毕业生退回学校。

申请自费出国不参加就业的毕业生,在毕业前提出申请的,学校不再负责其就业,派遣时未获准出境的,学校可将其户口、档案转到其家庭所在地。

(二)国家对大学毕业生提供的就业优惠政策

1. 鼓励高校毕业生到基层中西部地区就业

对到农村基层和城市社区公益性岗位就业的,给予社会保险补贴和公益性岗位补贴;

对到农村基层和城市社区其他社会管理和公共服务岗位就业的，给予薪酬或生活补贴；对到中西部地区和艰苦边远地区县以下农村基层单位就业并履行一定服务期限的，由政府补偿学费，代偿助学贷款；对有基层工作经历的，在研究生招录和事业单位选聘时优先录取；对参加"选聘高校毕业生到村任职""三支一扶"（支教、支农、支医和扶贫）"大学生志愿服务西部计划""农村义务教育阶段学校教师特设岗位计划"等项目的，给予生活补贴，按规定参加社会保险；项目服务期满并考核合格的，报考硕士研究生初试总分加 10 分，高职（高专）学生可免试入读成人本科；今后相应的自然减员空岗全部聘用参加项目服务期满的高校毕业生。

2. 鼓励高校毕业生应征入伍服义务兵役

征集普通高等学校应届毕业生入伍，是适应新时期国防和军队现代化建设需要，进一步优化兵员结构，提高部队战斗力，加强基层指挥军官队伍建设，增强退役士兵就业能力的重要举措。自 2010 年起，全面实施网上预征报名，所有参加预征的高校毕业生必须上网登记报名。报名网站为 http://zbbm.chsi.com.cn（全国征兵网）。从 2013 年起，全国征兵时间统一由冬季调整到夏秋季，预征入伍的报名时间相应调整为：男兵 4 月 10 日开始，8 月 5 日截止；女兵 6 月 20 日开始，8 月 5 日截止。

为鼓励大学生参军入伍，切实提高征集大学生数量和质量，2015 年教育部在原有优惠政策基础上，又出台了 5 项新举措：

(1)设立"退役大学生士兵"专项硕士研究生招生计划。从 2015 年起，根据实际需求，每年安排一定数量专项计划，专门面向退役大学生士兵招生。

(2)将服兵役情况纳入研究生推免生遴选指标体系。鼓励开展推荐优秀应届本科毕业生免试攻读研究生工作的高校在制定本校推免生遴选办法时，结合本校具体情况，将在校期间服兵役情况纳入推免生遴选指标体系。在部队荣立二等功及以上的退役人员，符合研究生报名条件的可免试（初试）攻读硕士研究生。

(3)将考研加分范围扩大至高校在校生和新生。在继续实行普通高校应届毕业生退役后按规定享受加分政策的基础上，对应征入伍服义务兵役退役的普通高校在校生和新生，在完成本科学业后 3 年内参加全国硕士研究生招生考试，初试总分加 10 分，同等条件下优先录取。

(4)退役大学生士兵专升本实行招生计划单列。高职（专科）学生服义务兵役退役，在完成高职学业后参加普通本科专升本考试，实行计划单列，录取比例在现行 30%的基础上适度扩大。

(5)放宽退役大学生复学转专业限制。大学生士兵退役后复学，经学校同意并履行相关程序后，可转入其他专业学习。

义务服兵役毕业生享受代偿政策：国家对应征入伍服义务兵役的高校学生，在入伍时对其在校期间缴纳的学费实行一次性补偿或获得的国家助学贷款实行代偿；应征入伍服义务兵役前正在高等学校就读的学生（含高校新生），服役期间按国家有关规定保留学籍或入学资格、退役后自愿复学或入学的，国家实行学费减免；学费补偿、国家助学贷款代偿和学费减免标准，本专科学生每人每年最高不超过 8000 元，研究生每人每年最高不超过 12000 元；由中央财政提前下拨预算，保证国家资助金及时发放到位。

3. 积极聘用优秀高校毕业生参与重大科研项目

高校毕业生在参与项目研究期间，享受劳务性费用和有关社会保险补助，户口、档案可存放在项目单位所在地或入学前家庭所在地人才交流中心。聘用期满，根据需要可以续聘或到其他岗位就业，就业后工龄与参与项目研究期间的工作时间合并计算，社会保险缴费年限连续计算。

4. 鼓励和支持高校毕业生到中小企业就业或自主创业

对企业招用非本地户籍的普通高校专科以上毕业生，各地城市应取消落户限制(直辖市按有关规定执行)；对到中小企业就业的高校毕业生提供档案管理、人事代理、社会保险办理和接续等方面的服务；从事个体经营符合条件的，免收行政事业性收费并享受国家相关扶持政策；登记失业并自主创业的，如自筹资金不足，可申请 5 万元小额担保贷款；对合伙经营和组织起来就业的，可按规定适当提高贷款额度；参加创业培训的，按规定给予职业培训补贴；灵活就业并符合规定的，可享受社会保险补贴政策。

5. 强化对困难家庭高校毕业生的就业援助

就业困难和零就业家庭的高校毕业生，享受公益性岗位安置、社会保险补贴、公益性岗位补贴等就业援助政策；机关、事业单位免收招聘报名费和体检费；高校可根据实际情况给予适当的求职补贴；对离校后未就业回到原籍的高校毕业生，由各地公共就业服务机构免费提供就业服务并组织就业见习和职业技能培训。

(三)国家对毕业生提供的基层就业项目

近年来，中央各有关部门主要组织实施了 4 个引导高校毕业生到基层就业的专门项目：一，团中央、教育部等四个部门从 2003 年起组织实施的"大学生志愿服务西部计划"。二，中组部、原人事部、教育部等八部门从 2006 年开始组织实施的"三支一扶"(支教、支农、支医和扶贫)计划。三，教育部等四部门从 2006 年开始组织实施的"农村义务教育阶段学校教师特设岗位计划"。四，中组部、教育部等四个部门从 2008 年起组织实施的"选聘高校毕业生到村任职工作"计划。为了使大学生能够深入了解国家提出的基层就业项目，我们对这些就业项目分别详细加以介绍：

1. 大学生志愿服务西部计划

大学生志愿服务西部计划是由共青团中央、教育部、财政部、人事部于 2003 年共同组织实施的鼓励和引导高校毕业生面向西部基层就业创业的工作项目。主要目的是为了弘扬志愿精神，鼓励优秀青年投身西部大开发战略，为西部地区农村经济社会发展作贡献。

经费保障：志愿者基础生活补贴每月 1000 元，同时继续享受国家艰苦边远地区津贴，综合保障险保费标准 350 元，其中人身意外伤害、身故(含疾病身故)保险责任，保额 30 万元；住院医疗保险责任，保额 30 万元；疾病门诊责任，保额 1 万元。

优惠政策：一是参加西部计划的，服务期满 2 年且考核合格的志愿者，3 年内报考研究生，初试总分加 10 分，同等条件下优先录取。二是服务期满 2 年且考核合格的，报考公务员等享受相关优惠政策。三是出省服务的和在本省服务的志愿者优惠政策保持一致。四是按照国家社会保险和统筹高校毕业生基层服务项目人员参加社会保险相关文件规定，推动西部计划养老保险工作。

2. "三支一扶"计划

2006 年，由人力资源和社会保障部牵头，省区市人事、教育部门组织实施的鼓励高校毕业生到基层从事支教、支农、支医和扶贫工作项目，简称"三支一扶"计划。以普通高校全日制应届本、专科毕业大学生为主，主要安排到基层从事支教、支农、支医和扶贫工作，目的是通过开展支农、支教、支医和扶贫工作，促进农村基层社会事业发展。

经费保障："三支一扶"计划服务期限一般为 2～3 年，工作期间给予一定的生活、交通补贴，统一办理人身意外伤害保险和住院医疗保险。上述费用及所需工作管理经费，由地方财政安排专项经费予以支付。中央财政将通过不断加大转移支付力度予以支持。

优惠政策：一是原服务单位有职位空缺需补充人员时，应优先考虑接收服务期满考核合格的"三支一扶"大学生。县、乡各类事业单位，有职位空缺需补充人员时，也应拿出一定职位专门吸纳这部分毕业生。服务期满自主创业的，可享受行政事业性收费减免、小额贷款担保和贴息等有关政策。应届毕业生自愿到国家需要的艰苦地区、艰苦行业基层工作，服务达到国家规定年限，并符合相应条件的，可享受国家助学贷款代偿政策。二是服务期满考核合格的"三支一扶"大学生，报考党政机关公务员的，可以通过适当增加分数以及其他优惠政策，优先录用。到西部地区和艰苦边远地区服务 2 年以上，服务期满后 3 年内报考硕士研究生的，初试总分加 10 分，同等条件下优先录取。对于已被录取为研究生的应届高校毕业生参加"三支一扶"项目的，学校应为其保留学籍。三是服务期满考核合格的"三支一扶"大学生，根据本人意愿可以回到原籍或到其他地区工作，凡落实了接收单位的，接收单位所在地区应准予落户。进入国有企事业单位的，由接收单位按照所任职务比照同等条件人员确定其职务工资标准；其服务期限计算为工龄。在今后晋升中高级职称时，同等条件下优先评定。

3. 农村义务教育阶段学校教师特设岗位计划

2006 年，教育部、财政部、原人事部、中央编办下发《关于实施农村义务教育阶段学校教师特设岗位计划的通知》，联合启动实施"特岗计划"，公开招聘高校毕业生到"两基"攻坚县农村义务教育阶段学校任教。原则上安排在县以下农村初中，适当兼顾乡镇中心学校，从 2009 年起，实施范围进一步扩大。

招聘对象：①以全日制普通高等师范院校和其他全日制普通高校应届本科毕业生为主，可招少量应届全日制普通师范类专业专科毕业生。②取得教师资格，具有一定教育教学实践经验，年龄在 30 岁以下的全日制普通高校往届本科毕业生。③同时符合教师资格条件要求和招聘岗位要求。

待遇及优惠政策：

三年聘任期间：①执行国家统一的工资制度和标准。与当地正式老师享有同等待遇，绩效工资不足的部分由地方财政解决。②津贴由各地根据当地同等条件公办教师收入和中央补助水平综合确定。提供必要的交通补助、体检费。③按规定纳入当地社会保障体系，享受相应社会保障待遇，政府不安排商业保险。

三年聘任期满后：①鼓励期满后继续从事农村教育事业。对愿意留在当地学校的，要负责落实工作岗位，工资发放纳入当地财政统发范围。②重新择业，各地要为其重新选择工作岗位提供条件和必要帮助。③可推荐免试攻读教育硕士。

4. 选聘高校毕业生到村任职工作计划

选聘高校毕业生到农村任职工作，是党中央作出的一项战略决策，是贯彻党的十七大精神、深入贯彻落实科学发展观的一项重要举措。

招募对象与条件：30 岁以下应届和往届的全日制普通高校专科以上学历的毕业生。重点是应届和毕业 1 至 2 年本科生、研究生，原则上为中共党员（含预备党员），非中共党员的优秀团干部、优秀学生干部也可选聘。参加人力资源和社会保障部、团中央等部门组织的到农村基层服务的"三支一扶""志愿服务西部计划"等活动期满的高校毕业生，本人自愿且具备选聘条件的，经组织推荐可作为选聘对象。对于各省（区、市）此前已经选聘到村任职的高校毕业生，本人自愿，通过组织考察推荐，可转为选聘对象。

经费保障：项目经费由中央和地方财政共同承担。比照当地乡镇从高校毕业生中新录用公务员试用期满后工资水平确定工作、生活补贴标准，在艰苦边远地区的，按规定发放艰苦边远地区津贴；参加社会养老保险；任职期间，办理医疗、人身意外伤害商业保险。

优惠政策：选聘工作期限一般为 2～3 年。工作期间县级组织人事部门与其签订聘任合同。工作期满后，经组织考核合格、本人自愿的，可继续聘任。不再续聘的，引导和鼓励其就业、创业。

第 七 章

求 职 准 备

社会为大学生提供了广阔的就业天地，然而人并非天生就能从事某种职业或承担某种职务，都需要一个或长或短的职业准备期。大学生只有做好充分的求职准备，才能较好地适应社会对人才的实际需求。因此，大学生应把大学生活同求职择业自觉紧密地联系在一起，提前准备。如何做好求职准备，是每个毕业生需要认真思考的问题。

第一节 心 理 准 备

随着毕业生人数的逐年增加，大学生在择业时，感到了前所未有的就业压力。有些大学生在求职过程中出现心理障碍，从而产生就业安全问题。大学生择业心理问题已成为各高校关注的重点。

一、常见的就业心理

1. 自负心理

不少大学生自认为学识渊博，从政、经商、做学问不费吹灰之力。对就业形势和用人单位需求不了解，完全按照自己的想法一厢情愿地谋求高薪职位，结果由于目标定位不切合实际，在择业过程中屡屡碰壁。因此他们在择业时极容易出现"高不成，低不就"的现象，导致就业困难。

2. 自卑心理

自卑是一种缺乏自尊心、自信心的表现。有的学生面对就业问题时总感到自己一无是处：学校不是名牌，专业不热，以至于自己不多的闪光点也被埋没，失去了就业机会。我们经常在招聘会上看到有些学生言行木讷，面对考官，总是让父母出面，当然很难找到满意的工作。一般来说，硬件劣势、性格内向的学生以及受到用人单位性别歧视的女生容易产生自卑的心理。

3. 急功近利心理

许多大学生过多考虑物质条件，一心只想在大城市、沿海发达地区、跨国公司就业。不但要求月薪高，生活好，还讲究住房、奖金等物质条件，如果用人单位稍不满足他们的要求，他们便潇洒地"移情别恋"。

4. 依赖心理

部分大学生不能主动适应市场经济的要求，消极地等待就业单位选择。当代大学生中，独生子女较多，从小受到过度保护，依赖性较强，缺乏责任感和独立决策能力，在就业时缺乏进取精神，过多地依赖他人。有些学生寄希望于父母、学校、老师，怀着"车到山前必有路"的依赖心理，超然于求职之外。一旦希望落空，就会怨天尤人，产生很大的心理落差，埋怨父母无能，社会不公，甚至出现欺骗等极端行为。还有一些独立能力较弱的女生受传统观念、家庭环境的影响，就业时也存在依赖心理。这种依赖心理继续发展，形成依附心理，觉得只要找个条件好的男友甚至嫁个有能力的丈夫，自己有无工作都无所谓。

5. 焦虑心理

就业对大学生来说，既是机遇又是挑战。很多大学生面对就业和步入社会深感焦虑。眼看着毕业的脚步越来越近，身边同学一个个名花有主，不由担心自己的理想能否实现，担心择业上的失误导致终身遗憾，担心专业学非所用，担心下一次应聘又会被拒之门外。毕业生择业存在一定程度的焦虑很正常，但不能过度。有的同学整天坐立不安，胡思乱想，情绪不稳定；有的愁眉苦脸，闷闷不乐，忧心忡忡；有的东奔西跑，四面出击，马不停蹄。目前我国就业采取"双向选择"的原则，即用人单位和大学生之间相互选择。大学生就业呈现多元化的趋势。职业选择的自由度越大，选择行为的责任就越重，择业心理压力也越大。很多大学生把人生的憧憬和前途都放在就业上，既渴望进入社会，谋求到理想职业，又担心择业失误造成终生遗憾。因而容易焦虑，对走进社会心里没底。有人甚至患了"择业焦虑症"，一提到择业就心理紧张，怀疑自己的能力，个别人甚至产生绝望的心理，出现极端行为。还有毕业生平时没有认真学习和积累经验，求职的知识、能力、心理准备不充分，求职屡遭挫折，产生极度的焦虑感。

6. 抑郁心理

在全社会就业压力普遍较大的情形下，大学生就业难是一个不可回避的现实问题，择业过程中遭受挫折也是正常的事。有的学生受挫后不能正确对待、不思进取、漠然置之，甚至放弃一切努力，把自己孤立起来，自我放逐，不与外界交往，这样就导致抑郁心理发生。

7. 偏执心理

在就业过程中，学生的偏执心理主要表现为追求公平的偏执，高择业标准的偏执和对专业对口的偏执。特别是面对社会上择业的不良风气，如搞关系走后门。有的学生以偏概全，不能正确对待，把自己的择业挫折全部归咎为社会不公，给自己造成阴影。认为一切都是假的，一切都是人为操作的，从来就没有什么公平可言。学得好不如关系硬，能力强不如容貌好。

8. 懈怠心理

近年来，大学毕业生中出现了"不就业一族"。有些大学生因对工作岗位挑挑拣拣，"高不成，低不就"，自动放弃就业机会；有的干脆待在家里靠父母养活。整天无所事事，闷得无聊，时常返回学校四处游荡，自称为大学校园"漂一族"。"毕业不就业，未来还是梦"是"漂一族"心理的真实写照。此外，还有部分学生由于考研、出国、自主创业或自谋职业等原因而选择"不就业"。

9. 就业盲从心理

就业时盲从表现为随大流、人云亦云，是缺乏主见的表现。由于大学生阅历浅，对社会认知不足，在择业时表现出的盲从十分普遍。在求职中，不难看到这样的场景：用人单位来招聘，同一班级的同学要么一哄而上，要么一个都不去，这是因为毕业生对自己没有正确的定位，认为大家都去的单位肯定好，表现出明显就业盲从心理倾向。

大学生的就业盲从还表现为对社会认知和家长认知的顺从，社会认同较好的行业大家都去应聘，社会认同差的行业都避而远之；家长认为好的职业就选择，家长认为不好的职业就回避。择业过程受到盲从心理的多重困扰，面对现实处境缺乏应有的冷静和自控能力，使很多毕业生不经意间丧失了就业的机会。

10. 求稳求全心理

大学生在择业时将职业选择对未来人生和工作的重要性过分夸大，在择业过程中顾虑重重，缺乏承受风险的能力，妨碍了"自我推销"的有效展开。也有的大学生出于求稳而选择去国有企业或事业单位工作，认为这些职业收入虽不高，但稳定、有保障。这部分学生对未来职业利弊的权衡过于挑剔，求稳求全，缺乏果断性，最终亦将妨碍择业的成功。

不少大学生在求职路上或多或少地存在上述心理误区，如果不加以调适，不仅仅会在求职过程中屡遭失败，甚至还会出现心理问题，为今后成才埋下祸根。

二、产生心理问题的原因

(一)社会原因

1. 高校扩招

近年来，高校不断扩招，毕业生人数急剧上升。扩招解决了"上学难"，却带来了"就业难"。社会岗位的增加幅度远低于扩招的增幅。供需的矛盾日益突出，毕业生就业从"卖方市场"转向"买方市场"，导致就业竞争日趋激烈。竞争在重点院校和地方院校、学历层次之间全面展开，使毕业生在就业过程中承受巨大压力，容易受挫。同时，随着经济体制改革的深入，国有大中型企业采取减员增效，下岗分流的政策，各级党政机关、事业单位也"精兵简政"，压缩人员，使得就业形势更加严峻。大学生必须面对严峻的就业形势，迎接挑战。

2. 社会变迁

近几年，体制改革，机制转换，又面临经济全球化，人才国际化的大环境，使原有价值观受到冲击。在社会转型过程中，社会价值观出现了多元化，人们的需求表现出多层次、全方位的特点。青年学生接触社会少，了解社会不深，生理心理尚处于发展成熟阶段，缺乏坚定的信念和理性的思考，容易受外界影响，价值取向趋向个人主义和功利主义。在社会上的所见所闻和同学间的攀比，更强化了他们的利益观念，导致择业价值取向错位。

3. 就业机制不完善

市场经济提倡"优胜劣汰""公平竞争"，但用人单位录用毕业生时仍存在不妥现象。如：有的用人单位无节制地提高用人规格，大专就能胜任的工作却非要招收本科生，甚至研究生，造成人才浪费；有的单位宁愿要有"关系"的差生，也不要无关系的优等生等等。另外，当前人才市场流通渠道还不畅通，公平竞争的环境也不完善，从而使既无关系，又不突出的毕业生容易产生就业危机。有的毕业生由期望过高变为自信心动摇，甚至失去自信，导致价值观发生变化，不能正确对待择业。

4. 性别歧视

女生在求职过程中，遇到的困难和障碍要比男生突出，性别歧视客观存在。用人单位由于职位和工作性质所限，宁愿招聘学习成绩及能力平平的男生，也不愿招聘品学兼优、德才兼备的女生，使得备受社会、学校、家庭呵护的女生从择业初期就产生强烈的内心冲突、甚至自卑，就业过程中缺乏主动性，甚至产生怨天尤人的情绪，从而大大增加了就业难度。

(二)学校原因

1. 高校改革相对滞后

社会发展突飞猛进，高校教育尚不完全适应发展需要。高校教育目前处于调整期，短时间内无法把握时代发展的脉搏。大学生就业难与高校教育质量不高有密切关系。在社会对人才要求越来越高的今天，大学生容易感到"知识不够用"和"能力不足"，从而导致自卑和焦虑。有的大学生认为自己的文凭和实际水平不太一致，学校开设的专业课程不太适应社会需要，学科知识陈旧，影响就业。因此，高校如何适应社会新形势，进行专业结构、课程设置、教学内容等的改革，提高师资水平，加强学校的配套建设，培养符合社会需要的人才，就显得尤为重要。另外，我国的高等教育沿用原有的教学模式和方法，偏重系统的理论知识传授，缺少实践能力和创新精神的培养，导致很多毕业生眼高手低，满足不了用人单位的需要。

2. 就业指导工作相对滞后

就业指导在国外已经有悠久的历史，但在我国才刚刚起步。从国外的经验看，从幼儿园开始，学校就承担着系统的职业生涯辅导和职业教育任务，在进入大学之前已经有较强的理性思考和感性准备。而我国传统教育体系中根本没有职业生涯规划和就业指导的课程设置。面对日益激烈的市场竞争，许多毕业生新旧择业观冲突，茫然不知所措，导致大学生择业过程中出现种种心理不适应问题。如何保持健康的择业心理，自信心、心理平衡和自我调节能力就显得非常重要。目前高校对毕业生的就业指导做得还不够，甚至明显滞后于学生择业心理的发展变化。

(三)家庭原因

国家实行收费上大学。收取费用既改善办学条件，增加学生接受高等教育的机会，又可增强学生学习的主动性和自觉性。但很多大学生来自贫困家庭，尽管国家和学校采取了各种措施，如助学金、国家奖学金、国家助学贷款等，但他们仍然承受着家庭经济困难的压力。部分大学生经济状况窘迫导致心理矛盾加剧。加上父老乡亲寄予厚望，自尊受伤害，则容易产生委屈感、受辱感和不公平感等，导致心理失衡和心理障碍。此外，部分家长受传统观念束缚，按照自己的想法给子女安排一切，却忽视了子女的主观愿望和性格优势，这些容易使大学生在择业时产生矛盾心理。

（四）个人原因

1. 毕业生本身处于矛盾期

毕业生正处于人生的转折点，面临着人生的重大抉择。这一时期是他们人生最动荡的时候，内心充满了各种矛盾。心理学认为，人在认识自我、剖析自我时有一种无形的东西——无意识的自我保护机制在保护着自己，影响对自我的全面、正确、客观和公正的认识，使真实自我产生变形或扭曲。心理学研究表明，理想的我与现实的我之间的差距随年龄的增长而增大。安葬于西敏寺的英国国教主教的墓志铭就这样写道：我年少时，意气风发，踌躇满志，当时曾梦想要改变世界。但当我年事渐长，阅历增多，我发觉自己无力改变世界，于是我缩小了范围，决定先改变我的国家。但是这个目标还是太大了。接着，我步入中年，无奈之余，我将试图改变的对象锁定在最亲密的家人身上。但天不从人愿，他们还是维持原样。当我垂垂老矣，终于顿悟了一些事情：我应该先改变自己。

大学生择业是在各种矛盾中的选择。自我和超我的矛盾，理想与现实的矛盾，奉献与索取的矛盾，社会需求与自身实力的矛盾等充斥着就业过程。诸多错综复杂的矛盾是前所未有的。加上大学生本身处于人生心理矛盾突出的时期，他们心理发展不稳定，容易出现矛盾。如：开放与封闭的矛盾，独立性与依赖性的矛盾，感性与理性的矛盾等等。再次，当代大学生生理与心理发展不同步，相当一部分人心理不成熟，加上个体生活经历不同、体验不同，因而个性心理特征具有较大的个体差异，在择业过程中表现出心理特征的复杂性和矛盾性。

2. 旧择业观的影响

受传统的"铁饭碗"影响，部分毕业生择业时定位不切实际，过分考虑工作的稳定性和待遇问题。还有部分人，一心往发达城市和沿海城市挤，对私营企业，艰苦行业，待遇较低的单位不加考虑，不愿意去基层、西部地区，更不想吃苦自主创业。还有不少毕业生认为找不到好工作就不能报答父母，无颜见江东父老。

3. 自我定位不准

古人云：知人者智，自知者明。没有正确的自知，就难以找到适合自己的工作，难以发挥自己的潜能。大学生的自我意识虽然随着年龄的增长、知识的积累在不断增长，但是由于社会阅历浅、社会经验缺乏，往往不能客观地分析和评价自我。在求职过程中，做好自我评价、提高自信心是取得求职成功的重要一步。一些大学生还未进入就业市场，心中就惧怕，不敢面对现实，不能把握自我，要么对自己的评价偏高，要么过低评价自我。顺利时，会忘乎所以、充满信心；遇到阻碍和困难时，则烦躁苦闷，不能冷静和理智地处理问题，总觉得自己这也不行，那也不行，在与用人单位交谈时，总担心自己的言谈举止出现问题，丢了面子，无形中给自己增添了心理压力。

4. 个人能力和素质不高

大学生的综合素质直接决定着就业顺利与否。大量研究资料表明：当代大学生整体素质较高，但仍存在缺陷。有的大学生注重知识学习，忽视人际交往。有的大学生知识面窄，文科生不了解理科常识，理科生不了解人文常识；还有一些学生学习不努力，专业知识不扎实，英语和计算机水平低，实践动手能力和开拓创新意识缺乏；有的学生依赖性强，缺少独立解决问题的能力，缺乏克服困难的磨炼，承受能力差，意志薄弱。这些都会影响就业。

5. 独立性不够

大学生毕业时一般 22、23 周岁，处在这个时期的青年，接受事物快，自我意识强，但同时心理发展不成熟、不稳定，社会地位和角色还没确定，面对复杂环境时，往往心中无数，不知所措。在择业的问题上独立性不够，缺乏职业责任意识、忽视职业的深层价值，也不能积极主动地通过自我努力来取得择业的成功。加之他们的知识结构不完善，个人的生活经历、体验有限，不善于甄别问题和分析问题，因而在求职择业中极易产生负面情绪。

6. 求职准备不足

随着我国高等教育体制改革的不断深入，大学生就业已从原来的"统分统包"转向"双向选择、自主择业"的就业制度。就业制度的改革，需要大学生利用各种途径和方法，正确地宣传、展示和推销自己。书面的自荐材料是用人单位了解自己的第一步，决定着用人单位是否愿意与你进一步接触，进行面试。无论是参加双选会还是网上求职，用人单位都需要通过自荐材料了解求职者的工作能力、教育背景等，通过初选方能确定是否面试。所以自荐材料尤为重要。在择业过程中，不少大学生因自荐内容不准确、材料不充分、方法不妥当等，使用人单位不能很好地了解和认识自己，从而失去机会。有的大学生虽然得到面试的机会，但因缺乏心理准备，情绪过于紧张，未能发挥特长和优势，痛失良机。

总之，大学生择业的心理问题和矛盾，既有客观原因也有主观原因。客观方面，我国正处于社会转型时期，产业结构调整，大学教育的大众化，毕业生人数剧增，就业市场还不完善等等。主观方面，大学生刚踏入社会，阅历较浅，涉世不深，心理也不成熟，不善于面对应激事件，心理防卫机制还不健全。但大学生择业心理问题属于发展过程中的问题，具有较强适应性。因此，只要正确引导，教育得当，适当宣泄，绝大多数会随着应激源的消失而趋于正常。

三、调整就业心态，提高就业能力

就业本身就是我们认识和适应社会的一个过程，在求职过程中遇到困难，甚至经过几次挫折才最后成功是正常的，在就业中遇到许多心理冲突、困惑，产生一些不良情绪也是正常的。遇到就业问题时，要学会调节自己的心态，使自己能从容、冷静地面对就业这一人生重大课题，并做出正确、理智的选择。如果你遇到了就业心理困扰，可以试着从以下几个方面来调节。

（一）了解就业形势，正确认识社会

随着我国高等教育的大众化，大学毕业生逐年增加。就业市场化、自主择业给大学毕业生带来了机遇，同时也存在挑战。因此，为了顺利就业，在求职过程中应正视就业压力，并将这种压力变成动力，积极行动起来，及时了解并恰当处理各种信息。

第一，了解国家有关就业政策是大学生求职择业的关键一步。要及时向学校就业部门了解国家关于就业方面的方针、政策。

第二，了解就业市场的现状和发展趋势，通过向就业部门咨询、网站查询、订阅报纸杂志等多种途径，积极搜集就业信息，减少在择业过程中的盲目性。

第三，了解用人单位的基本情况和招聘毕业生的基本要求。满足用人单位对毕业生提出的基础扎实、专业精通、通识多能、特点突出等多方面要求，来适应当今社会对人才的需要。

（二）接受客观现实，调整就业期望值

正视现实是大学生择业必备的健康心态之一，包括两方面的内容，即正视社会和正视自身。我国目前的就业市场还不完善，供需形势也不平衡，西部地区、边远地区、艰苦行业和基层一线急需人才。因此，大学生必然会面临这样一种困境：用人单位要招聘高层次人才，而毕业生一味想要找到好工作。一些就业洽谈会尽管场面非常火爆，用人单位数量多，层次高，但实际签约却寥寥无几。产生这一现象的原因就是供需双方没能确定恰当的目标，致使选择失败。大学生要从自身找原因，不要去抱怨，要结合自己的实际情况确定合理的就业期望值，客观分析自我，要在职业生涯规划和职业发展观念的基础上确定人生轨迹，树立长远的职业发展观念，规划自己整个人生的职业生涯。

在当今市场经济社会中，毕业生应牢固树立勇于面对竞争的观念、树立先就业后择业的观念、树立到基层去就业的观念、树立正确对待待业的观念，在就业过程中要学会以平常心面对，冷静地做出选择，正确排除就业中遇到的挫折，打破陈旧观念，强化就业的自主意识，树立正确的择业观。

（三）充分认识职业价值，树立合理的职业价值观

对于现代社会的人来说，职业可以满足人们从低层次到高层次的需要，职业价值空前丰富，对个体发展、社会进步起到重要作用。在择业时不能只考虑工作的经济收入、工作条件、地点等因素，更要考虑职业对自我一生发展的影响与作用，应看重职业能否实现自我价值。因此，要在考察社会需要的基础上，树立适合自己的职业价值观。对于那些虽然现在工作条件艰苦，但发展空间大，能让自己充分发挥作用的单位要优先考虑；对于那些现在经济发展水平不太高，但发展潜力大、创业机会多的工作地点也要重视。总之，盲目选择到一些表面上看来不错，但不适合自己，个人才能不能得到有效发挥的单位去工作，是不会让自己满意的。与其将来后悔，不如现在就改变自己，树立适

应我国当前市场经济发展、人才需求规律的合理的职业价值观，指导自己正确择业。

(四)认识与接受自我，主动捕捉机遇

大学生就业中的许多心理困扰与大学生不能正确认识和接受自我有关，因此正确地认识自我并接受自我，来帮助自己找到合适的职业方向。要知道自己喜欢什么样的职业、需要什么样的职业、自己的择业标准以及以自己目前的能力能干什么样的工作，这样才能知道什么样的工作更适合自己。许多大学生"眼高手低"，通过亲身的求职经历后就会发现自己的能力与水平并不像自己以前想象得那么高，容易出现各种失望、悲观、不满情绪。在认识自我后还要接受自我，对自我当前存在的问题既不能一味抱怨，也不必自卑，要承认自己的现状，学会扬长避短。另外，要用发展的观点来看待自己，要知道有缺点不可怕，可以先就业然后在工作岗位上不断完善自己。

(五)坦然面对就业挫折，提高心理承受力

挫折是指个人在从事有目的的活动过程中，遇到的干扰和障碍，致使动机不能实现时的情绪状态。遇到挫折，要认真分析失败的原因，是主观努力不够还是客观要求太高？是客观条件苛刻，还是主观条件不具备？只有认真分析，才能心中有数，才能更好地调整心态。有人说，挫折就是试金石，心理健康的人，勇于向挫折挑战，百折不挠；心理不健康的人，知难而退，甚至精神崩溃、行为失常。

大学生在面对求职择业时，总会遇到许多困难、挫折和委屈，但面对问题仅有负面情绪是没用的，需要调整心态，提高应对各种突发事件的心理承受能力，通过挫折和失败来增强自我心理调节与承受能力，并客观地分析自己失败的原因，通过求职展现自我。只有保持健康稳定的心理，采取积极的态度，才有可能找到满意的工作并在求职的路上走得越来越远。

第二节　信息处理

就业信息是毕业生求职择业的前提和必要条件，对面临职业选择的毕业生来说，就业信息在择业过程中起着越来越重要的作用。目前的就业竞争从某种意义上来讲就是就业信息的竞争和比拼，谁获得的就业信息更多、更及时，谁就会在就业过程中占得先机。因此，就业是否成功不仅取决于大学生的知识、能力、综合素质、性别和所学专业等因素，也取决于个体获取信息的质和量以及对信息加工的能力。毕业生应当及时、全面的掌握有关就业方面的各种信息，并认真地对这些信息进行分析、筛选、整理，最终作出正确判断，为求职成功奠定基础。

一、就业信息

(一)就业信息的概念

就业信息是指通过各种媒介传递的有关就业方面的消息和情况。包括就业形势、就业政策、用人单位情况、招聘会信息等。

（二）就业信息的特点

（1）时效性。就业信息具有很强的时效性，过了一定的时间界限，就失去了信息应有的作用和意义，成为无效信息。毕业生在搜集、整理时应及时对信息作出反应，机不可失，失不再来。

（2）真实性。就业信息的种类繁多，涉及面广。不仅涉及宏观的经济政策和专业信息，也涉及微观的企业供求具体信息。由于信息来源渠道不同，传递方式多样，难免造成信息的失真，获得虚假信息，贻误毕业生求职的最佳时间，甚至造成更严重的后果。因此，毕业生应冷静分析，准确判断。

（3）复杂性。就业信息不仅多样，而且复杂。毕业生一定要注意选择，从简单的就业信息中认真琢磨，仔细体会，对于不清楚的信息要及时与用人单位取得联系，获得准确信息，避免浪费许多精力、财力，甚至上当受骗。

（4）针对性。随着社会分工的进一步细化，用人单位对人才需求的层次、专业、能力等方面千差万别，五花八门。就业信息本身说明了它所适用的对象，以及该对象所应具备的条件，否则就会让每个人都产生自己都能适应和胜任的错觉。因此，一定要注意信息的针对性，不要盲目"跟风"。

（三）就业信息的意义

（1）就业信息是职业选择的基本前提。求职的竞争在一定意义上是就业信息的竞争。获得的就业信息越多，视野越开阔，选择面也越宽，成功就业的可能性就越大。如果没有获得准确可靠的需求信息，就无法稳妥地把握择业的主动权，实现职业理想就会变成一句空话。

（2）就业信息是择业决策的重要依据。若要择业决策具有科学性，必须保证获得足够量的就业信息。譬如国家的就业方针、各地方及行业的就业政策、自己所属院校的就业细则。当然，更为主要的还有用人单位的需求信息。如果在这些信息的占有量上不足，毕业生取舍决策的科学性、准确性就要大打折扣。

（3）就业信息是顺利就业的根本保障。对毕业生而言，要想顺利通过面试关，就必须对用人单位的情况有一定程度的了解，这就是对就业信息深层次的要求了。一位大学毕业生谈到他如何顺利通过面试时讲到：若不是之前认真浏览了该公司的英文网站，无论如何我也翻译不出那几个重要项目的专用名词。除了对招聘单位基本情况的了解外，在面试时，如果你就公司的企业文化、经营方式、产品结构和市场行情等情况能谈谈你的理解，相信会给考官留下深刻的印象。

二、搜集就业信息的渠道

（一）学校就业部门

学校就业部门是获取就业信息的主渠道。从目前的就业机制来看，学校就业部门是毕业生就业工作所有环节的核心，它既与毕业生就业工作各级主管部门之间保持着密切联系，同时也是用人单位选录毕业生所依赖的一个主要窗口。从学校获得的就业信息具有如下特点：

(1)权威性高、真实性强。

(2)针对性强、时效性好。

(3)使用率高、竞争激烈。

(二)互联网等社会传播媒介

目前能够获取就业相关信息的网站主要有以下两类：

(1)专门就业网站。主要包括政府主办的就业网站，如教育部主办的中国高校毕业生就业服务信息网，各部委、各省市教育行政主管部门、人力资源和社会保障部门主办的毕业生就业信息网，各高校毕业生就业指导中心网站。

(2)用人单位网站。用人单位网络招聘的发展，建立起了一个劳动力市场平台。一定程度上为毕业生提供一个无形的、统一的、开放的就业环境，使所有毕业生可以站在同一起跑线上竞争，不受地域空间的限制。

(三)招聘会

为做好每年的毕业生就业工作，各地方、各行业都要举办大大小小的人才招聘会，很多高校每年也都要组织举办大型的双选会或校园专场招聘会。这些招聘会为毕业生与用人单位面对面接触提供了机会，需求信息量非常大，毕业生要十分重视、充分利用这些机会交流、展示自己，尽可能地多了解相关情况，广泛收集各单位的用人信息。

(四)各种社会关系

毕业生应积极拓展一切可能的信息渠道搜集信息，充分发挥社会关系的作用，例如亲戚、朋友、校友等。除此之外，毕业生还要主动寻求本专业老师的帮助，因为本专业的老师比一般人更了解行业的发展情况及适合就业的区域、单位、岗位等，通过他们所提供的信息往往更准确、具体，就业的成功率也较高；另外，已经毕业的师哥师姐们也是良好的社会关系资源，他们不但工作单位分布广泛，而且岗位与专业相对对口，所了解到的就业信息具有较高的实用价值。

(五)实习或社会实践单位

实习单位一般都是专业对口的单位，通过实习，毕业生可以比较深入地了解单位各方面的信息，单位对你也会有所了解。如果单位要招人，而你的条件又让他们满意，你就可能成其为招聘考察的对象了。再者，寒暑假时间里的社会实践、平时的社会交往活动等，也都是收集单位用人信息的好机会，要充分利用这些资源。

就业信息的获取应该是全方位，多渠道的，绝不仅仅局限于某一种或某几种形式，以上只是介绍了五种常用的方法。重要的是要有意识地、科学地搜集和利用这些信息。搜集信息的过程本身就是一个自我锻炼与提高的过程。

三、筛选就业信息的方法

就业信息的筛选过程实际上是一个求职决策过程，这是择业的关键所在。毕业生在筛选就业信息时，应结合自己的实际情况，依据国家、地区的政策和法规，对获取的原始信息进行有目的、有针对性地选择、整理、加工和有效利用。

筛选程序：初选—鉴别—分类—归档—运用

(一)初选

搜集到信息后，应首先对信息进行初步选择，剔除那些明显不合理、不符合政策法规、过时的无效信息。

(二)鉴别

对初选过的信息进行真实性、可靠性、有用性等鉴别。鉴别包含以下几方面：

(1)客观真实性；

(2)信息完整性；

(3)信息权威性；

(4)合理有用性。

(三)分类

分类不局限于某种形式和方法。可以按单位性质进行分类，例如：国企、事业、三资、民营等；也可按地域、时间、收集途径、待遇等其他标准进行分类。目的是便于信息管理，使后期使用时更加方便和有序。

(四)归档

归档保存就业信息可以通过企业信息库的方式来进行。重点是将分类过的就业信息的要点记录下来，以备求职时随时查询。如表 7-1 所示。

表 7-1　企业信息库

信息层次	单位名称	单位性质	单位地址	联系人	联系方式	职位	人数	要求	收集途径	收集时间	有效期	备注
一级												
二级												
三级												

(五)运用

通过三个方面进行就业信息的运用：

(1)根据信息整体情况，结合自己实际，制订合理的求职计划，尽快联系用人单位，争取在较短的时间内顺利就业。

(2)根据社会对人才的需求及用人单位对岗位的要求，准确定位，及时调整求职目标，改变知识、能力状况以适应社会和用人单位的需要。

(3)用于信息交流。有些就业信息对自己用处不大，但对其他同学却十分有用。遇到这种情况，应及时和同学交流，主动告诉相关同学，不仅帮助同学找到工作，也可以增加同学间互相的信任和感情，实现互惠互利。

四、挖掘就业信息内容，提高就业信息含金量

毕业生在了解了搜集就业信息的渠道和方法后，应对就业信息进行深层挖掘。这是因为就业信息具有较强的时效性，一旦反应慢，没能对信息进行处理和运用，其他毕业生就会运用这些信息与用人单位达成求职意向。所以毕业生获取就业信息后，一定要尽快使用，既不能盲目，也不能拖拉，应及时对就业信息进行有目的、有重点、有针对性地挖掘分析，提高就业信息含金量。

(一)就业信息包含的内容

1. 国家就业政策和相关规定

毕业生从宏观角度要了解国家就业政策、方针和规定，更重要的是了解当前国家就业形势和法规。例如"劳动法"、"合同法"等文件中规定的有关约束企业和劳动者双方的法律法规。作为毕业生来说必须要了解就业法规法令，依法办事，不仅可以取得合法权益，而且可以保卫自己的正当权利，减少不必要的损失，学会用法律来保护自己。

2. 地方用人政策

各地区、各单位根据国家有关规定，结合当地情况，也会制定关于毕业生的引进、安排、使用、晋升等一系列具体的规定，如《北京市关于外地生源毕业生在北京地区就业的规定》《非上海生源应届普通高校毕业生进沪就业办理本市户籍受理办法》等。不少地区为了吸引人才，还制定了许多优惠政策，方便和鼓励毕业生到该地区就业。

3. 学校有关规定

为了保证毕业生顺利就业，学校一般会根据国家政策制定相关规定和文件，如《毕业生就业工作实施办法》《关于促进毕业生就业的规定》等，这也是毕业生应该了解和遵守的。

4. 用人单位招聘信息

这里面主要对用人单位的信息进行说明。如用人单位对人才的要求：能力、素质、知识、身体条件等。有些毕业生在选择单位时对用人单位不了解，在择业时带有很大的随意性和盲目性；有些毕业生只挑选大城市而不问用人单位的性质、业务范围；有些毕业生只图单位名称好听，只要是"中国"开头的单位就盲目拍板等等，要避免这些现象的出现，就要对用人单位有个比较客观的评价，关键在于掌握用人单位的信息。

(二)挖掘就业信息内容的方法

就业信息筛选与挖掘的过程，其实就是毕业生将社会职业与自我进行匹配的过程。通过各种渠道搜集的就业信息，由于信息来源和搜集的方法不同，真假难辨、良莠不齐，这就要求毕业生经过整理，把无形的就业信息转换成实实在在的成功就业收益。在挖掘就业信息的时候，应从以下几点进行：

1. 整理信息，分出主次

收集好信息后，根据个人对职业的要求，将符合自己定位和发展的就业信息分出主次进行排队、筛选。要找准定位，重点突出，切不可把所有信息都平等对待，要学会取舍，毕竟人的精力是有限的。大学生在初次就业时，往往不能正确定位，过分注重就业信息中提供的薪资和职位。有的毕业生认为只有高薪与高职才能体现自己的价值，因而放弃一些其他条件不错，但薪资、岗位一般的信息。其实，作为一名刚毕业的学生，首先要立足，让单位接纳自己，这样才能找到一个展现自己的平台。如果选择了自己不能胜任的工作，工作时候也是力不从心，容易因为工作压力而产生挫败感；但如果选择难度较低的职业，时间一久，也就会因为工作的单调乏味和无法体现自我价值而失去积极性和创造性，进而丧失工作热情。因此，要学会客观分析就业信息，把握胜任和难度原则，从实际出发，找适合自己的工作岗位。

2. 核实信息的准确性和有效性

要掌握用人单位招聘的专业、层次、具体的工作岗位及岗位要求等，以及对求职者的学历、学习成绩、特长、政治面貌、思想品德、职业能力、外貌、性别、身体状况等要求。另外，就业信息一般都有时间限制，还要特别注意信息的时效性，选择最新信息。大学生在挖掘就业信息时，要特别注意信息是否公布了招聘时限，及时向信息发布者反馈信息，以便把握良机，真正找到自己心仪的单位。

3. 深入了解用人单位信息

要尽可能详细地了解用人单位情况，如用人单位准确的全称，上级主管部门及其隶属关系，用人单位的性质、规模、发展前景、环境、经营业务、待遇以及用人单位介绍的情况是否真实等。

在对以上所有信息分析研究的基础上，制定目标方案，做出选择。为保证决策的正确性，征求家长、老师和同学们的意见也是必不可少的。大学生毕竟是刚步入社会，没有太多经验和阅历，就业信息中有一些不实或者夸大的地方，不容易分辨，只有向有经验的师长或朋友请教，才会多一些分辨是非的能力。有的招聘单位玩文字游戏，在一些达不到的条件上，用比较绕弯的文字，让你往好的方向误会，一旦签约，后悔莫及。俗话说，"三个臭皮匠，顶个诸葛亮"，对信息拿不准真假时，多找几个人询问，肯定有益无弊。

4. 灵活运用信息

毕业生在挖掘就业信息的时候，往往把"专业对口"放到找工作的首要条件。用人单位在招聘时，也会按照专业情况来对口招聘，因为这样可以使个人更容易发挥特长，避免浪费资源。但随着社会的发展，这样"专业对口"的情况也不是绝对的，有很多成功人士都是半路出家从事某项职业，并且功成名就。在就业信息面前，大学生要冷静地认真分析自己的优劣，不要因某个次要条件达不到用人单位的要求而轻言放弃，应该努力的去争取与尝试，可能会有意外的收获。

5. 参照信息完善自己

收集筛选出来的就业信息，根据岗位信息中对应聘者的要求来对照自己目前的学业水平，从中发现不足并努力缩小差距，完善自己，这也是挖掘信息时最大的收获。

第三节　提升就业能力

就业能力是人们能否顺利被用人单位接收从而实现就业所需具备的主观条件，是个体获得最初就业成功、维持就业、获取就业提升机会和必要时获得再次就业成功的能力。因此，提高就业能力就等于增加了就业成功的几率。就业能力在大学生就业过程中有着重要的作用，在大学生活中提升就业能力非常重要。

一、就业能力概述

一般认为，就业能力是获得和保持工作能力。进一步讲，就业能力是在劳动力市场内通过充分的就业机会，实现潜能的自信。美国劳工部 21 世纪就业技能调查委员会提出 21 世纪就业人员需具备三大基础和五大能力。三大基础是能力基础：包括阅读、写作、算术/数学、倾听和表达能力；思维基础：包括创造性的思考、决策判定、问题解决、懂得如何学习、推理能力；素质基础：包括责任意识、自我尊重、社交能力、自我管理能力和正直/诚实。五大能力是指资源确定、组织、规划与分配能力、良好的人际关系及与他人合作的能力、获取并利用信息的能力、对复杂相互关系认知并系统运作的能力、能利用多种科技知识手段进行工作的能力。

就目前我国大学生就业现状及职业素质来看，可将大学生就业能力归纳为：就业能力是毕业生发现、获得并长期保持工作机会的一种综合能力，根据固有知识能力、专业技能，并结合新生事物自我充实，提高自身综合素质与整体竞争能力，从而获得自身价值展现的机会，实现就业的初衷。

在大学生个体层面，就业能力作为一种职业生涯发展工具，是个人职业成功的关键，个人有必要对自身的就业能力进行投资并锻炼。在组织（学校和企业）层面，就业能力作为一种人力资源管理工具，是学校保持健康持续发展以及企业保持弹性和活力的关键，学校和企业不仅要通过各种教育和培训来提升大学生和雇员的技能以满足组织内部的需要，而且要帮助大学生和雇员发展就业能力以帮助他们在组织外部流动。在政府层面，就业能力作为一种教育和就业政策工具，是社会经济可持续发展的关键。

二、提升就业能力的途径

(一)重视专业知识的学习

专业知识的学习决不能忽视。常常有学生抱怨自己所学的专业知识与实践脱节，殊不知"书到用时方恨少"，没有扎实的基础知识，大学专业教育的成果就不能凸显，自己的专业价值也会随之丧失。所以，大学生要积极学习专业知识，对专业知识要精益求精。社会的发展形成了职业和岗位的多样性，但对求职者知识结构却有着共性的要求：

1. 扎实宽厚的基础知识

基础知识包括很多，如数学、计算机、外语、物理学、人文知识（哲学、文学、艺术）、历史学、地理学、企业管理等内容。无论毕业生选择何种职业，也不管将来要在哪个专业方向上发展，毕业生在择业、就业上已不能是从一而终，职业岗位的变动是不可避免的。如果要适应社会变化，必须要靠扎实宽厚的基础知识。

2. 广博精深的专业知识

大学生在大学学习中所学专业的知识，是今后走向社会和工作岗位能够依赖的一技之长。所谓广博精深，是指大学生对自己所要从事专业的知识和技术具有一定的深度和研究，对概念、理论、研究方法、学科历史、发展现状都要有一定的了解和掌握。同时，对相近专业的知识也应该有些了解和熟悉，并学会善于将专业及相近专业的知识紧密联系的能力。

3. 大容量的新知识储备

现代社会的发展，要求人们的知识"程度高、内容新、实用强"，用人单位普遍要求毕业生能够熟练运用一门外语和熟练使用计算机。此外，毕业生如能掌握一技之长，诸如体育运动、绘画、书法、驾驶等，也一定将增加其求职的成功率。

（二）注意非专业知识的学习

一些用人单位到高校参加双选会，往往会对学生进行书面考试。考试的内容不仅包括专业知识，也包括非专业知识，且占的比重很大。非专业知识一般是指社会、经济、管理、科技、演讲、写作等多方面的知识，这些知识既是高校毕业生成为"社会人"的需要，也是高校毕业生可持续发展的需要。

（三）积极参加社会实践，全面提高综合素质

市场经济的时代既给当代大学生提供了广阔的思维空间和选择余地，也给他们提出了前所未有的挑战。随着市场机制的逐步完善，企业竞争程度的加剧，企业对人才的要求越来越高，不少企业对大学生的综合素质也提出更高的要求。大学生一毕业绝大多数都将走向工作岗位。一个人的实践能力如何，将决定他在求职择业时的自由度和取得职业岗位的层次。

知识、能力、素质是大学生社会化的三大要素。知识并不能简单地与能力画等号，知识与能力是辩证的关系。在一定意义上说，能力比知识更重要。知识是素质形成和提高的基础，能力是素质的一种外在表现，没有相应的知识武装和能力展示，不可能内化和升华为更高的心理品格。但是知识和能力往往只解决如何做事，而提高素质可以解决如何做人。高素质的人才应该将做事与做人有机地结合，既把养成健全的人格放在第一位，又注重专业知识、技能和能力的培养，使自身得到全面、和谐的发展。因此，一名优秀的大学毕业生应把构建合理的知识结构、培养科学的思维方式、锻炼较强的实践能力和提高全面的综合素质统一起来，这样才能在择业、从业过程中立于不败之地。

（四）提高应变能力

职场如战场，要想在职场快速成长起来，那么你的个人应变能力一定要很好。应变能力是当代人应当具有的基本能力之一。在当今社会中，我们每个人每天都要面对比过去成倍增长的信息，如何迅速地分析这些信息，是把握时代脉搏、跟上时代潮流的关键。

它需要我们具有良好的应变能力。对于应变能力高的人，要正确地选择职业，将自己的能力服务于社会；而对于应变能力低的人，在注意选择适合自己职业的同时，还要努力进行应变能力的培养。如何提高自己的职场应变能力是毕业生在职业选择中所面临的重要问题，应变能力还是可以通过实践来逐步提高，大学生可以从以下几点入手。

1. 参加富有挑战性的活动

在实践活动中，我们必然会遇到各种各样的问题和实际困难，应变能力高的人往往能够在复杂的环境中沉着应战，而不是紧张和莽撞从事。在工作、学习和日常生活中，遇事沉着冷静，学会自我检查、自我监督、自我鼓励，有助于培养良好的应变能力。努力去解决问题和克服困难的过程，就是增强应变能力的过程。

2. 扩大个人的交往范围

无论家庭、学校还是小团体，都是社会的一个缩影，在这些相对较小的范围内，我们可能会遇到各种需要应变的问题。因此，只有学会应变各种各样情况的人，才能应付各种复杂环境，只有提高自己在较小范围内的应变能力，才能推而广之，应付更为复杂的社会问题。实际上，扩大自己的交往范围，也是一个不断实践的过程。

3. 加强自身的修养，改变不良的习惯和惰性

假如我们遇事总是迟疑不决、优柔寡断，就要主动地锻炼自己分析问题的能力，迅速作出决策；假如我们总是因循守旧，半途而废，那就要从小事做起，努力控制自己，不达目标不罢休。只要下决心锻炼，人的应变能力是会不断增强的。

第四节　求职文案

求职文案是广大毕业生"投石问路"最常用的办法之一。它的特点是具有客观性、创造性、独特性和全面性。在求职择业过程中，求职文案有着举足轻重的作用，推荐、面试、录用都离不开它，求职文案的好坏直接影响就业的成败。

一、求职文案的内容及作用

(一)求职文案的内容

一般而言，较完整的求职文案一般应包括以下内容：求职信、个人简历、推荐表、成绩单、各类证明材料等内容。如图 7-1 所示。

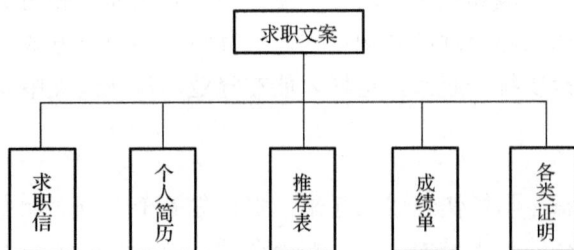

图 7-1　求职文案构成图

(1)求职信。求职信又称自荐信，是毕业生向用人单位表明自己求职意愿和诚意的信函，是求职文案的基本内容。

(2)个人简历。简历是毕业生向用人单位简单说明自己的学习和工作经历，介绍个人基本情况，初步展示学识、能力、个性、特点的书面文件。

(3)推荐表。高校《毕业生就业推荐表》是由省级就业服务中心或相关学校统一印制的，用于向用人单位推荐合格毕业生的法定书面文件，是反映毕业生学习、工作、表现、能力状况的材料。

(4)成绩单。由学校教务部门统一盖章并打印，有规定格式的成绩通知单，是学校官方唯一的成绩说明材料。用人单位对大学生学习成绩单较为重视。

(5)各类证明材料。证明材料是指用于强调自己所取得的能力或具备某种资格的证书及文件材料。一般包括以下内容：毕业证书、学位证书、各类学历证明等；获得奖学金以及"三好学生""优秀干部""优秀党员""优秀团员""优秀毕业生"等荣誉称号的获奖证书；英语、计算机水平等级证书；美术设计作品、科研论文、文学作品、音像作品等，以及各类小制作、小发明、小创作的资料；其他有关专长、爱好的证明材料等。

以上各种材料应装订成册，有封面、目录和封底，要美观大方，干净整齐，使人感到条理清楚，内容充实。其他材料根据自荐的形式而有所不同。如果面见招聘者或亲自上门推荐自己，材料可以准备充足一些，凡能反映自己各方面能力的材料尽可能都带齐全，而且最好是原件。若采取邮寄或邮件的形式自荐，则应选择最具代表性的材料，而且要根据各单位的不同情况有针对性地取舍，邮寄时最好寄复印件，以免丢失。网络投递最好将材料扫描后以附件形式传送。

(二)求职文案的作用

(1)自我评估，做出择业取向。编写求职文案过程中，毕业生逐渐清楚了自己的实际情况，能对自身的情况做出全面地分析和评价，明确自己的爱好和专长，把职业的要求和自己个性特征、实际才能结合起来，理性思考，做出明智的择业取向。

(2)宣传接洽，叩开成功就业的大门。通过求职文案，用人单位不仅能了解求职者的个人简历，而且还能了解求职者的知识能力、技能、特长、爱好，并能够争取到一次面试机会。

(3)面试竞聘，职位录用重要依据。求职文案是用人单位面试出发点及面试后做出取舍的重要依据。所以毕业生一定要认真制作，合理定位自身的优势特点。

二、求职文案的形成

(一)求职文案的整理

(1)搜集材料。搜集个人自荐原始材料是一项基础性工作。搜集材料的原则就是为就业服务，以择业目标为中心，按需搜集。即围绕就业目标所需的专业特长、知识结构和能力等进行，注意专业特点、个人能力与行业特点的统一。

（2）分类整理。搜集的原始材料很多，在分类整理过程中一般按个人简历性材料、专业学习材料、特长爱好材料、社会实践材料、奖励评论性材料五个方面进行专题细分。

（3）编辑审查。分类整理之后就要进行编辑审查，即对分类的材料进行汇总编辑，检查材料是否有明显遗漏，不能出现材料残缺。同时，材料含糊甚至与实际情况有出入的，一定要撤除或修补。还要对材料上是否有错别字等细节进行校对。

（4）汇总分析。经过分类整理和编辑审查后，首先要把同类型的材料集中起来，然后对材料的使用价值进行自我分析评估，最后把材料依其价值评分按照主次，一一罗列出来，以便编写使用。

（5）合理编撰。在编撰求职文案的过程中，要针对所应聘目标的具体情况，合理取舍，有机组合，充分体现择业者的优势与特长。

（二）求职信的写作

1. 什么是求职信

求职信是一种介绍性、自我推荐的信件，他总结归纳了履历表，是踏入社会、寻求工作的第一块敲门砖，也是求职者与用人单位的第一次短兵相接。一份好的求职信能体现出一个人清晰的思路和良好的表达能力，换句话说，它体现了求职者的沟通能力和性格特征。一般来说，一份完整的求职文案打开后首先看到的就是求职信，所以，求职信无论在文体上还是内容上都必须给阅读者留下深刻印象。

2. 求职信的分类

（1）有明确单位的求职信。有明确单位的求职信是指求职者有确定的求职单位，求职信只是写给该单位，意欲在此单位谋职。这类求职信，可以根据该单位的用人需求，目的明确地介绍自己的情况，达到用人单位的使用要求。

（2）广泛性的求职信。广泛性的求职信是指求职者无确定的求职单位，求职信是写给所有同类性质的单位。这种求职信只能根据自己的专长和技能，凭借用人单位通常的用人标准来进行写作。

3. 求职信的格式

求职信属于书信的一种，其基本格式与其他书信没有太大差异。一般包括标题、称呼、引言、正文、结尾、落款六部分。

（1）标题。标题"求职信"写在首行的正中间，字体略大，十分醒目。也可标"求职自荐信"或"自荐信"等字样。

（2）称呼。称呼顶格写在第二行。求职自荐信有特定的收信人，一般由招聘单位名称+职位称呼组成，之前冠以"尊敬的"字样，如前去中学应聘，可以写"尊敬的××中学校长"；若写给国家机关或事业单位的人事部门负责人，可以写"尊敬的××处长"；若写给企业人力资源部，可以写"尊敬的××经理"。如果对该单位的人员职位不了解，可以直接称呼"尊敬的领导"。求职信的称呼不宜使用"亲爱"、"敬爱"之类的敬语。

（3）引言。引言要另起一行，一般首句先介绍自己身份，接着写事由和应聘职位。"身份"包括自己的姓名、性别、就读院校、专业、何时毕业等内容，可以视具体情况增减；事由和应聘职位必须简洁、明确、得体。

（4）正文。正文是信的核心部分。形式多样，风格各异。一般应围绕以下内容展开：专业知识和相关技能，胜任此项工作的特长和个性，以往所取得的一些成绩等。总之，这部分表达一个中心意思就是：我对该岗位的胜任程度。

（5）结尾。结尾一般是两个内容：盼回复和祝词。如"热切盼望着您的答复""盼望您的录用通知""希望能给予我面试的机会"等。最后写上感谢的或致敬的惯用语。

（6）落款。落款位于信体的右下方，须写明"自荐者：××"和日期，下方写上完整的日期。

4. 求职信的内容

（1）说明本人基本情况和求职信息的来源；

（2）说明应聘岗位和能胜任本岗位工作的各种能力；

（3）介绍自己的潜力和优势；

（4）表示希望得到答复和面试的机会，并注明你的联系方式。

求职信最好不要太长，A4 纸写一页长短最佳，便于用人单位阅读。求职信开始之前，首先要用"您好"之类的问候语。如果知道信件最终将送到谁的手里，也可以直接称呼，通常采用单位加职称或职务的形式来尊称，例如："尊敬的××经理（董事长、主管）"、"尊敬的××公司人力资源部部长"等，也可以称××先生或××女士等。在这里要注意，对用人单位名称及收信人的称呼一定要准确，能拉近求职者与招聘单位的距离，使招聘单位感受到求职者的诚意。有些求职者用"尊敬的单位领导"、"贵公司人力资源部"这种万能称呼，写出的求职信不会给用人单位留下深刻的印象，还会让单位联想到你是一个做事不严谨、不认真、懒惰的人，往往把你排除在面试之外。

因此，毕业生应结合用人单位来量身定做求职信，用准确得体的称呼博得对方的好感。当然，求职信的称呼也不能过分亲密，以免给人阿谀奉承、套近乎的感觉。

求职信的第一段可以简单叙述写信目的，简要说明一下是怎样知道招聘信息的，何时开始关注该公司，如果公司中有人推荐自己，也可巧妙地将此人写进求职信中，但千万不要给人有炫耀的印象。例如："获知贵公司××年××月××日在××网站上招聘××职位的消息后，故冒昧自荐，应聘××一职"；"我具备××资格，具有××能力，适合贵公司××职位要求，希望能成为贵公司一员，为贵公司的发展作出贡献"。

第二段应阐明个人对单位或职位感兴趣的理由，以及个人有价值的背景情况和满足招聘要求的各种能力。这一段是求职信的核心部分，通常用一段或两段来写。表达的内容要有说服力，说明自己怎样适合这个职位，能给公司做什么，录用自己后，能给公司作出怎样的贡献等。这部分的写作和个人简历是相辅相成的，要说明自己的能力，但又不能把简历的内容都写进去，选择最能代表自己长处、技能和特点来写，并且能够说明这些优势能给该公司带来什么益处。

最后一段要写出个人对用人单位的希望，委婉地提出对参加面试的期盼，并写上自己对公司或招聘人员的问候祝福语，以表示对收信人的祝愿、钦敬之意，是不可忽视的礼仪要求。

结束时通常要按照惯例，写上"此致敬礼""致以友好的问候"等此类话语，署名最好亲自签名，可以个性，但不能潦草。最后落上日期。

5. 求职信的写作要领

在所有的求职文案中，求职信是较为重要的内容，它是毕业生向用人单位自我推荐的书面材料，是与招聘单位沟通的第一道桥梁。求职信能否吸引招聘者，直接关系到毕业生是否能获得面试的机会，关系到择业的成功与否。写出一封有影响力的求职信应该把握以下要领。

(1)格式规范，整洁美观。

求职信的写作格式必须符合书信的正确写作格式。现在大多数毕业生选择打印求职信，用电脑打印的求职信应注意页面设置美观、简洁，字体以宋体或楷体为宜，字号通常可用四号或小四号；字不宜过大或过密，避免造成阅读者的视觉疲劳。结尾最好手写签上自己的名字和日期。

如果毕业生的钢笔字或者毛笔字写得很好，建议个人工工整整的手写，这样不仅给人以亲切之感，凸显个人诚意，同时也展示出了自己的特长，一定会给用人单位留下深刻的印象。

(2)态度真诚，实事求是。

写求职信时，要明确自己的身份，作为一名大学生，首先要想到我能为单位做什么，而不是单位能为我做什么，需要摆正自己的位置。在自我描述时应真实可信，不夸夸其谈，自吹自擂。把自己的学历、能力、专长如实介绍给对方，对自己知识能力水平做客观的描述，真诚地展示出对机会的渴望和为公司效力的愿望，做到言出由衷，诚恳真情。

(3)内容清楚，言简意赅。

求职信既要行文如行云流水，清楚明了，又要言简意赅，言辞贴切。在动笔之前，首先要弄清楚你想说明什么，对方想要知道什么，动笔后要反复推敲、修改，做到语言恰当、文风朴实、内容清楚。其次要保证求职信的内容让对方完全了解，可以根据用人单位的要求有针对性、选择性地突出自己的专长。

通常求职信的字数控制在500～800之间较为合适，太短显得不够真诚，甚至说不清楚问题，难以引起注意；太长又会浪费阅读时间，也会引起反感。但不论长短，只要能以事实或真情打动用人单位录用你，那么你的目的也就达到了。

(4)立足对方，重点突出

求职信的核心部分是自己胜任工作的条件，这并非多多益善，而是要有针对性。不同的用人单位、不同的职位对求职者的要求都不一样，求职信应根据不同的单位、职位需求而有所变化。目前有许多毕业生一稿多投，用"普遍撒网，重点打捞"的态度应对招聘，结果却石沉大海，杳无音信。所以，建议毕业生在符合自身实际情况的条件下，针对不同的用人单位"量身定做""投其所好"，做到有的放矢。如应聘"三资"企业，最好用中英文双语来写，既可自荐又显示出自己的英语水平；如应聘的是计算机或软件开发人员，应体现自己稳重、细心的性格态度，把自己的程序设计、软件开发能力和项目多描述一些；如果要从事营销和管理工作，最好要突出自己在学生会、社团、班级担任干部期间组织实践活动的协调能力和自信心，这样才能让招聘人员对你产生兴趣，引起对方的注意。

求职信范文 1

尊敬的××领导：

　　您好！

　　我是××大学的一名本科毕业生，主修国际经济与贸易。

　　××年我以优异的成绩考入××大学，在这四年里，我学习努力，成绩优异，多次获得奖学金，在课余，我研读了各种报纸、书籍，对世界各国的政治经济、风土人情都有了初步的了解，尤其是经济的全球化以及世界经济未来的走向，更引起了我极大的兴趣。

　　步入大学校门伊始，我就问自己：到底怎么做才能更加完善自己，成为德、智、体全面发展的大学生？所以，我积极参加各类活动，如文艺方面，我多次编排舞蹈，参加演出，成为大学生艺术团的文艺骨干；体育方面，我多次参加运动会并取得名次。另外，我还积极参加辩论会、主持人大赛、演讲比赛等多种活动。

　　大学生活即将告一段落，在这里，我从各方面都得到了锻炼，四年大学生活的学习和锻炼，给我仅是初步的经验积累，对于迈向社会远远不够的，但所谓士为知己者死，我相信自己的饱满的工作热情以及认真好学的态度完全可以弥补暂时的不足。因此，面对过去，我无怨无悔；面对现在，我努力拼搏；面对将来，我期待更多的挑战。战胜困难，抓住每一个机遇，相信自己一定会演绎出精彩的一幕。

　　希望通过我的这封自荐信，能使您对我有一个全面深入的了解，我愿意以极大的热情与责任心投入到贵公司的发展建设中去。您的选择是我的期望。给我一次机会还您一份惊喜。期待您的回复。

　　最后祝贵公司的事业蒸蒸日上，稳步发展！

　　此致

敬礼

求职人：×××

日　　期：××××年××月

求职信范文 2

尊敬的××公司人力资源部领导：

　　您好！

　　首先衷心感谢您在百忙之中浏览我的自荐信，为一位满腔热情的大学生开启一扇希望之门。

　　我叫×××，是一名即将于20××年07月毕业于×××大学工程管理专业的学生。借此择业之际，我怀着一颗赤诚的心和对事业的执著追求，真诚地推荐自己。

　　现将自己的情况简要介绍如下：本人大学期间一直系统地接受着工程管理专业的教育，也已经对建筑理论有了一个比较全面的了解。在学校的组织下，进行过房屋建筑学认知实习、测量实习，并从中获益颇多；在大三下学期到××监理公司进行了一段时间的实习，对现代建筑业有了初步的认识，并深深地感觉到理论与应用之间的差异，也为此在大四期间进行了一些调整，找出理论与应用之间的结合点，力求达到学以致用，用以督学的目的。

　　我正处于人生中精力充沛的时期，我渴望在更广阔的天地里展露自己的才能，我不满足于现有的知识水平，期望在实践中得到锻炼和提高，因此我希望能够加入你们的单位。我会踏踏实实的做好属于自己的一份工作，竭尽全力地在工作中取得好成绩。我相信经过自己的勤奋和努力，一定会作出应有的贡献。

　　感谢您在百忙之中所给予我的关注，愿贵单位事业蒸蒸日上，屡创佳绩；祝您的事业百尺竿头，更进一步！

　　希望贵单位能够对我予以考虑，我热切期盼你们的回音。谢谢！

　　此致

敬礼！

求职人：×××

日　　期：××××年××月

（三）个人简历编写

　　所谓简历，就是概括介绍个人情况，是对求职者生活、学习、工作和成长经历等方面简要总结而形成的文字材料。简历是行走职场的敲门砖，是个人的名片，它的真正目的是为了让用人单位全面了解自己，从而为自己创造面试的机会，最终达到就业的目的。一份撰写良好的简历是毕业生成功求职择业的助推器，一份理想的简历，不仅构架完备，还能彰显个性。一份失败的简历，也会使个人丧失许多被选中的机会。

　　1. 个人简历的形式

　　个人简历一般有四种形式：表格式、时间顺序式、学习工作经历式以及重点突出式。表格式是用表格的形式列出自己的基本情况和学习、工作经历，使人一目了然；时间顺序式是按年月顺序，列出自己的学习、工作经历，条理清楚；学习工作经历式是根据需要有选择列出自己的学习、工作经历，充分表现自己的技能、品德；重点突出式是按照自己本次求职信息的有用程度确定次序的，最有用的排在最前面。对于即将毕业的大学生来说，采用表格式和时间顺序式最好。

　　2. 个人简历的内容

　　一份完整的简历一般应包括以下几个方面的内容，如表7-2所示：

表 7-2 个人简历样表 1

个人情况					
姓名	XXX	性别	男	
民族	汉族	学历	本科	
籍贯	陕西西安	政治面貌	党员	
身高	178cm	年龄	23	
联系电话	×××	电子邮箱	×××	
毕业院校	×××	专业	×××	
技能水平					
计算机水平	熟练运用各种软件	计算机等级	×××	
英语水平	能熟练地进行口语对话	英语等级	CET4	
求职意向					
目标职位	管理岗位				
目标行业	建筑业				
期望薪资	2300-2800				
工作地点	山西、陕西				
到岗时间	2014 年 7 月				
教育经历					
时间	学校名称	担任职务	教育表现	
社会实践					
工作时间	公司名称	工作职位	工作内容	单位评价
证书情况					
专业特长					
自我评价					

(1)个人资料：包括姓名、性别、出生年月、籍贯、政治面貌、身体状况、兴趣、爱好、性格以及联系方式等。

(2)学业情况：包括毕业学校、学历、学位、专业、主要课程成绩、外语及计算机掌握程度。

(3)教育背景：大学以来的简单经历，主要是学习和担任社会工作的经历，可以从毕业的高中起。有些用人单位比较看重你在课余参加过哪些活动，如实习、社会实践、志愿者服务、团学工作等其他活动。

(4)所获荣誉和成就：包括三好学生、优秀团员、优秀学生干部及奖学金等方面的所获荣誉，以及参加各种竞赛所获奖项的荣誉。

(5)自我评价：总结大学时期的表现，一定要客观，真实。如：团结合作精神，创新意识，谦虚谨慎的工作态度，选择积极乐观的人生态度等。

(6)求职意向：根据自己的爱好、兴趣和特长，适合从事的工作。

3. 简历编写注意事项

简历编写应注意以下事项：

(1)避免繁琐，篇幅适中

个人简历通常很简短，但语言一定要朴实，不要用华丽的辞藻，长篇累牍不等于有吸引力。"博士生一张纸，本科生几页纸，专科生一摞纸"，这是用人单位在多次招聘中总结的所谓"规律"。简历与自荐信不同，简历是叙述个人的客观情况，是支持自荐信的材料；而自荐信则是主要反映求职者的主观情况和求职意向，是对个人简历的必要说明和补充。现在有些毕业生撰写简历存在一个误区：唯恐没有把自己全面地展示出来，在简历上长篇大论，结果事无巨细，导致招聘人员对这样的简历没有时间和兴趣阅读。通常个人简历应尽量控制在一页纸之内，用最简单的语言来陈述你的基本情况和主要经历，让招聘人员能在数分钟甚至几十秒内看完，并留下深刻的印象。

(2)目标明确，层次清晰

简历中最好能体现出求职者明确的求职目标，做到有的放矢，能针对申请的职位突出重点，使招聘人员觉得求职者情况与任职资格相符，感到这份简历就是写给该单位的，与招聘条件一致。

简历要布局合理，内容资料要摆布得当。要避免把所有信息掺杂在一起，让人理不出头绪。简历的开头是个人情况介绍，要高度概括，突出求职者的特点；中间部分描述要显得客观可靠，语气要坚定、积极、有力，让人无可置疑；最后部分一般是获奖情况及能力证明，这部分应充实，有影响力。切记不要"眉毛胡子一把抓"，要妥善安排各种信息，排好版面，笼统的，毫无个性的简历只会让你埋没在其他人的简历之中。

(3)渲染优势，模糊弱势

简历只是一块敲门砖，关键还在于要有真才实学的本事。招聘人员在筛选简历时，多注重硬件标准及职位所需能力要求。所以毕业生在简历编写时应特别注意对与自己申请职位相关的优势进行细致描述，最好对其内容数字化、具体化。一定要实事求是，千万不能夸张。当你的某些条件不符合招聘要求时，可以省略不写，或是做含蓄、隐晦地简单表达。如用人单位要求英语水平，当你没有考级或正在考级时，可以写成"具有四级或六级水平"，以此类推。坚决反对不符合实际的夸张，这样做往往适得其反，招聘者一看就留下了不诚实、不踏实的印象。尤其到了面试时候，张口结舌，落个"聪明反被聪明误"。

(4)避免过于简单和雷同

某用人单位在一次招聘结束后准备离开会场，被该校的一位同学拦住，同学说："和我一起投递简历的同学都有面试机会，而我为什么没有得到通知？况且我的学习成绩、综合能力都不比他们差。"同时还说了很多其他的条件，希望用人单位能给他机会。为了满足该同学的要求，招聘人员从行李箱中找出他的简历，发现该同学简历仅有一张纸，除了姓名、性别、出生年月、毕业院校、专业、课程、联系方式之外，什么都没有写，既看不出其学习情况，也看不出其综合能力。试想，如果你是招聘人员，你会给他面试机会吗？

另外，有的毕业生图省事，从网上下载简历模板并不加修改的进行填写，甚至有些学校同一个班级学生的简历，格式、内容都大同小异，基本雷同，没有一点特色，根本看不出是经过本人设计和制作过，更反映不出个人特点和优势所在。对于有经验的招聘人员来说，这种简历大都会排除在选择之外，对于毕业生来说求职的成功率是极低的。

表 7-3　个人简历样表 2

姓　名		性　别		民　族		
身　高		体　重		政治面貌		
出生年月		贯　籍		毕业时间		
学　历		学　制		专　业		
毕业学校						
联系地址					邮编	
英语水平		计算机水平			擅长	
联系电话		电子邮箱			QQ	
熟悉的软件						
所获荣誉						
爱好特长						
学习及实践经历						
时　间		地区、学校或单位			职务	
自我评价						

（四）推荐表和附件

1. 高等院校毕业生双向选择就业推荐表

高等院校毕业生双向选择就业推荐表，简称就业推荐表，是毕业生直接与用人单位面谈的重要媒介之一，它可以证明持表人的应届毕业生身份。它是由毕业生填写，学校审核并签章的权威性书面材料。

2. 附件

个人简历应包含附件，附件中主要包括毕业生在大学期间所获得的各类证书以及成果证明等材料的复印件。一般把各类材料复印成同样大小的纸型，并按照时间顺序或重要程度依次排好，如材料较多，可列出目录。同时准备好原件，以备核查。

（五）求职文案的包装

当把求职文案的主体部分在原始材料的基础上，根据不同的应聘目标编写完后，就要进行包装，即完成封面（主题）设计和求职文案的装订工作。封面的设计是丰富的，但其基本原则是美观、大方、醒目、整洁。封面设计要有一个主题（标题），一个好的主题，往往能够吸引用人单位眼球，使招聘者想进一步了解求职文案的具体内容。同时，封面的设计风格与求职文案内部主体内容风格要一致，具有统一性和整体性。封面设计中最好还能体现出求职者的姓名、专业、年级、学校等最基础的内容。在求职文案的装订中最好采用标准纸，用计算机打印，不要用繁体字（有特殊要求除外），装帧不要太华丽，保持整洁明快是最重要的。

三、电子简历制作

随着计算机网络的广泛应用，网络招聘以其成本低、见效快、无地域限制等特点被用人单位和毕业生认可，并且成为用人单位招聘毕业生的主要渠道之一。很多用人单位通过网络发布招聘信息，进行网络面试，网络签约等一系列招聘活动。毕业生也常常通过网络提交简历与用人单位沟通并推销自己。大学生如何通过网络推销自己？如何提高网上求职的成功率？应注意以下事项：

（一）网络媒介的选择要安全规范

网络求职有很多优点，但也有其弱点，就是安全性无法得到保证，很多网络信息具有欺骗性。所以，毕业生选择网上求职要注意选择正规的网站，登录信息监管规范、知名度高的网站注册登记求职信息，对网站上的招聘信息要反复甄别，不断验证。在投递简历的时候要选择规模较大、信誉好的单位作为求职目标企业，对那些只留手机号和邮箱的招聘信息一定要认真核实，最好能获得用人单位的固定电话和地址，以便核实相关企业信息。对不合规范的网站，不要将自己的资料信息随意泄露，对信息模糊的单位，不要随意发放自己的求职材料。

（二）电子简历力求简洁，循规操作

电子简历版面应比书面简历要简洁，以避免招聘人员阅读时多次翻页。所以编写电子简历时要更加简练，主要突出自己的能力和业绩，通过材料展示出自己各方面符合应聘的职位即可。为了规范和方便简历收集，大多数招聘单位和求职网站都提供了统一的简历模板，并告知了具体的填写步骤，毕业生只需要按照提示填写上传即可。

（三）电子简历的发送

电子简历不要只用附件的形式发送。如果因为技术或者网络原因导致一些招聘单位无法打开附件，或者为了防止病毒的入侵，招聘人员不愿意打开附件，就会影响简历的接收，甚至大好的工作机会白白溜走。建议毕业生发送附件的同时，将简历以文本格式在邮箱正文栏同步发送。发送简历的同时要发送一封求职信，这样可以彰显自己的诚意，也可以让招聘人员更全面地了解自己。

发送电子简历时应避开上网高峰时间，这段时间不仅传递速度慢，而且会出现未知的错误。遇到网络拥挤，不要放弃求职机会，应择机而动，人少时应聘更能引起招聘人员的注意。在网上应聘结束后，要主动通过邮件或打电话询问情况，向用人单位表示诚意，也让自己心中有数。

第 八 章

求 职 应 聘

随着大学生人数逐年增多，大学生就业已成为全社会关注的焦点，毕业生要了解就业市场和多形式的就业途径，重点掌握面试的目的和原则、面试的形式和内容、面试的交谈技巧以及面试的难点和应对策略，同时掌握笔试的方法和技巧，知晓应聘的流程和主要事项，最终达到求职成功，顺利就业。

第一节 求 职 渠 道

一、大学生就业市场

(一)什么是就业市场

就业市场又称劳动力市场，它通过市场主体的积极参与，市场组织者的有序管理，政府的宏观调控，承载着对全社会劳动力资源进行有效配置的功能。同消费品市场、生产资料市场、金融市场、信息市场、技术市场、房地产市场等各类市场有机结合而形成完整的社会主义市场体系。

大学生就业市场已经成为高校毕业生在就业市场中调节就业、寻找理想职业的重要场所。大学生就业市场属于人才资源市场的一种，它是毕业生与用人单位进行双向选择的重要场所；它引导毕业生调整择业期望值，合理优化社会人才配置；在"双向选择"过程中实行公开、公正竞争、优胜劣汰的原则。大学生就业市场是在社会主义市场经济体制下，专门以高校毕业生为服务对象的就业市场，是高校毕业生就业工作管理体系和就业制度中的一个重要组成部分。它的工作职责和任务是为高校毕业生举办各种类型的双向选择会、洽谈会，开展就业咨询和为用人单位提供相应的招聘服务等，通过这一系列的就业活动最终为高校毕业生寻找合适的工作岗位，满足高校毕业生对就业的需求，同时也为用人单位选择自己所需的大学毕业生创造了条件。

(二)毕业生就业市场的特征

1. 公益性

毕业生就业市场以促进毕业生就业创业为宗旨，构建毕业生、用人单位之间安全、可靠的服务平台，为高校毕业生就业创业提供快捷、有效、全面、高质量的服务。

2. 市场主体的特殊性

在毕业生就业市场中，学校是基础，政府为主导，市场起调节作用。因此，毕业生就业市场的组织主体可以是政府教育部门，也可以是高校。市场的就业主体是高等院校毕业生，这是一个高附加值的特殊群体，具有良好的可塑性。但是，正是由于这个主体都是大学毕业生或研究生，学历层次差别不大，年龄也较集中，因此在就业的过程中竞争会更加激烈。

3. 时效性

我国现行的大学生就业政策规定，毕业生就业必须在有限的时间内完成。每年寒假或暑假，全国有几百万应届高校毕业生，一般要求他们在半年内落实工作单位，现在择业期延长为两年或三年。各级主管就业部门对每年的毕业生就业市场的运行日程都有一个大致的安排，从用人单位到高校招聘、到毕业生落实就业单位、签约，以及未能落实或重新落实单位等都有具体的时间规定。毕业时，未就业毕业生在三年内不能落实就业单位，或者已就业毕业生毕业满两年，就要离开这一市场而转到其他就业市场择业或待业。

4. 区域性

毕业生就业市场的主办者多以各省市教育部门、高校或行业主管部门为主体，不论谁举办，这些就业市场的用人主体一般都是本地区的，同时也是针对本地区的高校毕业生服务的，表现出较强的区域性。

5. 集中性

我国每年都有几百万名大学生进入社会就业。从人数到时间，都有集中性的特点。用人单位和毕业生在一个相对固定的时间和场所集中招聘或应聘，特别是校际间或院校内举办的人才交流会，表现在专业方向上，更具有集中性的特征。供需双方直接签约，减少中间环节，提高供需双方的效率和效益。

6. 影响性

高校毕业生就业市场涉及面广，任何一个毕业生就业都牵动着毕业生本人、家长、亲朋好友的关心及社会关注，影响极大。

(三)毕业生就业市场的基本职能

1. 信息交流

毕业生就业市场是毕业生与用人单位供需双方进行双向选择，实现求职和招聘的必要场所，而充分交流就业信息与求职信息又是供需双方进行双向选择的基础和前提。因而，促进信息交流是毕业生就业市场的首要职能。毕业生就业市场需要通过收集和整理各种就业信息，并通过适当的方式对所有毕业生公开，供毕业生了解和进行选择。这些就业信息既包括国家宏观的政治、经济形势，也包括有关的就业政策、规定，还包括各用人单位的基本情况和具体的用人需求，是各种与毕业生就业有关信息的集合。同时，市场也要向用人单位提供各个高校的专业介绍、生源情况和求职者的应聘信息，方便用人单位进行招聘。市场信息能否实现共享，交流是否充分，直接决定了市场作用能否有效发挥，人才配置是否合理。

2. 就业服务与管理监督

毕业生就业市场的宗旨就是为毕业生和用人单位提供政策咨询、就业指导、供需见面、创业培训等就业创业综合服务。目前，毕业生就业市场提供的就业服务主要为以下几个方面：向毕业生和用人单位提供就业政策和规章咨询；办理毕业生就业调整改派、就业代理等一系列手续，实行一站式服务；为求职毕业生提供就业指导和职业介绍；为需要培训的求职毕业生推荐培训单位；公开发布需求信息、供求分析信息和职业培训信息；办理求职登记；对就业困难毕业生进行就业援助；举办毕业生求职和用人单位招聘双选活动；完成国家和省规定的其他有关服务。

(四)毕业生就业市场的作用

1. 市场配置作用

毕业生就业市场是通过市场的调节作用，实现对毕业生人才资源的合理配置，促进人才的合理流动，达到人尽其才、才尽其用的根本目的。大学生要依据人才价格信息、个人与职业匹配情况和人才竞争的激烈程度等因素来决定是否就业。用人单位则是根据工作要求、经营状况和社会平均人才价格等信息决定对毕业生的录用。毕业生就业市场就是依靠市场竞争机制。通过这些供求规律、价值规律等最终决定人才的组合与配置。多年就业实践的经验表明，高校毕业生就业市场在毕业生就业中发挥了不可替代的基础性作用，大多数毕业生是通过这一市场实现就业的。因此，高校毕业生就业市场已经成为毕业生求职、就业的主渠道。

2. 市场导向作用

毕业生就业市场中毕业生的就业状况，从根本上讲，反映的是高等学校人才培养与市场需求之间的适应程度。认真分析用人需求与毕业生就业的状况和存在的问题，有利于高等学校树立科学发展观，转变办学思路，加强学科建设，调整专业设置和教学计划，增强学校主动适应社会与经济发展需要的能力。毕业生就业市场建立就业预测制度(主要预测毕业生的生源状况、需求状况、就业状况及其他信息)，加强对就业形势的研究，定期公布就业预测情况，不但对高等教育的改革起到了导向作用，同时也为相关部门制订和调整毕业生就业政策提供了重要参考和依据，作用十分明显。

3. 市场调节作用

毕业生就业市场为毕业生和用人单位引入公平竞争机制。优胜劣汰是市场经济的主要特点，毕业生就业市场也不例外。毕业生在就业市场中取胜的直接原因，就是自身的竞争实力。当竞争实力较弱时，就业相对来说就比较困难，毕业生甚至会被淘汰出局。毕业生为了找到一份理想的工作，根据市场需求和个人意向，不断调整知识结构或择业方向，以增加竞争实力。可以说，市场竞争机制有力地激发了学生们的求职欲望，调动了学生们的学习积极性。毕业生就业市场也使用人单位之间的竞争更加激烈。

二、大学生就业途径

(一)大学生求职的校内途径

1. 校园招聘会

每年大学生毕业之际，会有很多企业、公司到各大高校开展校园专场招聘。从 2003 年起至今，校园招聘会已基本成熟并定型。据统计显示，签约毕业生中有 80% 的人是通过校园招聘会顺利找到工作。用人单位直接来校内专门招聘，学生求职的成功率往往比参加社会招聘会成功率高。因为用人单位是基于对学校及学生的认可而进行的招聘，同时也避免了院校之间、学生和有工作经验的应聘者之间的竞争。校园招聘会的优点是针对性强、安全可靠，大大降低了毕业生求职应聘的成本。因此，校园招聘会也是大学生求职的最有效途径。

2. 用人单位高校专场招聘会

一般由用人单位通过高校就业指导部门安排，在指定高校举办招聘应届毕业生小型的招聘会。

特点：涉及的专业、人数不太多，但招聘对象针对性强——指定高校、指定专业的毕业生，应聘成功几率大；特别是安排在学院、系一级招聘的，成功的几率更大。由用人单位到高校内招聘是目前毕业生就业的主要渠道。

3. 高校组织举办的毕业生(年度)双选会

为了让本校毕业生顺利就业，很多高校每年都会集中邀请一些与学校建立长期合作关系的用人单位，开展与学生供需见面的招聘活动。这种招聘会基本上专门针对本校的毕业生，所招的职位要求与本校的专业方向相符或相近。一般由高校就业部门通过发函、电话联系全国各地用人单位参加，每年一次，大多安排在每年的 11～12 月份，也有的高校在春季举办第二次双选会。

特点：参加的用人单位多，分布在各行业、地区、各层次，如国有、股份制、民营企业，多数单位安排在本校及附近宾馆，需求的专业和人数较多，毕业生有较大范围的选择，一般除了本校毕业生外，还会有许多外校的毕业生前来应聘。因此，用人单位的选择也大，可在多个院校间选择毕业生。

4. 行业内单位联合举办校园大型综合类招聘会

这类招聘会是高校之间分行业、分学科横向联合举办的。一般是面向本区域或者相关高校、并具有一定规模的综合类招聘会。从目前校园招聘会的新动向看出，行内若干企业联合举办招聘会是以后高校招聘会的主要发展方向。如中石化总公司人才招聘会、航天集团招聘会、全国建筑行业毕业生招聘会等。

特点：对与行业相关的专业需求量大，涉及较多专业，应聘成功率大。

5. 各地区赴高校专场招聘会

由各地(市)人事局、大中专毕业生就业管理部门组织本地各企事业单位在高校举办的大型招聘会，既有沿海发达地区，也有中、西部地区。

特点：用人单位分布在各个行业，需求专业和人数较多，对毕业生生源不限于本地区。

（二）学校推荐就业

学校的就业推荐是大学生求职的一个重要而有效的途径，即通过学校毕业生就业指导中心推荐，获得就业渠道并成功就业。

1．学校推荐的分类

间接推荐：毕业生就业部门搜集就业信息并发布，学生自主参加竞争。

直接推荐：有倾向地推荐学生。社会在发展和进步，直接推荐并不是学生就业的主要途径。

2．学校推荐的优缺点

首先，学校提供的信息可信度和有效性是最高的。

其次，能较为充分地考虑到人职匹配的问题，推荐成功率高。

第三，就业面相对狭窄，学生选择余地不足。

（三）社会实践或实习求职

对于尚缺社会经验的大学生来说，能够接受专业的实践、建立职业化观念、提前体验职业生涯是不可多得的机会。而从企业的角度来看，给大学生提供实践和实习机会，可以说是一举多得。　方面可以宣传企业文化，另一方面也可以为公司将来储备人才，同时也可以降低用人成本。

三、大学生求职的社会途径

1．综合性人才招聘会

全国各大城市高新技术人才中心或人力资源机构，每年都会举办各种各样的招聘会。如湖北省的"百企万岗"公益招聘会，其他大型的综合招聘会、中小型的专业招聘会以及专为毕业生服务的专场招聘会等。此类招聘会有许多特殊性，招聘会规模庞大、招聘单位众多、行业范围广泛，大学生可通过参加这类招聘会了解就业行情，接触和熟悉社会，即使不能顺利签约也能够丰富自己的求职经验。

参加这类招聘会，需要注意的是，要有主见，因为参会的人很多，不要人云亦云，盲目从众，一定要通过自己的接触做出判断。此外，要准备多份简历和个人材料，以备用人单位当场查阅。

（1）省（市）大中专毕业生双选会。

各省（市）人事部门、大中专毕业生就业管理部门在本地举办的大型招聘会，一般安排在寒假期间或前后，也有的省市在毕业派遣后的七月中下旬再次举办。

特点：参会用人单位基本为本省（市）单位，需求信息较多，但由于回家乡就业毕业生参会太多，竞争过于激烈，应聘成功率不高。

(2)各地(市)人才交流市场举办的招聘会。

各地(市)人才交流市场会不定期举办各类招聘会,但涉及范围过大,包括不同层次、不同专业、不同籍贯人才。

特点:一般要求应聘者具有一定的工作经验,一般不解决户口入户,应聘成功率不高。

2. 电话求职

大学毕业生可先通过电话簿或已获取求职信息中选定自己喜欢的行业单位,然后按照地址及时与单位进行电话联系,询问和了解自己的应聘机会。向企业推销自己,表达自己的就业意愿。

采用电话途径求职时应注意:要敢于主动推销自己,通过电话留给对方一个好的印象。要注意在短暂的时间里完成自己的求职过程,达到求职的目的。诸如对通话时段、通话时间、通话内容都要做精心设计和准备,也要熟悉必要的电话礼仪。

3. 网络求职

网络求职是一种特殊的择业形式,网络求职方便快捷,是一种多、快、好、省的择业新方式。据统计:现在有超过 2%的人是通过网上求职而成功就业的,并且这种趋势还在增长。

网上求职一般有两种形式:一种是在网上发布求职信息,坐等用人单位与你联系;另一种就是根据网上发布的招聘信息发送自己的求职意向,或直接登录用人单位网站,主动发送电子邮件和对方联系。网上择业已得到越来越多的用人单位和毕业生的认可。

4. 中介机构代理

在尝试上述各种就业途径的基础上,毕业生还可以通过人才中介机构来寻找工作。可以到就业中介机构专设的委托招聘部门去办理就业代理、免费注册、投放简历、委托推荐等。需要注意的是,毕业生在选择求职代理中介时,应警惕黑中介和假中介机构,还要注意考察和了解中介机构的信誉度和社会认可度。

5. 直接登门自荐

在没有其他介绍和推荐渠道的情况下,大学生可以带着自荐材料,直接到一些选定的公司登门拜访,勇敢地把自己介绍给对方,赢得用人单位的赏识。

特点:机会掌握在自己手中。直接登门自荐之前,首先要通过公司网站对该公司性质、企业文化进行了解,做到心中有数,要在拜访时表现出对该公司的熟知、了解和喜欢,给用人单位留下深刻的印象。

6. 报纸广告求职

众多的求职者通过阅读报纸招聘广告,获得大量的企业招聘信息,在今后相当长的时间内通过报纸广告求职仍将是一种主要的择业手段和途径。在报纸广告上查找求职信息的时候,可以优先考虑专业的人才类、招聘类报纸,还有日报、晚报大都有人才或招聘类专版。通过报纸求职往往要按求职程序进行,比如先邮寄简历,简历初审之后再通知面试等。遵守程序既是对用人单位的尊重,也是对自己的尊重。

特点:通过报纸广告求职,是传统的求职方式,也是当前获得求职信息的重要手段。

报纸招聘广告的真实有效性较大，广告版面的大小也可以反映出招聘单位对人才的需求程度。

7. 社会关系介绍

大学生还可利用自己的社会关系搜集就业信息，并进行求职选择。许多用人单位也愿意录用经人介绍或推荐而来的求职者。在求职过程中，如果关键时刻有人帮自己引荐，当然效果就会更好。因此，建立自己的关系网对择业是非常必要的。通过亲朋好友找工作最为可靠，成功率也较高。亲戚朋友的推荐分为两种情况：一种是"无力度"的推荐，就是你的亲朋好友只是推荐你完成择业应聘过程。另一种是"有力度"的推荐，这种推荐可直接影响人力资源部门的决策。但前提必须是你要符合该单位该职位的任用条件，或者说完全能胜任此项工作。

通过社会关系介绍的途径有：血缘关系——家长和亲朋好友；地缘关系——老乡；学缘关系——老师和校友。

综上所述，求职者一定要根据自己所在的地域、所学专业、求职行业及自身条件来选择最有把握和最有机会的求职途径和方法，最大限度地降低求职成本、缩短应聘周期，尽快实现就业。

四、大学生就业选择

大学生在刚入学时就应该考虑自己毕业后做什么，从而进行科学的学业规划和职业规划，有条不紊地实现自己的职业目标。但毕业时究竟有几种选择呢？

1. 就业

大学生毕业前由学校推荐，通过招聘会等多种途径与用人单位双向选择后，签订就业协议、劳动合同或其他有效就业证明材料落实工作岗位。

2. 升学深造

大学生毕业时通过考研或者专升本的形式提高学历层次，增强自身的竞争力，同时也缓解了就业压力。因此，考研和专升本成为许多应届本专科毕业生的选择。

3. 出国留学

大学生毕业时通过公费或自费的形式，申请到国外高校求学深造。目前，也有一部分毕业生到境外的企事业单位去工作。

4. 国家和地方服务基层项目

按照国家扶持大学生就业的相关文件，到基层、农村、社区、部队工作服务。例如："选聘高校毕业生到村任职""农村义务教育阶段学校教师特设岗位计划""大学生志愿服务西部计划""三支一扶计划""预征入伍"等方式就业。

5. 自主创业

自主创业，是指劳动者依靠自己的资本、资源、信息、技术、经验以及其他因素创办实业，解决就业问题。现阶段，由于国家政策的大力支持和引导，加之信息化、全球化、企业盈利模式的变革等多种因素，中国正迎来新的自主创业高潮。

6. 延时就业

延时就业是指应届毕业生在毕业离校前未能落实工作单位或由于其他原因未签订就业协议，即视为延时就业。

第二节　面 试 技 巧

面试技巧就是面试中巧妙的技能，可以影响到面试的成功与否、聘用与否、受聘与否的决定。面试不仅能考核一个人的能力水平，而且能让用人单位面对面地观察毕业生的体态、仪表、气质、口才和应变能力等。同时，面试也是求职者全面展示自身素质、能力、品质的最佳时机。面试发挥出色，可以弥补先前笔试或是其他条件如学历、专业上的一些不足。在整个应聘过程中，面试无疑是最具有决定性意义的环节，有很多毕业生顺利通过了简历关、笔试关，最后却在面试中铩羽而归。因此，面试是应聘者求职成功的关键一步。

一、面试的目的和原则

(一)面试的概念

面试即当面测试，是一种经过组织者精心设计，在特定的场景下，用人单位通过有目的地与求职者面对面交流沟通，以获得求职者整体信息，考查其整体状况，推测未来发展能力的选拔测试过程。通过面试，招聘者可以直观地了解到求职者的更多信息和资料，有利于选拔到合适的人才。

(二)面试的目的

对求职者来说，面试的目的是在限定时间内向面试官推销自己，令面试官认为求职者是招聘最合适的人选，同时求职者应该通过面试了解所应聘的公司工作性质、职位、待遇等信息，看看是否符合自己的期望。

而对于招聘单位来说，可以通过与应聘者之间的问答，来清楚地了解简历中提供的数据及推荐意见是否真实可信，面对面观察求职者的礼仪、态度、谈吐，用各种方法评估求职者的性格、能力及各方面知识，以考核求职者的动机与工作期望，初步考虑应聘人是否有能力、有诚意担当此职，是否适合在该公司工作等。

(三)面试的原则

面试是招聘过程中最重要的一个步骤，因此适当掌握和具体运用科学的面试原则是非常有必要的。

1. 仪表得体、诚信守时的原则

面试礼仪是很重要的，得体的着装、优雅的谈吐，不仅能给面试官留下良好的第一印象，也能提升自己的信心。

第一，一定要守时，无论你有什么理由，迟到都会被视为缺乏自我管理和约束能力的表现。求职者要提前到达场地，以利用面试前的时间调节自己紧张的情绪，迅速适应考场环境。

第二，着正装。面试是正式、严肃的场合，务必穿正装出席，宁可保守一点也别标新立异。男士最好穿深色西服，打领带；女士选择相对多一些，但要以整洁美观、稳重大方为原则，服饰色彩、款式、大小应与自身的年龄、气质、肤色、状态相协调，还要与自己所应聘的职位、学生年龄相吻合，这样的着装会提升自身的职业素养。

第三，面试中要杜绝晃腿、吐舌、转笔、伸指等不雅的小动作，这些动作容易给面试官留下求职者不成熟、不稳重、不自信等印象。应手脚安稳，两眼平视面试官，注意和面试官们的目光交流。面试中语调要平衡，语速要平缓，自然、稳重地连贯回答问题，尽量避免中英文夹杂，尽量少用助词，例如"啦""喽""呢"等，不要给评委留下用语不清、冗长、不认真及缺乏自信的感觉。

2. 紧扣题目的原则

当求职者在回答问题时必须根据面试官提出的问题要求答辩，需要怎么回答，就怎么回答，不能答非所问，也不能随意扩大或缩小问题的内容或范围，并且要控制回答问题的时间。

很多应试者不假思索地开始按答题套路分成事前计划、事中实施、事后总结来答题，而忽视了题目的问法，结果适得其反，给面试官留下此应试者只会生搬硬套，不能够变通，遇到问题不能随机应变的印象，自然也就得不到高分。因此一定要紧扣问题来作答，以问题为中心，结合自身特点进行创新，才能有所突破，获得高分。

3. 实事求是的原则

实事求是指在回答面试官提问时，要从本人的实际情况出发，正确应对考官的发问。例如，当考官问及你的家庭情况时，你应如实简单相告。如果问及你在大学本科或研究生阶段都学过多少门课程时，你如记得清楚，就如实报告，如记不准，就说个大概，切不可随意编出个数字来。当问及你的优点与缺点时，要简明扼要地叙述，切不可谈得过多、过高。在面试中涉及专业知识时，更要实事求是地回答。如果你对考官所提的问题回答不出来，就坦率地承认"不知道"并表示歉意，因为一个人的知识面总是有限的。当问到你熟悉的问题时，你应尽量发挥得充分些。

4. 沉着冷静、随机应变的原则

面试官比较看重求职者随着情况的变化而灵活应对的应变能力，对此求职者要有充分的准备。例如，当你进入面试考场之后，如遇面试官们都不发问，而是面带微笑地看着你，使你不知所措，心里紧张。这时候，你应"主动出击"，以改变这种被动局面。你可以先作自我介绍，甚至可以向考官们提出一些问题，以显得自己是位头脑灵活、反应敏捷、能够随机应变的人。一般来说，在面试过程中当面试官提出问题以后，应试者应稍作思考，不必急于回答。即便是所提问题与你事前准备的题目相似，也不要立即答题，因为那样给面试官的感觉可能是你不是在用脑答题，而是在背事先准备好的答案。如果是以前完全没有接触过的题目，则更要冷静思考。磨刀不误砍柴工，匆忙答题可能导致文不对路、东拉西扯或是没有条理、眉毛胡子一把抓。经过思考，理清思路后抓住要点、层次分明地答题，会给考官留下较好的印象。

5. 条理清晰、层次分明的原则

逻辑思维能力是面试测试中不可或缺的内容，而这种能力的高低能通过求职者的答辩显示出来，条理清晰、前后一致是这种能力的具体表现。要注意面试官不是看你答什么而是看你怎么答，这就要求求职者在听到面试题后，首先要思维有逻辑性，然后便是陈述要有逻辑性，这种逻辑性要求求职者的回答层次清晰，条理分明，前后衔接紧密，表述前后呼应。依此作答才能征服面试官。

6. 推陈出新的原则

面试中，面试官一般比较看重求职者个性化的回答。因此求职者的回答富有新意，能够做到推陈出新，别出心裁，就能给面试官留下好的印象，为面试成功增加砝码。面试结束后，可以用质感好的信笺写一封感谢信，信中可以描述自己在面试后的心情，也可以表示你将全力以赴满足职位的要求。但无论结果如何，信中仍要表达感谢招聘单位给你面试机会的意思，会对求职有很大的帮助。

二、面试的形式和内容

(一)面试的形式

面试有很多种形式，按照不同标准可以有不同的划分。例如：按操作方式可分为结构化面试与自由化面试；按应聘者的行为反应可分为交谈式面试和压力式面试；按人员组成可分为单独面试和小组面试；按面试场景可分为情景面试和行为面试；按面试进程可分一次性面试和分阶段面试等。如图 8-1 所示。

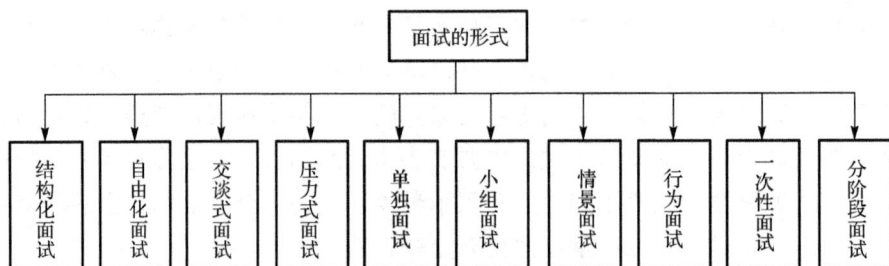

图 8-1　面试的形式

1. 结构化面试与自由化面试

结构化面试，是指面试题目、面试实施程序、面试评价、面试官构成等方面都有统一明确的规范进行的面试。面试官按预先设定的程序和谈话提纲逐一向被试者进行提问，被试者针对问题一一作答。结构化面试的特点是过程严密、层次分明，通过多维度的评价系统很快能确定求职者是否适合该职位。

自由化面试，是指与面试有关的因素不作任何限定，没有任何规范的随意性面试。在"随意"的条件下，关于面试过程、面试中提到的问题、面试的评分角度及面试结果的处理，面试官们事前都没有精心准备和系统设计，面试过程中所提的问题、谈话及所采用的方式等都由面试官自由决定，颇似于人们日常交谈。自由化面试的特点是谈话层次交错，容易有针对性，但偶然性大。

2. 交谈式面试和压力式面试

交谈式面试，是通过面试官与求职者的面对面谈话、交流，由面试官提问，求职者作答的方式，考察求职者的专业知识、业务能力、个人修养等面试方法。交谈式面试是最常见的面试方式之一。

压力式面试，是面试官有意识地对求职者施加压力，就某一问题或某一事件做一连串的发问，具体详细且追根问底，直至求职者无以应答。此形式主要考查求职者在特殊压力下的反应、思维敏捷程度及应变能力。

3. 单独面试和小组面试

单独面试是直接面对求职者的面试，大多数用人单位采用这种形式，时间一般为10分钟至30分钟。单独面试又可分为一对一面试和一对多面试两种。

一对一面试通常用于第一轮面试，在求职者众多时，按顺序点名面试。面试的问题较为规律，求职者的注意力也较为集中。由于只面对一个面试官，求职者往往心态自然轻松，话题能够深入，但容易受面试官个人情感的影响。一对多面试是一个求职者面对多个面试官。面试气氛紧张，目的是考验求职者的心理承受能力，以便对其进行客观评价。求职者要沉着冷静，避免紧张，每次只针对一个问题来回答，既要把重心集中在那个提出问题的面试官，又要顾全大局，和在场的每个人进行目光交流，不忽略任何一个面试官；如有多个问题同时提出，就选择一个到两个问题重点回答，其他问题一时不知道答案，应婉转地表示自己不清楚，切忌强词夺理。

小组面试是面试官将多个求职者分成小组，被试小组根据设定题目进行讨论，面试官在一旁观察每位求职者的表现，如沟通能力、协调能力、语言表达能力和领导力等，从而确定录用候选人，然后再对候选人进行单独面试。

4. 情景面试和行为面试

情景面试突破了常规面试那种一问一答的模式，引入了无领导小组讨论、公文处理、角色扮演、演讲、答辩、案例分析等内容，如接一个电话，接待一位客户等，让求职者进入角色模拟完成。这种形式逼真性高、针对性强，求职者的才华能力更能得到充分、全面的展示，面试官对求职者的素质也能作出更全面、更深入、更准确的评价。其目的在于考查求职者处理特殊情况或解决客观问题的能力和态度。

大公司经常使用行为面试来测试求职者的工作和解决问题的能力。这种形式的面试着重考虑一系列个人行为和能力，公司认为对工作很重要的品质和能力，包括：团队合作、创造性、持之以恒、沟通能力等等。面试官使用的方法是询问求职者对实际工作中遇到问题该如何解决的方法。例如：面试官想知道你的团队合作方面能力，就会问你认为最好的团队合作经历是哪次？你担任什么职位？做了哪些事情？对所在团队有什么帮助？以及为什么你觉得最好。求职者如果有很强的合作能力并且有过合作经历，当在描述团队合作经历时，便会简单清楚。而喜欢单独工作的求职者描述起来就会非常困难。

5. 一次面试和多次面试

面试的次数是根据不同用人单位的招聘要求来决定的。有的用人单位仅需一次面试就确定用人意向，有些单位则需要多次面试后，才确定最终人选。多次面试的程序分为以下几个步骤：第一次面试通常由人力资源部门的工作人员进行面试，主要是对应聘者的基本条件进行核实。第二次面试一般由人力资源部与业务部联合主持，是对应聘者个性特征、愿望动机、业务能力等方面的综合考察，因此也是面试中最重要的一次。第三次面试由公司分管人事的领导约见，主要考察应聘者的适应性和应变力。

面试形式多样，以上只是根据面试形式所作的大致划分，在实际面试过程中，招聘者可能采用一种或同时采用几种形式进行面试，以达到全面考查的目的。毕业生应认真学习这些面试形式，掌握一定的技巧和策略，沉着应对以不变应万变，在求职择业中取得好成绩。

(二)面试的内容

面试的内容很丰富，用人单位可以从不同的角度来考查求职者，所以，求职者在准备面试内容的时候，也要从不同角度做准备。通常，用人单位面试考查的主要内容包括以下几个方面：

1. 个人基本情况

主要考查毕业生的个人情况及阅历，如民族、身高、视力、体格等自然状况，家庭主要成员及社会关系、文化程度、毕业学校、所学专业等，接受过哪些培训，从事过哪些工作，参加过哪些社会实践等。

2. 仪表体态

这是指毕业生的体型、外貌、衣着举止、精神状态等。像外企、大型私企等企业，国家公务员、教师、公关人员等职位，对仪表风度的要求比较高。研究表明，仪表端庄、衣着整洁、举止文明的人，一般做事有规律、注意自我约束、责任心较强。

3. 专业知识

主要考查毕业生的知识层次，包括专业课程、学习成绩、知识掌握程度、外语和计算机水平等。目的是了解毕业生的专业知识是否符合所要录用职位的要求，以此作为对专业知识笔试的补充。面试对专业知识的考查更具灵活性和深度，所提的问题也更接近空缺岗位对专业知识的需求。

4. 工作实践经验

一般根据求职者的个人简历或求职登记表，提出一些相关的问题。询问求职者有关背景及过去工作的情况，以补充、证实其所具有的实践能力，通过对工作经历与实践经验的了解，还可以考查毕业生的责任感、主动性、思维能力。

5. 口头表达能力

这是看求职者是否能够在面试中将自己的思想、观点、意见或建议顺畅地用语言表达出来。包括：表达的逻辑性、准确性、感染力、音质、音量、音调。

6. 综合分析和应变能力

综合分析能力是指在面试中，求职者是否能通过分析，抓住面试官所提出问题的本质，并且说理透彻、分析全面、条理清晰。在回答问题的时候，面试官还会根据求职者对问题的理解是否准确，回答是否迅速，来判断求职者对于突发问题的反应是否机智敏捷，处理意外事情是否妥当。

7. 人际交往和兴趣爱好

在面试中，通过询问求职者经常参加哪些社团活动，喜欢同哪种类型的人打交道，在各种社交场合所扮演何种角色，日常都喜欢参加什么样的兴趣活动，阅读哪些书籍，有什么样的嗜好等，可以了解求职者的人际交往能力、兴趣爱好等方面内容，这对录用后的工作安排常有好处。

8. 求职动机和工作态度

主要考查求职者来本单位应聘的目的，对什么工作或职位感兴趣，求职者个性特点与专业结构是否符合职位要求，了解求职者过去的工作学习态度，预测未来的工作态度。

9. 薪金福利

面试官在面试时还会向求职者介绍本单位及拟聘职位的情况与要求，讨论有关薪酬、福利等求职者关心的问题，以及回答求职者可能问到的其他一些问题。

三、面试技巧

交谈是招聘单位考察求职者自身素质的一个重要环节，也是面试的主要方式。求职者要积极主动地推销自己，注意面试中的沟通策略，掌握恰当的交谈技巧。

(一)答问技巧

回答面试官的提问是面试中的主要环节，任何求职者都会面对。由于面试中的提问带有考核性质，用人单位大多也以此判断求职者是否符合本单位的需要，因为毕业生应注意提问环节的几方面问题，以提高回答问题的质量。

1. 思路清晰，把握重点

面试官提出问题后，不要急于回答，可以稍作思考，理清思路，再作回答。一般情况下回答问题要结论在先，议论在后，先将自己的中心意思表达清楚，再做叙述和论证。否则，长篇大论，逻辑混乱，会让人觉得没有要领。多余的话太多，不但容易走题，更容易冲淡主题或者漏掉。

2. 避虚就实，避免抽象

面试中，招聘者提出的问题过大，或者提出一些摸不着边际和难以理解的问题，以致不知如何回答。对待这样的问题最好避虚就实，可以礼貌地请求面试官复述提问，待重新理解问题，把握了问题主旨和目的后，再作回答。这样回答起来就有的放矢，不致答非所问，南辕北辙。答问结束时，要注意"画龙点睛"，注意总结、提炼，还实以虚。

3. 冷静对待，开放式回答

招聘者有时提出的问题刁钻、难以理解，可能故意挑衅、令你难堪。这不是"不怀好意"，而是一种战术提问，是在考察你的"灵活性"和"应变性"，应聘者应灵活处理，语言缓慢、表情微笑的做以回答，要让对方看出你的沉着与冷静。你若反唇相讥，恶语相对，就大错特错了。

4. 创新答问，突出特色

毕业生在回答问题时，推陈出新，富有新意，这样才更有可能成功。因为，用人单位面试时要接待的求职者很多，相同的问题会提出很多遍，类似的回答也可能要听很多遍。面试官常常会有乏味、枯燥的感觉。一个具有独到的个人见解和个人特色的回答，很快就会引起用人单位的注意，也就让对方有兴趣与你继续交谈下去，对求职成功有很大帮助。

5. 正面回答问题和巧妙回答问题

面试的过程中免不了要回答问题。一般来说，回答问题分正面回答和巧妙回答两种。当对方想知道非常明确的信息的时候，最好是正面回答，因为那样会凸显信息，给人留下深刻的印象，比如对方问你学的什么专业，兴趣爱好是什么，毕业生直接回答就可以了，不用附加修饰，说得天花乱坠。但面试中也有很多问题是开放性的，需要考查你的意见和想法，这种问题回答起来，就不要正面回答了。因为如果正面回答，会让对方觉得你很武断，或是极端，如果答案与对方的想法相悖，效果就不好了，有可能还会引起争论。因此，在回答的时候要尽量谦逊地说出自己的想法，或是简单地提出看法后，征求对方的意见，以示尊重，避免观点不同造成的气氛尴尬甚至不愉快。

(二)发问技巧

面试快结束的时候，面试官大都会问求职者是否有问题要咨询和提问。这时，求职者至少要问一两个问题。如果一言不发，会给对方造成两种印象：一是你对该用人单位没多大兴趣，因此实在想出不来问题，这样必然让用人单位难堪；二是你在面试时没有太多思想活动，也没有能力提出问题，面试官会认为你能力不足，反应迟钝，不会应变。因此，面试时适时提问能反映出求职者的水平和能力，但提问时也不可以随便，要注意以下几点：

1. 大胆提问

大多数毕业生在求职时总是顺从招聘单位意愿而不敢提问，这反而给人一种缺乏自信的感觉。事实上，毕业生没有实际工作过，对企业不完全了解，大胆地提出问题可以体现出稳重、有思想、善于观察思考的个性特点，也可以反映出毕业生良好的心理素质和对此份工作的重视。一个好的提问，可能胜过简历的各种说明，让面试官对你刮目相看。

2. 提问内容要合理、具体

求职者向用人单位提问应避免敏感话题，如：工资待遇、公司效益、福利要求等，也要避免提出面试官不懂的问题。提问内容最好是与个人利益没有直接联系但与企业整体形象和招聘活动相关的概述性问题，如：企业文化、企业经营模式、企业综合优势、企业发展前景等相关问题。求职者应注意把提问的重点放在招聘者的需求以及自己如何能满足这些需求上，应紧扣工作任务、紧扣职责来提问。

3．注意提问时间

毕业生在提问时应把握好时间，该问时才问，切不可打断面试官的谈话。提问的内容也并非越多越好，"打破沙锅问到底"反映出你对应聘企业的不了解，同时由于面试时间安排紧张，过多的提问会让招聘单位产生厌倦之感。

（三）交谈技巧

在交谈的过程中，要注意以下几点：

1．谈话应顺其自然。不要误解话题，不要过于执着，更不能独占话题，要适时给对方发问的机会，别人说话时候不要随意插话。

2．留意对方反应。交谈中很重要的一点是把握谈话的气氛和时机，这就需要随时注意观察对方的反应。如果对方的眼神或表情已经显示对你所谈论的某个话题失去了兴趣，应该尽快用一两句话结束此话题。

3．有良好的语言习惯。谈话时不仅表达要流利，用词得当，同样重要的还有说话方式。发音清晰、语调得体、声音自然、音量适中、语速适宜等，这些都是在交谈说话中需要注意的细节问题。

此外，还要警惕容易破坏语言意境的现象：过分使用语气词、口头词，这不仅有碍于听者的连贯理解，还容易引人生厌。

（四）交谈心态

作为应届毕业生首次参加招聘面试，如何摆正自己的心态很大程度上关系着招聘的成败。

1．要学会展示真实的自己。面试时切忌伪装和掩饰，一定要展现自己的真实实力和真正性格，要将自己的兴趣爱好充分地告诉对方。有些毕业生在面试时故意把自己塑造一番，比如明明很内向，不善言谈，面试时却拼命表现得很外向、健谈。这样的表现既不自然，很难逃过有经验的招聘者眼睛，也不利于自身发展。即便通过了面试，用人单位往往会根据面试时的表现安排适合的职位，这对于个人的职业生涯也是有影响的。

2．以平等的心态面对招聘者。面试时如果能以平等的心态对待招聘者，就能够避免紧张情绪。特别是在回答案例分析问题时，一定要抱着我已经是单位员工，和单位同事一起讨论这个问题的心态，而不是觉得对方在考自己，这样就可能做出很多精彩的论述。

3．态度要坦诚。做任何事情之前都应该先学会做人。所以，面试的时候求职者一定要诚实地回答问题。一位企业的高管说，企业曾经需要招聘毕业生到国外进行工作，因此要招聘家中有兄弟姐妹的毕业生上岗，以避免因为照顾父母为由经常探亲。面试时一位毕业生说自己家中有兄弟姐妹，当进入公司需要外派时又说自己没有兄弟姐妹，需要照顾父母。单位只得放弃，与他解约。实际上这样做非常不好，这种欺骗行为实不可取的，也不利于以后发展。

4．四种不良心态

竞赛心态：你考不倒我

迎合心态：我就是你想要的人

表演心态：我必须超常发挥

急于求成心态：我还有很多优点没有展现呢

面试时存在以上几种心态都会影响面试的成绩，甚至导致面试失败。因此，在面试时应把握原则，摆正心态，合理运用，正常发挥水平就好了。

（五）交谈原则

应聘者与招聘者交谈应该把握以下"四个度"的原则：

1. 体现高度，在交谈过程中要展示自己的水平和能力。一方面是政治觉悟水平和敬业精神，另一方面是个人的专业水平。对问题回答不能信口开河，不能满足于"知其然"，还要回答出"所以然"。

2. 表现风度，在交谈过程中展示自己的气质和风度。一方面要体现自身的外在美，言谈举止要文明大方，另一方面要体现自身的内在气质。言语是一个人内在气质、个人修养的外在体现，要注意用自己的语言魅力展示自己。

3. 增强信度，要在交谈过程中展示自己的真诚和耐心。首先，态度要诚恳，不能在交谈中心不在焉；其次，表达时要准确，少用"或许"、"大概"、"可能"等模棱两可的词语；最后，表达的内容要真实，尤其对于自己的优缺点要一分为二，实事求是。

4. 保持热度，在交谈中展示自己的热情。要注意做到：主动问候，精神饱满，细心聆听。

（六）告辞技巧

1. 适时告辞。面试不是闲聊，也不是谈判。从某种意义上讲，面试是陌生人之间的沟通。谈话时间的长短要视面试内容而定。招聘者在决定要结束面试时，往往会说一些暗示的话语，例如：

——我很感谢你对我们公司这个岗位工作的关注。

——谢谢你对我们招聘工作的关心，我们作出决定后将立即通知你。

——你的情况我们已经比较清楚了，面试下一阶段的安排我们会通知你。

应聘者听了诸如此类的话语之后，就应该主动告辞。

2. 礼貌再见。面试结束时的礼节也是用人单位考察录用的一个重要环节。首先，应聘者不要在面试结束谈话前表现出浮躁不安、急于离去的样子。其次，告辞时应感谢对方花时间与你的交谈。离开时，如果有其他见过面的招聘者或者工作人员的话，也应该向他们致谢告辞。

四、面试的难点和应对策略

面试的主要内容是"问"和"答"。招聘者在面试中往往千方百计"设卡"，以提高面试难度，鉴别单位真正需求的人才。应付这种局面，要应答得体，随机应变，就应掌握应答的基本要领，只有这样，才能够对于不同角度、不同形式提出的问题应付自如。

面试是考核应聘者的场合，尽管应聘者在面试前做了大量的准备，考虑到了每一个可能涉及的问题，但还是会出现一些意想不到的情况，许多时候，这些意想不到的情况会直接影响面试的结果。以下介绍几种在面试中常见的难点和应对策略，以利于毕业生有针对性地加以准备，从而顺利完成面试，为成功就业奠定基础。

（一）沉着应战，坦白对待

面试过程中，对自己求职资格和工作能力的申述要充分、中肯、令人信服。回答问题要力求恰当、准确、灵活，而且自始至终要力求表现沉着、自信、充满活力、轻松自如，言谈举止要得体。面试期间，如果你很紧张，甚至无法控制，办法很简单，就是坦白地告诉面试官，例如说："对不起，我有点紧张，可不可以让我冷静一下再回答您的问题。"通常主考官会同情并允许你的请求。你自己也会因为讲了出来，感觉舒服很多，而且在一定意义上你也为自己争得了一些主动。

（二）精神紧张及克服的办法

有关调查显示，几乎所有的毕业生都承认自己在面试时精神紧张。可见，面试时紧张是毕业生面试时需要战胜的最大的敌人。陌生的环境，被陌生的人提问，事关自己今后一段时间的发展前途，毕业生不可能不紧张，适度的紧张可以促使毕业生更加集中注意力投入面试。但若紧张过了头，则对于面试极为有害，不仅使应聘者注意力不集中，甚至可能将事先准备的内容忘得干干净净，头脑一片空白。这里，提供几种克服紧张的方法：

1. 要做好充分的准备工作。预计到自己临场可能很紧张，应事先请有关教师或同学充当面试官，在教室或者宿舍进行模拟面试，找出可能存在的问题与不足，增强自己克服紧张的自信心。

2. 应反复告诫自己，不要将一次面试的得失看得太重，其实你的竞争对手也不轻松，也有可能出差错，甚至可能不如你。同等条件下，谁克服了紧张、大方、镇定、从容地回答每一个提问，谁就会取得胜利。

3. 不要急着回答问题。面试官问完问题后，应聘者可以考虑5—10秒钟后再做回答。在回答时，要注意不可语速太快，快了容易使思维与表达脱节，也易表达不清。而你一旦意识到这些情况，会更紧张，结果导致面试难以取得应有的效果。所以切记，面试从头到尾，讲话不急不慢，逻辑严密，条理清楚，让人信服。

（三）遇到不清楚的问题的对策

"知之为知之，不知为不知。"在面试过程中，你可能会遇到自己不熟悉或根本不懂的问题，这时你应该谨遵孔夫子的教诲，坦白承认方为上策；默不作声，回避问题是下策；牵强附会，"强不知为知之"乃下下策。面试官提出问题，应聘者听后不知怎么答，在要求再讲一遍题目后，应聘者仍无法回答。这种情况一旦发生，你可以婉转地问面试官是否指某方面的问题。此时，重要的是态度要坦诚，不可胡乱猜测，信口开河。若真是一点也不清楚怎么回答，就应实事求是地告诉面试官，这方面的知识未接触过。作为面试官一般是可以理解你的回答，况且，这样的问题该不该提出来还是个疑问呢。

(四)讲错了话及改正的办法

人在紧张时很容易说错话，例如称呼时张冠李戴，申述时记错年月等等。如曾有毕业生在面试时出过这样的笑话：用人单位领导问，阁下认为我公司发展前景如何，发展动力是什么？这位毕业生太紧张，听完提问后，不假思索地说："我阁下认为……"碰到这样的情况，许多应聘者往往心烦意乱，感觉自己讲错了话，这次面试肯定通不过，越发紧张，接下去的效果更差。此时，最好的应付办法是保持镇静。若说错的话无关紧要，也没有得罪人，你可以若无其事，继续专心应对，切勿耿耿于怀。用人单位也不会因讲错一句无关大局的话而错过一个具有真才实学的人才。若说错的话比较重要，应该在适合的时间更正并道歉："对不起，刚才我过于紧张，好像讲错了，请原谅。"然后表达出你心中本来要讲的意思。对招聘者而言，他可能更欣赏你坦诚的态度和语言表达的技巧，出错后用高明的手法及时更正错误，也可能为你赢得招聘者的好感。

(五)长时间的沉默及应对的办法

面试时出现半分钟左右的沉默是正常的，但有时面试官为试验一下应试人的心理承受能力，会故意长时间地不讲话，造成长时间的沉默。这样的场景会让许多应聘者不知所措，惶恐不安。甚至说了一些不该说或毫无意义的话，造成自己的被动局面。好的应对办法是利用这一时间，对你前面所讲的话题加以补充；或者也可以提出一些你对用人单位尚不了解的问题，还可以利用这部分时间介绍一些你个人的有关详细情况。

(六)几位招聘者同时提问及对策

遇到几位招聘者同时提问，一些应聘者会胡乱地选择其中某一个问题加以回答，结果自然不能让所有招聘者满意。在这种情况下，既要逐一回答，又要显得有礼貌。你可以说：对不起，请允许我先回答甲领导的提问，然后再谈乙领导和丙领导的问题，可以吗？回答哪位领导问题在先，哪位在后，一般应按官职从高到低排，当然，也可以按发问的先后次序排。需要注意的是：在回答甲领导问题时不可太多太长，否则，乙丙两位领导会有不被尊敬之感。回答问题时，应聘者的目光主要和发问的面试官进行交流，但也要适当顾及其他领导，让他们觉得，你是和所有的招聘者在交流。同时，还应注意观察提问者的反应和面试室内的气氛，以便随时调整谈话的策略和方式。

总之，面试时不论遇到什么情况，应聘者都应沉着冷静，镇定自若地加以处理，千万不能惊慌失措。这或许是面试官故意考验你的能力和应变技巧。只要认真对待，定能化险为夷。

五、面试后的注意事项

(一)回顾总结

(1)面试一结束，应该对自己在面试时遇到的困难进行回顾，及时反思。并且应该重新考虑一下，如果面试官再一次问同样的问题，该如何更好地回答这些问题。

（2）尽量把你参加面试时的所有细节内容都记录下来，并一定要记住面试时和你谈话的人的姓名和职位，相信后期一旦进入该公司对你会有所帮助。

（3）万一通知你落选了，你也应该虚心地向招聘者请教你有哪方面欠缺和不足，以便今后改进。这样，就可以知道你为什么会落选。一般来说，这样的信息用人单位给你反馈不容易，应该好好把握。

（二）会后致谢

（1）在面试后的两天内，应聘者可以给某个面试官写一封邮件或编辑一条短信。在信里应该感谢用人单位和他为你所花费的精力和时间，感谢对方为你提供的信息。

（2）如果在一个星期后，或者依据用人单位所决策的一段时间内没有得到任何招聘相关的通知，应聘者可以给用人单位主管招聘的部门或者负责人打个电话，内容可以表达出你强烈求职的意愿和热情，顺便了解为何没有通知面试结果的原因。如果打听到你有希望通过面试并可能签约，但未做出最后决定，可以过段时间再打一次电话催问。

（3）当用人单位暗示或通知你落选后，应聘者还应该给对方写封感谢信，说明你即使没有成功但也很高兴有面试机会。这样做不仅仅是出于礼貌，而且还能使对方在其公司出现职位空缺时能够想到你，无形中创造了一个潜在的就业机会。

案例一　面试后的感谢信

尊敬的×××先生（女士）：

您好！

我是××月××日下午到贵公司应聘××岗位的××。非常感谢您给了我这次面试机会！很高兴认识您，跟您的谈话是一次愉快的经历。

我在这次交谈中收获颇丰。虽然我一直要求自己做人做事注意细节，但是这次谈话让我对细节问题有了新的认识，那就是尽量量化，努力做到有据可循。在回答你关于AutoCAD 和CorelDRAW软件区别的问题，我回来总结时发现自己思维局限在区别的思考上，其实我当时所学习的两种软件是不可比的。因为我学习使用的 AutoCAD 软件是当时最新的版本，而CorelDRAW软件是几年前的版本。后来我上网找资料了解这两种软件的资料，还是不能对这些区别有所定论。其实单纯从学习的角度出发，我个人认为应该是大同小异的，后来学习其他软件包括使用实习单位的画图软件都不需要什么培训，功能设置和操作上都没什么很大差别。最后，关于Photoshop适用什么样企业的问题，我发现了自己学习的局限性。学习软件操作，能够达到熟练操作是学习的目标，但是能够掌握软件的其他知识是个人的一种核心竞争力，正如提供增值服务是贵公司的核心竞争力之一，拥有别人所没有的知识和技能是一种实力的竞争力。

在短短20多分钟的谈话中，我进一步认识到了自己的不足并从发现的那一刻起努力纠正，完善自己！再次感谢您！希望有机会与您再谈。

×× 大学：×××

年　　月　　日

六、面试禁忌

(一)面试中，忌不良用语

1. 急问待遇

"你们的待遇怎么样？"工作还没干，就先提条件，何况还没被录用呢！谈论报酬待遇无可厚非，只是要看准时机，一般在双方已有初步意向时，再委婉地提出。

2. 报有熟人

"我认识你们单位的××""我和××是同学，关系很不错"，等。这种话主考官听了会反感，如果主考官与你所说的那个人关系不怎么好，甚至有矛盾，那么你这话引起的结果就会更糟。

3. 不当反问

主考官问："关于工资，你的期望值是多少？"应试者反问："你们打算出多少？"这样的反问就很不礼貌，很容易引起主考官的不快。

4. 不合逻辑

考官问："请你告诉我一次失败的经历"，"我想不起我曾经失败过"，如果这样说，在逻辑上讲不通。又如："你有何优缺点？""我可以胜任一切工作。"这也不符合实际。

5. 本末倒置

例如，一次面试快要结束时，主考官问应试者："请问你有什么问题要问我们吗？"这位应试者欠了欠身，开始了他的发问："请问你们的单位有多大？招考比例有多少？请问你们在单位担当什么职务？你们会是我的上司吗？"参加面试，一定要把自己的位置摆正，像这位应试者，就是没有把自己的位置摆正，提出的问题已经超出了应当提问的范围，使主考官产生了反感。

(二)面试中，忌不良习惯

面试时，个别应试者由于某些不拘小节的不良习惯，破坏了自己的形象，使面试的效果大打折扣，导致失败。

手：这个部位最易出毛病。如双手总是不安稳，忙个不停，做些玩弄领带、挖鼻、抚弄头发、掰关节、玩弄考官递过来的名片等动作。

脚：神经质般不住晃动、前伸、翘起等，不仅人为地制造紧张气氛，而且显得心不在焉，相当不礼貌。

眼：或惊慌失措，或躲躲闪闪，该正视时，却目光游移不定，给人缺乏自信或者隐藏不可告人的秘密的印象，容易使考官反感；另外，死盯着考官，又难免给人压迫感，招致不满。

脸：或呆滞死板，或冷漠无生气等，如此僵尸般的表情怎么能打动人？得快快改掉，一张活泼动人的脸很重要。

行：动作手足无措，慌里慌张，明显缺乏自信；反应迟钝，不知所措，不仅会自贬身价，而且考官会将你看"扁"。

总之，面试时，这些坏习惯一定要改掉，并自始至终保持斯文有礼、不卑不亢、大方得体、生动活泼的言谈举止。这不仅可大大地提升自身的形象，而且往往使成功机会大增。

(三)面试中，忌不良态度

凡参加面试的人，不管你素质如何，水平高低，一定不要忘记自己是在接受用人单位的挑选，以下态度应当注意：

1. 忌目空一切、盛气凌人

有的应试者笔试成绩名列前茅，各方面条件也较优越，于是就恃才傲物，目空一切。面试中态度傲慢，说话咄咄逼人。一是主考官对自己的回答不够满意或进行善意引导时，常强词夺理、拼命狡辩、拒不承认错误；二是总想占据面试的主动地位，经常反问主考官一些与面试内容无关的问题，如用人单位住房条件如何，自己将任何种职务，好像用人单位已决定录用他(她)，面试仅仅是在谈条件。

2. 忌孤芳自赏、态度冷漠

有的应试者平时性格孤僻，对人冷淡、心事较重，并把这种个性带进了面试考场，面试中表情冷漠，不能积极与主考官配合，缺乏必要的热情和亲切感。岂知所有用人单位的领导都希望自己的工作人员能够在工作中和睦相处、与人为善、团结互助、使人感到轻松愉快，这样才能提高工作效率。即使应试者平时性格孤僻，在面试的过程中，也要加以克服，否则气氛一定很沉闷，回答机械呆板，很难说你有中选的希望。

(四)面试中，忌不良表现

1. 准备不足

无论你学历多高，资历多深，工作经验多丰富，当主考官发现应试者对申请的职位知之不多，甚至连最基本的问题也回答不好时，印象分自然大打折扣。主考官不但会觉得应试者准备不足，甚至会认为他们根本无志于在这方面发展。所以，面试前应做好充分的准备工作。

2. 迟到失约

迟到失约是面试中的大忌。这不但会表现出应试者没有时间观念和责任感，更会令主考官觉得应试者对这份工作没有热忱，印象分自然大减。守时不但是美德，更是面试时必须做到的事。因此，应提前 10～15 分钟或准时到达。如因有要事迟到或缺席，一定要尽早打电话通知该公司，并预约另一个面试时间。另外，匆匆忙忙到公司，心情还未平静便要进行面试，面试表现也会大失水准。

3. 欠缺目标

面试时，千万不要给主考官留下没有明确目标的印象。虽然一些应试者的其他条件不错，但工作没有目标就会缺少主动性和创造性，给企业带来损失。主考官倒情愿聘用一个各方面表现虽较逊色，但有远大目标和热忱的应试者。

4. 逞强好胜、耍小聪明

有的应试者一入面试考场，便无拘无束，神采飞扬，处处显示高人一筹。不管主考官愿不愿意，主动上前与他们一一握手，然后四平八稳地就座；对主考官所提出的各种问题，均表现出不在话下的样子，回答问题总喜欢用"我以为""我主张"这一类字眼开头，不管对错，均夸夸其谈。本来有些问题自己确实答不上来，但自作聪明，东拉西扯地乱讲一遍，宁可答跑了题，也不愿做个老实人。这样做不仅容易贻笑大方，而且会使主考官感到你骄傲自满、敷衍塞责、不可信赖。

5. 与主考官"套近乎"

具备一定专业素养的主考官是忌讳与应试者套近乎的，因为面试中双方关系过于随便或过于紧张都会影响主考官的评判。"套近乎"也会在客观上妨碍应试者在短短的面试时间内，做好专业经验与技能的陈述。聪明的应试者可以列举一至两例来赞扬招聘单位，从而表现出你对这家公司的兴趣。

6. 长篇大论

虽说面试是在推销自己，不过切勿滔滔不绝、喋喋不休。主考官最怕应试者长篇大论，无终无始。其实，回答问题只需针对重点。相反，有些应试者十分害羞，不懂得把握机会表现自己，无论回答什么问题，答案往往只有一两点，甚至只回答"是、有、好、可以"等，这也是不可取的。如果性格胆小害羞，则应多加练习。

7. 不善于打破沉默

面试开始时，应试者不善于打破沉默，而等待主考官打开话匣。面试中，应试者又出于种种顾虑，不愿主动说话，结果使面试出现冷场。即便能勉强打破沉默，语音语调也极其生硬，使场面更显尴尬。实际上，无论是面试前或面试中，应试者主动致意与交谈，会留给主考官热情和善于交谈的良好印象。

8. 语气词过多

使用太多的如"呢、啦、吧"等语气词或口头禅会把主考官弄得心烦意乱，这只会让主考官误以为你自卑，准备不充分。

9. 说谎邀功

面试时，说谎、伪造"历史"，或将不属于自己的功劳"据为己有"，后果可大可小。即使现在能瞒天过海，也难保谎言将来不被揭穿。因此面试时，应实话实说，可以扬长避短，却不能以谎话代替事实。

(五)面试中的误区

国外有些大公司甚至对不予录用的情况给出明文规定，如日本某公司条文说："应聘者声音轻如蚊子者，不予录用；说话没有抑扬顿挫者，不予录用；交谈不得要领者，不予录用；面谈不能干脆利落地回答问题者，不予录用……"如果概括而言，至少要走出以下两方面的误区。

1. 缺乏信心

缺乏信心，是因为怕落聘，假设求职者的学识才能是基本符合要求的，那么缺乏信心是一种自卑心理的表现。在这种心理驱动下，它的种种表现：

(1)说话吞吞吐吐，声音轻如蚊叫，表情很不自然。生怕说错、出丑，担心自己不符合要求。

(2)说话空洞，有时会不自觉地加大音量。往往伴有表情、手势、姿态上的小动作。说话空洞，令人乏味，过多的小动作是为了掩饰自己内心不安的胆怯表现。

(3)刻意追求仪表，不合所求工作岗位的要求。求职者注意服装穿着整洁得体即可，应届毕业生浓妆艳抹或西装革履、衣冠楚楚，去竞争机关团体干部岗位等就很不得体，实际是掩饰内心虚弱的表现。

(4)谈话时经常打断对方话头，生怕对方不了解自己，尤怕对方误解自己，想通过插话来壮胆，一方面显得不礼貌，一方面又是故意掩饰自己信心不足的表现。

(5)说话唯唯诺诺，思维只跟对方走，对所有话题的处理，只是一味地顺从、点头，看不到自己的主观能动性，更无法显示出自己的个性。

缺乏信心的表现很多，其总的特征是瞻前顾后，缩手缩脚，小心翼翼，顾虑重重。现代心理学告诉我们："除了一些基本条件之处，成功来源于自信。"心里坦然，态度自然，说话实事求是，才有可能正常发挥自己的学识和能力水平，甚至超常发挥，取得成功。

2. 强人所难

面试成功的条件之一是与对方取得共鸣，可是有些人却喜欢谈一些以为对方也感兴趣的话题，谈一些以为对方也知道的话题"套近乎"，结果常常是事与愿违。须知，己是客，彼是主，客须取悦于主，客须感动主。客的自说自话不能令主产生共鸣反让人感到生厌，其失败是必然的。战国时期的商鞅自荐于秦王，第一次谈商道，"孝公时时睡，弗听"；第二次谈王道，"孝公依然弗听"；第三次谈霸道，"孝公有了兴趣"；第四次精心准备，一举自荐成功，掀起中国历史上著名的"商鞅变法"运动。

面试过程，还请遵循客随主便原则。面试人是主导方，它决定着谈话内容和方向。但是高明的求职者应努力控制对方的问话和思路，将其引到对己方有利的内容和方向上来。这时候，形式上面试者是主导方，而实际上在努力让对方觉得他依然在控制局面的同时，求职者已经成功地把主题"和平演变"到己方立场上来了。强调的是，须让对方觉得依然在控制局面，否则仍将走进强人所难的误区。

案例二　成功通过面试

例一：山东某公司到学校招聘毕业生。面试时，学生依次排队，当公司叫到一同学不在现场时，立即有一位同学去找，去找的这位同学回来后说"对不起，我没有找到他"。这时，负责招聘的领导当场表态："就凭这句'对不起'，你这样的学生我们要了"。

该同学能够顺利签约，主要受益于其古道热肠、礼貌待人的优良品质。面试中，文明礼貌、待人接物也是用人单位考查毕业生的一项重要内容。礼貌的具体表现反映在语言上，更多使用"您好""谢谢""对不起""让您费心了"等词语，更能让招聘者感受到你的态度和修养。一个人的人品好坏远比专业水平能力重要。

例二：有一名女生因穿着超短裙参加招聘面试惨败而归。主考官这样评价她："如果她有职业水准的话，就不会那样做，虽然未必在工作的时候一定要穿得非常正式，但在面试时的标准应该提高。"

装扮要得体：关于"面试的时候应该穿什么？"的问题，负责招聘人员的答案几乎是一致的："穿适合该行业的和该职业的服装参加面试。"面试礼仪是每个人在求职过程中所表现出的由里到外的一种涵养，外表的礼仪是对招聘单位和招聘人员最起码的尊重。

例三：跨国大企业的特殊招聘方式

SONY 面试有时不足 10 分钟，要求五六个求职者同时参加。有时十分复杂：半个月里可能会约见求职者三四次，面试人经常更换，提很多与工作无关的问题。到了吃饭时间，面试人会像老朋友请你到餐厅共进午餐，说说笑笑地聊些家长里短。

通过这种方式，前者考验的是他们在大众面前的表现力以及"抗压性"；后者一般会用在要求较高的岗位或有一定级别的职位，通过多角度的接触，营造轻松的沟通环境，从中获取更多信息，建立起信任和感情，为判断的准确性及今后的合作打下良好基础。

联合利华面试的时候，曾将应聘者分成多组，每组分一根长绳。所有的组员被黑布蒙上眼睛，要求组员在 20 分钟内将长绳拉成一个正方形，并且每个边上站上数量相等的人。

这个游戏除了考验应聘者是否诚实（绝对不能偷看）外，还能很好地反映出一个人的团队合作精神、领导组织能力和其他特质，如是否善于创新、是否富有执行能力等。每个应聘者在游戏中都担任不同角色，如果不断有新点子产生，会在"创新、灵活"一栏得到加分；而善于总结经验并协调大家去顺利完成任务的人，在"领导才能"一项可加分；主动实践、积极执行可得"认真分"，甚至最后主动收起长绳的应聘者也可得"踏实肯干分"。

在可口可乐公司面试，每个求职者会经历多次（至少三次）的面试，由不同主管从不同角度来考查。面试主要考核应聘者是否有热情，是否了解可口可乐，对公司从事的行业和产品是否有热情，其次才是考核求职者的团队能力和领导能力。可口可乐大中华地区人力资源总监郭明说，公司每位招聘人员手中都有一份职位描述，明确了招聘职位所需员工的标准。面试中，招聘人员会围绕职位描述，非常具体地提出问题，希望应聘者以事实为基础与招聘人员沟通。在面试中经常会问求职者的人生目标，是否为自己制作了职业生涯规划、举例说明最喜欢的工作是什么，为什么喜欢等。

例四：别具一格的面试：让人才看见人才

某广告公司以高效率、高效益著称业内，据说其选拔人才的方法苛刻而奇特，但至今没有人知道细则，即使那些应聘落选者，对考试经历也是守口如瓶。

刚毕业的程某，决定去试一次。不料面试选拔过程很简单：第一轮集合所有应聘人员来公司大会议室，指定一个题目，在规定时间内设计一件作品，然后由专家组评审，当天下午公布入围者名单；第二轮考试在第二天下午，与昨天一样，也是指定一个题目，在规定时间内设计一件作品，不过应考者少了许多而已。时间一到，收了卷子，全部送到另一间屋子，请专家组评审。不同的是，公司主考官要求我们等待，并送来午餐。

不足两小时，10 份作品皆评审完毕。主考官笑眯眯地进来了，"我公司向来重视专家的意见，但作为一种艺术品，你们也为广告设计倾注了自己的灵感与心血，因此，专家的评分只占此轮考试的 50%，另一半分数由你们相互评审"。

大家都有些吃惊，然后便按主考官要求，各自带作品上前台展示一次，另外9人则在下边评分，并写出简略评语。另外9人中，至少有3人的作品令程某叹服，不得不怀着复杂的心情给了他们高分和好的评语。

最终，程某入选了，这有点意外；更意外的是，令程某叹服的那三个人中，只有一名入选。程某简直怀疑专家组以及公司的眼光，但随后总裁与应聘者的首次谈话令程某释然：最后10位考生，都是专家组眼中的佼佼者；而你们之间的相互评审，更能证明自身的能力与素质。庸才看不见别人的才华，情有可原；人才看不见人才，就太狭隘了！我们不仅需要本身具备高素质的人才，更需要那些能彼此欣赏、相互协作、团结共进的人才！

阅读拓展

10个面试经典问题回答技巧

(1)请你自我介绍一下好吗？

回答要领：一般人回答这个问题过于平常，只说姓名、年龄、爱好、工作经验，这些在简历上都有。其实，企业最希望知道的是求职者能否胜任工作，包括：最强的技能、最深入研究的知识领域、个性中最积极的部分、做过的最成功的事，主要的成就等，这些都可以和学习无关，也可以和学习有关，但要突出积极的个性和做事的能力，说得合情合理企业才会相信。企业很重视一个人的礼貌，求职者要尊重考官，在回答每个问题之后都说一句"谢谢"，企业喜欢有礼貌的求职者。

(2)你觉得你个性上最大的优点是什么？

回答要领：沉着冷静、条理清楚、立场坚定、顽强向上、乐于助人和关心他人、适应能力和幽默感、乐观和友爱。我经过一到两年的培训及项目实战，加上实习工作，使我适合这份工作。

(3)说说你最大的缺点？

回答要领：这个问题企业问得概率很大，面试官通常不希望听到直接回答的缺点是什么，如果求职者说自己小心眼、爱忌妒人、非常懒、脾气大、工作效率低，企业肯定不会录用你。绝对不要自作聪明地回答"我最大的缺点是过于追求完美"，有的人以为这样回答会显得自己比较出色，但事实上，他已经岌岌可危了。企业喜欢求职者从自己的优点说起，中间加一些小缺点，最后再把问题转回到优点上，突出优点的部分，企业喜欢聪明的求职者。

(4)你对薪资的要求？

回答要领：如果你对薪酬的要求太低，那显然贬低自己的能力；如果你对薪酬的要求太高，那又会显得你分量过重，公司受用不起。一些雇主通常都事先对求聘的职位定下开支预算，因而他们第一次提出的价钱往往是他们所能给予的最高价钱，他们问你只不过想证实一下这笔钱是否足以引起你对该工作的兴趣。

回答样本一：我对工资没有硬性要求，我相信贵公司在处理我的问题上会友善合理。我注重的是找对工作机会，所以只要条件公平，我则不会计较太多。

回答样本二：我受过系统的软件编程的训练，不需要进行大量的培训，而且我本人也对编程特别感兴趣。因此，我希望公司能根据我的情况和市场标准的水平，给我合理的薪水。

回答样本三：如果必须自己说出具体数目，请不要说一个宽泛的范围，那样只能得到最低限度的数字。最好给出一个具体的数字，这样表明自己已经对当今的人才市场作了调查，知道像自己这样学历的雇员有什么样的价值。

(5)你对加班的看法？

回答要领：实际上好多公司问这个问题，并不证明一定要加班，只是想测试应聘者是否愿意为公司奉献。

回答样本：如果工作需要我会义不容辞加班，我现在单身，没有任何家庭负担，可以全身心地投入工作。但同时我也会提高工作效率，减少不必要的加班。

(6)如果通过这次面试我们录用了你，但工作一段时间却发现你根本不适合这个职位，你怎么办？

回答要领：一段时间发现工作不适合我，有两种情况：①如果自己确实热爱这个职业，那就要不断学习，虚心向领导和同事学习业务知识和处事经验，了解这个职业的精神内涵和职业要求，力争减少差距；②自己觉得这个职业可有可无，那还是趁早换个职业，去发现适合自己的，且热爱的职业，那样对单位和个人都有好处。

(7)最能概括你自己的三个词是什么？

回答要领：我经常用的三个词是：适应能力强，有责任心和做事有始终，结合具体例子向主考官解释。

(8)你为什么愿意到我们公司来工作？

回答要领：对于这个问题，你要格外小心，如果你已经对该单位做了研究，你可以回答一些详细的原因，像"公司本身的高技术开发环境很吸引我。""我同公司出生在同样的时代，我希望能够进入一家与我共同成长的公司。""你们公司一直都稳定发展，在近几年来在市场上很有竞争力。""我认为贵公司能够给我提供一个与众不同的发展道路。"这都显示出你已经做了一些调查，也说明你对自己的未来有了较为具体的远景规划。

(9)如果录用了你，你将怎样开展工作？

回答要领：①如果应聘者对于应聘的职位缺乏足够的了解，最好不要直接说出自己开展工作的具体办法；②可以尝试采用迂回战术来回答，如"首先听取领导的指示和要求，然后就有关情况进行了解和熟悉，接下来制定一份近期的工作计划并报领导批准，最后根据计划开展工作。"

这个问题的主要目的也是了解应聘者的工作能力和计划性、条理性，而且重点想要知道细节。如果向思路中所讲的迂回战术，面试官会认为回避问题，如果引导了几次仍然是回避的话，此人绝对不会录用了。

(10)你还有什么问题要问吗？

回答要领：企业的这个问题看上去可有可无，其实很关键，企业不喜欢说"没问题"的人，因为其很注重员工的个性和创新能力。企业不喜欢求职者问个人福利之类的问题。应聘者可以这样回答：贵公司对新入公司的员工有没有什么培训项目，我可以参加吗？或者说贵公司的晋升机制是什么样的？企业将很欢迎，因为体现出你对学习的热情和对公司的忠诚以及你的上进心。

第三节　笔 试 技 巧

笔试，是指通过纸笔测验的形式，对应聘者的知识广度、深度和知识结构进行测评的一种方法。是用人单位在招聘中选拔优秀人才的重要环节。大学生在应聘中，笔试则有着更重要的地位和作用。了解笔试的相关知识和技巧，可以帮助学生从容应对笔试，取得好成绩。

一、笔试的种类

笔试的种类很多，由于行业多、范围大，很难将目前存在的所有行业的所有笔试一一进行归纳分类，只能将考试规模较大、组织较为规范、应用较为普遍的代表性行业的笔试归为七大类。

(一)专业考试

这种考试主要是为了考查学生专业知识水平和相关的实际能力。大多数用人单位一般只看学校提供的毕业生推荐表和成绩单就能够了解基本的知识、能力等情况，而不需要专门进行专业考试。但也有一些特殊用人单位，需要通过笔试的方式对学生进行专业知识的再考核。例如，外资企业要考核外语；科研院所有可能考查实际操作等动手能力；国家机关招聘公务员考查行政管理和法律知识等。

(二)心理测试

心理测试是用事先编制好的标准化量表或问卷要求应聘者完成，根据完成的数量和质量来判定其心理水平或个性差异。一些对应聘者的综合素质要求较高的用人单位常常以此来测试求职者的态度、兴趣、动机、智力、个性等心理素质。

(三)智商测试

智商测试主要测试应试者的记忆力、分析观察能力、综合归纳能力、思维反映能力。一些外资企业和跨国公司常采用智商测试。他们对于应聘者所学专业一般没有特殊要求，认为专业能力可以通过入职后的培训获得，但是否具有不断接受新知识的能力则至关重要。

(四)性格测试

性格测试的是考查应聘者的性格是否与应聘岗位的要求相符，是否人职匹配。一些企业在筛选学生时引入了性格测试测评工具，如 MBTI 麦氏模型人格类型测试，霍兰德职业倾向测试，兴趣与职业匹配测试，个体价值观和职业匹配测试，能力（包括认知能力、操作能力、社交能力）与职业匹配测试，气质与职业匹配测试，16PF 人格测试等。这些测试由专业的人才测评公司研发使用，有些只是性格或者气质类型与职业匹配的单方面测试，有些则是综合了气质、性格、能力、价值观等多方面的综合测试。由于测试种类繁多且对不同岗位有不同的结果和答案，因此求职者基本上无从准备。

（五）综合能力测试

综合能力测试与智商测试有相似之处，但要求更高，难度更大。主要考查学生的阅读理解能力、文字表达能力、逻辑思维能力以及发现、分析、解决问题的能力，是对应聘者的全方位测试。

（六）命题写作

这种考试的目的主要是考查应聘者分析、综合、比较、归纳、推理等思维能力。例如，阅读一篇文章写读后感；自编一份报告或会议通知；听取几个人的发言后写一份评价报告；就一个科研题目写出科研论文的详细大纲等等。在进行命题写作时要注意使用公文写作的行文格式和语言风格。

（七）国家公务员录用考试

根据国家《公务员暂行条例》第四章第十三条规定："国家行政机关录用担任主任科员以下非领导职务的国家公务员，采用公开考试、严格考核的办法，按照德才兼备的标准择优录用。"国家机关录用公务员，一律实行面向社会的公开竞争性考试。应届大学毕业生只需测试《行政职业能力测验》和《申论》。《行政职业能力测验》主要测查与公务员职业密切相关的、适合通过客观化纸笔测验方式进行考察的基本素质和能力要素，主要包括言语理解与表达、数量关系、判断推理、常识判断、资料分析等内容。《申论》主要通过应试者对给定材料的分析、概括、提炼、加工，测查应试者解决实际问题的能力，以及阅读理解能力、综合分析能力、提出和解决问题能力和文字表达能力。

二、笔试的方法和技巧

（一）笔试的方法

拿到试卷后，应将试卷通览一遍，了解题目的多少和难易程度，以便掌握答题的时间和深度。答题时一般按照先易后难的原则排出答题顺序，先解答相对容易的题，最后再攻难题。答题完后，尽可能留出时间对易出错的地方进行复查，特别注意不要漏题或者不作答。笔试试卷一般由用人单位手工评分，所以要求卷面字迹要力求认真清晰，书写潦草，字迹难以辨认会影响考试成绩。认真的态度，细致的作风，则会大大增加被录用的可能性。

笔试的方法很多，常见有以下三种：

1. 测试法

测试法是一些具体方法的总称。也是笔试时运用最多的方法。在一些国家，甚至是唯一的考试方法，如美国的托福考试、GRE 考试等。常见的测试方法有：填充法，选择法，问答法。以上方法是互相交叉的，比如选择法同时也是辨别是非的方法。所列举的多半是简答形式，它只要求用一个词、一个符号做答，至多不超过一句话。同时都力避需要死记硬背的内容。

2. 论文法

这种方法与测试法明显不同的是，它可以使受试者作出自己的想要说明的答案。如果说测试法是封闭性考试或识别性考试方法的话，那么论文法则是开放性考试或表达性考试方法。

论文测验的内容，主要是让学生对职业选择的具体问题作出评价，对某种现象作出分析或者感想。论文测验远比简单的测试题更能判断一个人的水平，其缺点是评分难以制定准确的答案，容易渗入评卷者的主观因素。论文测验多属于理解性的，在解答这类题型时应该读透题意，解释全面。

3. 作文法

作文笔试法是我国的传统考试方法，目前它演变成两种：

一种是对定条件，叫做限制性作文。给定条件的作文，就是让学生根据考试单位提供的给定条件，在一定范围内作文。

二是分项给分，综合评分。就是按作文的构成因素，区分项目，分别给分，然后给予综合性的评定。如先区分为内容和形式两方面，内容方面再区分为立意和取材两项；形式方面区分为段落结构、语句、文字、书写、符号等项。所以要求学生在进行作文考试的时候，一定要在主题表达清楚的同时，对字、词、句及标点符号认真对待，以取得用人单位的好印象。

(二)笔试的技巧

笔试从某种角度来说，能更深入地检验毕业生的综合素质，毕业生平时的知识积累程度，对知识是否真正理解和掌握等等，通过笔试能得到较好的体现。用人单位的出题方式远比学校灵活多样，更侧重于能力，而不是单纯的知识。因此，在笔试之前，毕业生应对它进行深入的了解，做到知己知彼，不打无准备之仗。

1. 笔试前的准备工作

(1)保持良好的身心状态。

求职过程中的笔试毕竟不同于学校平时的考试，临考前要注意以下几点：首先，要适当减轻思想负担，不可给自己施加过大的压力，否则适得其反；其次，笔试的前一天要注意休息，保证充足的睡眠，避免考试时精神不振，影响正常思维；最后，要适当参加一些文体活动，从而使高度紧张的大脑得到放松休息，以充沛的精力去参加考试。

(2)了解笔试类型，做到有的放矢。

不同的笔试类型，有不同的考试内容，毕业生在考前应作详细的了解，针对不同情况做出相应的准备。比如公务员考试就有明确的考试范围，并有指定的参考书，复习相对有针对性。而一些用人单位的笔试则相对灵活，范围也比较大，没有明确相关的参考书。毕业生可围绕用人单位划定的大致范围翻阅一些有关的图书资料。笔试成绩与毕业生平时的努力也有很大的关系，如果毕业生兴趣广泛，平时注意吸收各种信息，考试时就能驾轻就熟，得心应手。

(3) 知识准备。

① 学以致用，理论联系实际。现在的求职考试越来越强调用学过的知识来解决实际问题，具有很强的实用性。换句话说，现在的应聘考试主要是考核学生对知识的运用能力。因此，在复习过程中必须始终突出一个"用"字，通过各种实践，把学得的知识运用到工作实际中去解决各种具体的问题。

② 提纲挈领，系统掌握。在知识与能力这两者中，知识无疑是基础，没有扎实的基础知识，也就无从谈什么能力的培养和提高。掌握知识的一个有效方法就是把零散的知识化为系统。但是应聘笔试往往范围大，内容广，存在着一定的随意性和盲目性，因此，凡是与求职有关的一些知识如文史知识、科技知识、经济知识、法律知识和一般的电脑知识，均要系统地复习一遍。

③ 多读多练，提高阅读能力。提高阅读能力，对扩展知识面和回答应聘考试的各类问题很有益处。要提高阅读能力，首先得坚持进行阅读实践。知识的获得，主要依靠传授；能力的提高，则必须通过实践。复习时经常做些阅读训练，有助于阅读能力的提高。在做阅读训练时，一定要做到"眼到"和"心到"，特别是"心到"。即对每个问题都仔细揣摩，认真思考，分析比较，综合归纳，努力提高自己的阅读能力。

④ 敏锐思考，提高快速答题能力。为了适应招聘考试中的题量，还应该尽快培养自己快速阅读、快速思维和快速答题的能力。因为现代阅读观念不只着眼于信息的获取，而且还特别重视速度。所以在准备笔试的时候一定要提高做题速度。

2. 答题技巧

笔试成绩的高低，不仅与考生的实际水平和考前复习有关，还与考生的答题技巧有关。要提高答题技巧，就要有良好的心理状态，考试的心理要做到适度紧张和适度放松相结合。没有一点紧张的情绪，抱无所谓或松弛的心情，就考不出最佳成绩。过于紧张，情绪慌乱，也考不出最佳成绩。因此，良好的心理状态是考试成功的前提，并且还要掌握以下答题技巧：

(1)读懂试卷。笔试题型多，内容多，又要限时答好，必须合理安排答题时间。拿到试卷，尽快了解试题内容，题目要求，根据先易后难，先简后繁的原则确定答题步骤。

(2)搞清题意。在具体答题时，必须认真审题，切实弄清题目的类型、要考查的知识点和考查目的等。因为求职笔试试题不同于平时学习过程的考试，它考查的面较广，而且随意性、灵活性大，试题不乏古怪、另类的问题，这时应聘者应该冷静思考，逐字逐句分析题意，按要求回答。

(3)积极思考，自我暗示。有些试题的设计，从理论和实践多方面考查学生的基础知识和技能，并以综合运用为主检验应聘者的实际水平和学习能力。因此，考试时一定要积极思考，努力回忆学过的知识，进行题目和知识的有效联系，找出正确答案。在考试过程中要对自己进行心理调节和自我暗示，不妨告诉自己"我遇到的麻烦，大家也同样遇到了"，"我学习成绩、个人能力都比较好，对于这类问题一样能处理好"，等等。

(4)卷面整洁，认真检查。答完试题后，要认真做一次全面复查。特别注意不要漏题、跑题，要纠正错别字、语法不妥之处，对于某个问题不能确定对与错，最好的方法就是保留原有答案，往往第一感觉更可靠。

第九章

就业程序及就业权益

第一节　就　业　选　择

大学生毕业时，将面临就业择业的选择。对于即将走向社会的大学生来说，应该认识到，在踏入社会之前加强对就业协议、劳动合同、就业程序、就业权益保障等内容的学习是十分必要的，是实现顺利就业的一个重要保证。

在就业选择时，应处理好以下几方面的关系。

一、处理好个人成才与职业生涯规划的关系

首先，职业生涯规划有利于个人确定自身职业目标和努力方向。"瞎马，夜半临深池。"没有目标的人生注定不会成为成功的人生。进行职业生涯规划可以认真检视自身兴趣、爱好，自己的职业倾向，树立客观、科学的人生目标，一个人一旦有了目标也就有了前进的方向，就会为目标的实现投入精力和时间，不断努力去获取成功。其次，职业生涯规划有利于调动个人的积极性和主动性。进行职业生涯规划之后，就会明白自己想要什么，自己应该怎么做，从而积极主动汲取知识、锻炼能力。只要能够严格按照自己的职业生涯规划生活、学习，毕业之时就不会迷茫、困惑，无从选择，同时也会以更充分的就业准备迎接就业竞争。最后，职业生涯规划有助于激发个人潜能。"尺有所短，寸有所长"，每个人都有不同于其他人的优势所在。进行职业生涯规划之后，努力过程中我们会不断发现自身的优点，从而激发潜能，锻炼和强化这种优势，使之成为自己提升就业能力、增强就业竞争力的法宝。总之，合理的职业生涯规划能促进个人成才，个人能力的成长也能推进职业生涯规划的实现。

案例一

李华，华中某名牌师范大学中文系本科毕业，性格文静，有较强的中文写作能力，但不善于表达，不善于人际交往，在一所中学担任语文教师。在近两年的教学过程中，她发现自己并不适合做老师，虽具备相应的学历，但不具备老师应有的管理学生的能力。课堂上不能调动学生的积极性，所带班级成绩不理想，学校对她的工作表现不是很满意，她自己也觉得很苦恼。她在思索很久后，最终决定辞去教师的工作，找了一份更适合于自己的文案类相关工作。在工作中她充分展现了自己擅长的写作，也因此得到了公司的器重，职位连续获得提升。

案例分析：李华在最初就业中，就是缺乏对自己未来的职业发展进行合理的生涯规划，就像好多人所想的一样，都以为师范类毕业生做教师似乎是理所当然、顺理成章的事。然而现实中有太多例子表明，一个师范类毕业生并不一定就是一个称职的教师。因此，在从事教师工作中，她总感觉力不从心，每日因此苦恼。个人缺乏对自己职业生涯的合理规划，一定程度上会抑制个人的能力的提升，甚至影响到身心健康。庆幸的是，李华在认识到自己不适合教师工作后，能够认真分析自身，并能给自己制定一个适合的职业发展方向。李华文笔好、文字能力强，在从事文案工作后，工作得心顺手，连连得到提拔。职业生涯规划的确立，能够促使个人确立正确的职业发展目标，促进个人成才。

案例二

马睿，西安建筑科技大学华清学院电子信息科学与技术专业 2008 级学生。由于计算机是他一直以来的兴趣所在，又在中学时代就明确了自己将来的职业发展方向，因此高考时就报考了 IT 技术相关专业。在进入大学后，未来职业发展的目标不断激励着马睿前进，他对自己的要求并非局限于课本知识，而是利用业余时间不断学习 IT 领域的前沿知识。2011年，尚为大三学生的他就因为杰出的专业技能被微软公司评为"全球最有价值的工程师"，并被邀请参加美国微软公司总部举行的"微软全球 MVP 最有价值专家峰会"。现在，他是拥有较高点击率的计算机知识博主，也是最为年轻的微软公司"全球最有价值的工程师"。

案例分析：马睿的经历告诉我们，及早规划职业生涯有利于未来发展目标的确立，在平时的学习生活中，明确的目标又进一步转化为主动汲取知识和积极实践的动力，激励个人不断前进，激发个人无限潜能，从而促进个人成才。

二、处理好个人就业能力与就业期望之间的关系

什么是就业能力呢？我们认为，大学生就业能力包括通用能力、个人素质、专业技能及求职技能。其中，通用能力包括适应环境的能力、组织管理能力、人际沟通能力、团队协作能力、外语和计算机运用能力等；个人素质包括时间管理、诚实、自信、责任心、良好的职业道德、职业意识和职业精神等，个人素质是大学生成功就业应该具备的基本素质，也是用人单位挑选大学生的首要标准；专业技能是大学生经过严格的专业训练后，具备的将本学科、本专业的基本理论和方法运用到实践中去分析解决问题的能力；求职技能包括就业信息收集与处理、自我定位、机会分析与把握、自我决策与营销等方面的能力。

就业期望值是指理想的职位对自己物质、精神需求的满足程度，如工资收入、福利待遇、工作环境和条件，是否能受到同事的尊重和领导的器重，自己的能力和特长能否得以施展等等。

把握就业能力与就业期望的关系，简单说来，就是正确理解"能干"与"想干"的关系。通过对自身就业能力、性格特征等进行认真分析，总结自己"能干什么""适合干什么"，然后结合个人所期望的，也就是"想干的"，思索一下"能干"与"想干"是否平衡？最后理性地寻求更加合适的工作。

目前高校毕业生在进行职业选择时普遍存在就业期望值过高，或就业后能力、性格等方面无法适应岗位要求的现象。由于大学毕业生数量的快速增长，大学生的优势已经逐渐消失，然而尽管就业形势严峻，竞争非常激烈，但是大多数毕业生的就业期望值仍居高不下，对理想职业的选择要求局限在工作环境好、大城市、有发展前途、工资高、待遇好、工作稳定等外在条件，盲目攀比。在这种心理的作用下，大学生职业选择的面很窄，在职业决策过程中不能做出科学判断，直接增加了大学生求职择业的难度，这将严重影响大学生的及时就业。因此，要合理分析自身的就业能力，通过分析自身的优势和劣势将"能干"与"想干"进行有机结合。

案例三

2008届毕业生小王来自云南罗平，直到当年3月份他还未落实工作单位。当时有人去参加国家医药管理局的供需见面会，顺便将他的应聘材料带去帮他落实单位。刚好罗平有一家制药厂要他，专业对口，又是家乡，然而他本人的择业意向却是：单位地点必须在昆明市，至于到昆明的什么单位、具体做什么工作都无关紧要，除此以外，什么单位都不考虑。在这种心态下，结果自然难以如愿。

案例分析： 小王的思想在当前毕业生的求职择业过程中具有一定的代表性。不少毕业生过于向往经济发达地区，尤其是沿海地区的中心城市，最低的期望也是回自己家乡所在地的中心城市。他们只注重经济文化发达、工作环境优越的一面，而忽视了人才济济、人才相对过剩的一面，择业期望值居高不下，甚至还有逐年上升的趋势，从而导致主观愿望与现实需求之间的巨大落差。像小王这样过分看重单位所在地的毕业生不在少数。曾经有人对一届大学毕业生进行过抽样问卷调查，在衡量单位是否符合自己的标准时，有92%的毕业生要选择环境好、工资高的单位，超过85%的毕业生要求单位地处大中城市，愿意到急需人才的边远地区和艰苦行业的毕业生仅占2%。

案例四

小李系行政管理专业毕业，从小家境优越，衣食无忧。上大学期间倍感家境优越因而忽视专业课学习，且时常对同学说起毕业后父母能给安排一个很好的工作，所以无需浪费时间在枯燥的学习上。果真毕业后，父母为小李在省会城市安排了工作。在一家大的企业，担任行政工作。因小李是对口专业出身，单位也相当器重，不想在工作中小李屡次失误，耽误工作，险些影响一批大的订单。部门同事领导对小李意见越来越大。小李也深感自己在工作中的不如意，压力越来越大，终日郁郁寡欢，最后离职回家。

案例分析： 小李的问题出在依赖家人的社会关系落实工作，却忽略了自身职业能力的培养。其实，成功就业并非体现在一时的工作落实，还包括进入工作岗位后开展工作的一个较长阶段，这一时期表现出的就业能力将会对就业结果产生持续影响。因此，就业期望应该与就业能力相吻合，否则一时就业再好，能力不匹配，不能胜任工作，也是无法长久的。

三、处理好短期就业与个人就业目标之间的关系

个人就业目标，一般认为是职业规划的顶点或较高点，即梦想。极少有人能够通过初次就业实现个人最终就业目标，大多数人都是需要多次就业才能逐步完成个人就业目标。这是因为往往人们向往的就业单位，通常接受应届大学生的数量极为有限，反而是最不被大学生们看好的生产性企业却存在着巨大的职位空缺。

处理好短期就业与个人就业目标之间的关系应坚持以下两个原则：

(1)先就业，再择业。改变"一步到位"的思想，树立灵活就业的新观念，走一条面对现实，降低起点，先融入社会，再寻求发展的道路。只要条件基本认可的用人单位接纳，就先工作，实现就业，走进社会，这对自己既是一份锻炼，也是一种适应社会的准备。工作一段时间后，有了一段就业和择业经历，各方面的经验和能力得到提高，具备了自信心和实力，时机和条件到来时，认为不合适，再重新选择职业。

(2)以就业，求积累。在就业目标不能通过一次就业实现时，就需要大学生快速调整就业意向，也就是短期就业，在确立好个人就业目标的前提下，通过短期就业不断向个人就业目标接近。采取迂回前进的发展路线，在先就业中不断积累，最终实现个人就业目标。

案例五

某同学于北京知名高校毕业，他的理想是立足北京，拥有北京户口，所以他的就业目标是能找一个既解决北京户口又能符合自己专业的职业。毕业时却没有合适的岗位，而且北京大部分单位已经不再解决北京户口，他迟疑了很久，最后他想既然不能一次实现就业目标就先找一个能留在北京的单位先就业。正好，北京出台大学生下基层的就业政策，基层工作满3年解决北京户口，并在今后公务员考试中加分，他积极报名，成功考取北京某地基层工作人员。三年后，他落户北京，并在北京公务员考试中，顺利考取北京市某职位。经过3年的努力他成功实现了最初的就业目标。

案例分析： 该同学的最终就业目标就是在北京找一份工作并解决户口。三年后，他在北京成功落户并顺利考取北京市公务员，离不开他没有偏离个人职业目标的初次就业积累。他将留在北京作为发展的第一步，同时用3年时间解决北京户口，通过短期就业目标的实现进一步逼近个人就业目标，采取迂回前进的方式，最终实现个人就业目标。

案例六

2004级某校人力资源专业女生周某，2008年毕业，在校期间成绩优异，担任过班长、分团委副书记等主要学生干部，同时在校参加过三下乡、创业计划等活动均获得奖项，是省级优秀毕业生。但是找工作却并没有那么顺利，和很多毕业生一样，都面临着高不成低不就的局面。2008年7月，已经是毕业离校的时间了，这位曾经的优秀毕业生还是没有找到心仪的工作，压力、焦虑和心理落差等都一起涌来，面对这样的局面，她开始调整期望值和心态，决定主动出击，从零开始。于是她选择了一家小型的通信类公司做

业务代表，从打扫卫生开始做起，不断学习，不断积累，在工作的同时也留意新的就业信息。2009 年 8 月，广州某电子公司招人，在应聘的 200 多人中，由于她在校的优异表现和较高的综合素质加上工作后扎实的经验和工作态度，经过重重的面试考评，脱颖而出，成为成功应聘的五人之一，半年后便升为集团客户主管，现在担任项目经理。

案例分析：在实际就业过程中，大学生由于缺乏对社会的认识，不了解现实与理想的差距，因而不可避免地对自己迈向社会的第一个职业、薪水、回报等有较高的期望。可是"理想很丰满，现实很骨感"，初次就业岗位大多不像大学生所想象的那么美好。该学生根据自己实际情况，在走入社会初期先选择吻合自己长远就业目标的工作岗位，积累经验，在适应职场、总结经验、发展就业能力的同时，寻找更合适的工作，最终实现就业目标。

四、处理好就业个人价值取向与社会价值取向之间的关系

职业价值观是人们对社会职业需求所表现出来的评价，是人生观价值观在职业问题上的反映。大学生的就业个人价值取向是大学生对于就业目的、意义形成的比较稳定的根本看法和态度，它是大学生人生观、价值观在就业问题上的综合反映，对于大学生就业具有导向和动力作用。正确的就业个人价值取向能够指导毕业生对职业进行恰当的评价，准确的定位和合理地选择。反之，错误的价值取向将使毕业生对就业产生过高或过低的期望，影响准确定位和合理选择。

当今，有些大学生以自我为中心，个人主义倾向较为严重，在择业时忽视国家和社会的需要而把个人的需求放在首位。虽然从一定意义上讲，这是大学生择业更为自主、灵活的一种表现，但是如果求职择业时过分突出个人因素而忽视社会需求，就会导致大学生社会价值观念的淡化，使他们在择业中偏离正确的方向，难以履行对国家、对社会的责任和义务。因此，大学生在就业选择时要坚持自我价值和社会价值的统一，让个人的"小目标"服从于社会的"主导目标"，做到价值取向的共性与个性相结合，亦是社会价值取向与个人价值取向相结合。同时，要立足本专业，放眼社会，在各个不同的岗位发挥作用，把"爱一行干一行、干一行爱一行"作为自己职业生涯的基本态度，无论在城市、乡村、西部、边疆，还是在国有的、集体的、乡镇的、合资的、民营的企业，均大有可为。

当然，我们在坚持个人就业价值取向和社会价值取向相统一的同时，还要正确区分社会价值取向并不等同于大众取向。现在社会上涌现出的"公务员热""考研热""考证热"等，并不是社会就业价值导向，而是大众"人云亦云""一窝蜂"的跟风结果。这其中有相当一部分的参与者都不是源于自身职业目标及就业能力与相关岗位的匹配、关联而进行选择，就是由于求同心理、功利心理、竞争心理以及缺乏对自身的正确认识而产生的盲目从众现象。

总而言之，大学生应树立将个人就业价值取向同社会价值取向相统一的，利己利他的，杜绝盲目从众的价值观。

案例七

近几年，"公务员热"持续升温，报考公务员的大学生数量年年增加，甚至出现近四千人竞选一个公务员职位的现象。然而，在上个世纪八九十年代，许多公务员曾义无反顾地离开公务员队伍，下海创业经商。当时公务员较低的收入与下海经商的遍地黄金相比，使很多大学生在毕业时或工作后选择了后者。

时过境迁，在当今市场激烈竞争的环境下，大学生到企业找工作，其经济效益不确定，员工待遇难以保证，员工随时有因企业倒闭而丢失饭碗的可能。大学生创业更是风险重重。与之相比，近年来，公务员不断加薪，职位稳定，还享受许多保障待遇。在当前就业形势异常严峻的情况下，公务员岗位越来越诱人，以至于大学生纷纷抛弃理想、梦想和幻想，投奔公务员热考大军。其中，不乏一些理工类"高、精、尖"专业的大学生放弃自己的专业，也投到公务员这条路上来，使本来就人满为患的公务员队伍呈现出趋之若鹜的局面。

案例分析： 在我国官本位文化下，大多数人认为做公务员是"正道"选择，同时还意味着较高的社会地位、稳定的收入、诱人的社会保障、相对安逸的生活、较大的自由度、较好的发展空间，甚至还有可观的灰色收入等。但是人云亦云并不等于自我的人生价值。如今的大学生，应正确认识自己，切勿盲目追从社会就业热潮，应合理对待公务员报考热潮，不做"四千分之一的分母"。

案例八

陈声贵，1976年生于福建，1999年毕业于兰州大学生物化学专业，2002年在中国科学院动物研究所获生态学硕士学位，2002年以几近满分的GRE成绩，赴美国伯明翰大学读博，拿到全额奖学金。2003年回国创业，在陕西宝鸡养猪，风餐露宿、跋山涉水，艰难创业。

有人问陈声贵，为什么选择养猪？他回答说：适合做科研不等于好，做科研如果不是痴迷，顶多只是独善其身，真能影响人类进程的突破凤毛麟角。做实业不同，无论大小，只要成功了，至少能为身边一群人带来梦想与快乐，这种价值感、成就感，在我看来远比发表一篇学术论文大得多。

再问值不值？他又回答：养猪怎么了？双汇的老板靠杀猪卖肉打下百亿江山，你说值不值？养羊澳大利亚把它发挥到极致，成为国家的支柱产业。创业没有高低贵贱之分，任何行业做到极致都是文化。

终问悔不悔？他坚定地回答：任何事，既然选择了，就要坚持下去，我相信，总会有柳暗花明的一天。

案例分析： 留美博士上山养猪的例子，当时对社会大众，尤其是对太习惯了"大一统"价值取向的中国人造成了很大的震撼。"学而优则仕"时举国科举，"工人老大哥"时是趋"工"若鹜，文凭吃香了千军万马挤独木桥，搞市场经济了又恨不得全民下海，这些都真实存在过。因此，结合这个例子看，我们大学生应该结合自身特点树立正确的个人价值观，切勿盲目从众，走自己路子的同时做到个人就业价值取向与社会价值取向相统一，方能开辟求职路上的"康庄大道"。

第二节　签　　约

签约与报到是毕业生择业的最后一个环节。当毕业生与用人单位在洽谈、协商基础上决定互相接纳，达成工作意愿后，就以就业协议的形式将这种关系确定下来，即是签约。

一、签约的程序

(一)就业协议书

1. 就业协议内容

我国目前高校毕业生通用的就业协议是由国家教育部制订，省、自治区、直辖市就业主管部门印制的《高等学校毕业生就业协议书》。具体包括以下内容：

(1)毕业生基本情况及意见。含：姓名、性别、年龄、民族、政治面貌、培养方式、健康情况、专业、学制、学历、家庭住址、应聘意见等。

(2)用人单位情况及意见。含：单位名称、单位隶属、联系人、联系电话、邮政编码、通信地址、所有制性质、单位性质、户口(档案)迁转地址、用人单位意见、用人单位上级主管部门意见等。

(3)学校意见。含：学校联系人、联系电话、邮政编码、学校通信地址、院系意见、学校毕业生就业部门意见等。

(4)附加内容。随着毕业生就业制度改革的深化，毕业生就业协议的内容也在进一步规范化、法律化。目前，一些用人单位或学校在就业协议书上已经附加上了劳动合同的内容，以保证毕业生的权益，进一步明确用人单位与毕业生之间的权利和义务。包括：服务期、工作岗位和工作内容、劳动保护和工作条件、工资报酬和福利待遇、劳动纪律、协议终止的条件、违反协议的责任等。

2. 就业协议书其他注意事项

现行高校毕业生就业协议书一式三份，协议签订以后，其中一份由毕业生本人收存；一份交学校主管部门，列入学校拟就业方案，报学校上级主管部门，作为审核批准并予以派遣的凭据；一份交用人单位，作为接收毕业生就业的凭证，并以此作好相应的人事及其他安排。

(二)签约的内涵

约，即约束、限制，共同议定的要遵守的条款。在现实生活中，与协议通用。协议即在组织之间或者个人之间，经过洽谈、协商，明确各自权利、义务而达成一致意见的书面文书。当毕业生与用人单位经过双向选择达成一致后，就需要以协议的形式将这种关系确定下来。毕业生与用人单位签订协议，并经学校主管部门鉴证或签证，即为签约。

（三）签约的程序

就业协议的签订是在毕业生和用人单位供需见面、双向选择之后达成一致意见的结果。签约要履行哪些程序？

（1）学生领取就业协议书、认真如实填写基本情况，明确表达自己同意到选定单位应聘工作的意愿，同时签署本人姓名；

（2）院系签章（推荐作用）；

（3）单位签章（单位主管部门签章，如果该单位没有人事决定权，则还需要报送其上级主管部门签字盖章，予以批准认可）；

（4）毕业生所在学校就业主管部门签署意见并签字盖章；

（5）报学校上级主管部门审批。

完成以上程序后，就业协议就正式生效，并列入国家就业方案。以上程序最好不要打乱，按顺序进行更有利于维护大家的合法利益。有些毕业生为图方便，要求学校先盖章，再交用人单位，这样容易写上有损毕业生权益的条款，产生不利后果。最后由学校把关，意义还在于确认签约手续是否完备，否则由于手续不齐等原因，导致报方案时不通过，或派遣到用人单位无法报到，给毕业生带来诸多不便。

还需说明的是，随着毕业生就业制度改革的不断深入，国家和高校的审批权力将日益弱化。目前，在一些地区和高校已经在此方面迈出重要一步，学校在就业协议上的签字已经不具有审批意义，而是起鉴证的作用。可以预想，在不久的将来，在签订毕业生就业协议时，毕业生和用人单位将拥有完全的自主选择权，学校和政府主管部门不再需要直接审批就业协议，而只需要掌握毕业生就业情况即可。

二、签约的注意事项

从毕业生就业工作的实践来看，毕业生在与用人单位签约时，要注意以下事项：

1. 认真审查协议书

首先审查协议书内容是否合法；其次审查和仔细推敲双方权利和义务是否合理；第三要审查除就业协议书外是否有附件（即补充协议），并审查清楚其内容，补充协议（附加说明）经双方签字盖章以后视为协议书的一部分。

2. 签约前应充分了解用人单位的基本情况

如单位性质、能否解决编制及户口、服务年限、工资及福利、违约责任等。同时也要如实介绍本人的基本情况，表明自己的就业意见。

3. 审查单位主体资格是否合格

用人单位，不管是机关、事业单位、还是企业（不包括私营企业），必须要有进人的权力，如果没有，则必须经其具有进人权力的上级主管部门批准同意。

4. 明确毕业生考取研究生或公务员的处理办法

如果同时面临多种选择机会，应当注意向用人单位说明，取得用人单位理解，不能以欺骗手段先签约，后违约，给个人和学校造成不良后果。

必须注意，毕业生一定不要隐瞒报考事实。否则，录取结果揭晓以后就可能面临比较尴尬的局面。如果用人单位对毕业生隐瞒报考事实的做法非常不满，即使最后同意与毕业生解除就业协议，但一般也要求毕业生为此支付较大的经济赔偿，而且肯定会对毕业生及学校产生不良的看法和影响；也有另外一种可能，就是尽管学校可以从中协调，但是无论毕业生采取怎样的弥补办法，用人单位也始终不同意，对此学校也将无能为力，毕业生也就无法顺利实现读研愿望。

案例一

某毕业生在与用人单位洽谈之前，已经报考了研究生，毕业生也如实向单位作了说明，但是并未在协议书上以文字形式明确。后来考研结果揭晓，该毕业生被录取为研究生，而用人单位不同意解约，理由是单位急需该毕业生，而且并未书面同意该毕业生上研究生，最终该毕业生不得不放弃研究生的学习机会，去单位报到就业。

5. 认真协商、慎重填写"乙方意见"

毕业生应就工作条件、工作待遇、工作时间、聘任方式等应聘要素与用人单位事先协商（最好同时征求家长意见），形成协议草稿（协议结果应书面化，不应只作口头协定），填入"乙方意见"栏，内容很多的话可在"备注"栏中填写。

6. 明确违反协议的责任

当事人一方如果违反协议，另一方有权要求继续履行协议、支付违约金或赔偿损失。如果支付违约金，协议书中应就违约金的具体数额作出约定，对赔偿金额予以明确，以便任何一方发生违约时，就可以有据可依，避免无谓的损失。

7. 注意与劳动合同衔接

由于毕业生就业协议签订在前，为避免在今后鉴定劳动合同时产生纠纷，应尽可能将待签订劳动合同的主要内容体现在协议条款中，并明确表示在今后订立劳动合同时予以确认。

三、各方的权利与义务

在高校毕业生就业活动中，主要涉及毕业生、用人单位和学校三方，各方的权利和义务主要有以下三个方面。

(一)毕业生的权利和义务

毕业生作为签订就业协议的主体之一，清楚了解自己的权利和义务是签订协议非常重要的一个环节。

1. 大学毕业生享有平等就业和自主选择职业的权利

对大学毕业生而言，在求职择业过程中具有自主性，其选择某一职业或不选择某一职业，都是毕业生自己享有的权利，任何单位或个人无权干涉，即使毕业生的家长和亲属也不能对毕业生选择职业进行干涉和强迫。当然，毕业生在做出职业选择前，应与家长和亲属进行沟通，在听取他们意见的基础上，做出符合自己意愿和实际情况的选择。

2. 毕业生有全面了解用人单位情况的权利

选择职业、确定用人单位，关系到毕业生未来的工作、生活状况和事业前途。毕业生在与用人单位签约前，完全有必要也有权利对用人单位的情况进行全面细致的了解。包括用人单位的使用意图、工作环境、生活待遇、服务时间等。用人单位有义务向毕业生和学校如实介绍本单位的情况，并尽可能提供能够证明这些情况的有关资料。

3. 毕业生有如实向用人单位介绍自己情况的义务

包括培养方式、学习成绩、健康情况、在校表现、社会实践经历以及各方面能力，并如实提供可以证明自己情况的相关资料，这是用人单位准确了解毕业生的重要基础。

4. 毕业生有接受用人单位组织的测试或考核的义务

用人单位为了招聘到符合要求的毕业生，一般都要通过一些测试或考核手段来掌握毕业生的情况，以进行比较，从而做出是否录用的决定。毕业生应予以积极配合，接受测试和考核，充分展现自己的能力，获得期望的工作。

（二）用人单位的权利和义务

用人单位是与毕业生签订就业协议的另一主体，其主要权利和义务包括：

1. 用人单位享有全面了解毕业生情况的权利

用人单位根据本单位对所需人员综合素质、知识水平和专业能力等方面的要求，通过学校有关部门或毕业生所在院（系）以及毕业生本人，了解毕业生各方面情况，并对毕业生进行测试、考核，最终决定是否录用。

2. 用人单位在招聘活动中，有如实向毕业生和学校介绍本单位情况的义务

包括对毕业生的使用意图、工作环境、生活待遇、服务时间以及本单位的具体情况等。

（三）学校的权利和义务

学校作为毕业生培养单位，在毕业生就业中具有重要作用。其权利和义务对毕业生和用人单位都有直接意义。

1. 学校有义务对毕业生进行就业指导，向用人单位推荐毕业生。

2. 学校有义务向毕业生和用人单位介绍学校情况和提供有关介绍资料。

3. 学校对毕业生、用人单位双方当事人的资格和学生相关材料的真实性、合法性进行鉴证，根据国家的有关政策和规定，对就业协议签署是否同意的意见。

4. 根据毕业生和用人单位的需求，学校向他们提供有关政策和就业信息指导、咨询等方面的服务。

四、就业协议与劳动合同的异同

（一）就业协议与劳动合同的相同点

两者都是劳动关系确立的标志，都具有法律效力，主要意思表达一致，双方自愿、平等达成协议，无强制、胁迫。

(二)就业协议与劳动合同的不同点

1. 二者主体不同

就业协议专指高等学校应届毕业生与用人单位签订的就业工作协议;而劳动合同是指劳动者与用人单位确立劳动关系、明确双方权利与义务的协议,这些劳动者既可以是高校毕业生,也可以是其他社会人员。

2. 二者内容不同

就业协议是高校毕业生与用人单位签订的初次工作协议,其主要意义在于将毕业生与用人单位双方互相选择的关系确定下来,一般并没有详细规定双方具体的权利与义务;而劳动合同则指用人单位在与劳动者确定工作关系之后签订的关于双方权利与义务的协议,其具体内容包括劳动合同期限、工作内容、劳动保护和劳动条件、劳动报酬、社会保险和福利、劳动纪律、劳动合同终止的条件、违反劳动合同的责任等。

3. 二者发生问题处理的部门不同

在毕业生就业协议发生问题需要处理时,一般首先由毕业生和用人单位进行协商,如果取得一致意见,则报送毕业生所属的学校主管部门,由学校主管部门认可后,报上级主管部门批准,予以调整;而如果是劳动合同发生问题,则毕业生和用人单位需要向劳动争议调解委员会或劳动仲裁机构报送,根据《中华人民共和国劳动法》处理劳动纠纷。

4. 二者签订的时间不同

毕业生与用人单位签订了就业协议不能等同于签订了劳动合同,毕业生与用人单位在签订就业协议之后,还必须签订劳动合同,以保护自己的合法权益。目前,在实际操作过程中,通常是毕业生到工作单位之后,双方才签订劳动合同,也就是说先协议,后合同。

五、违约、解约及其责任

(一)违约

1. 违约的内涵

毕业生或用人单位不履行或不全面履行就业协议。一般多是毕业生违约。具体表现为:①多头签约,再做取舍;②"得陇望蜀,见异思迁";③介绍不实,条件不符〈如未取得毕业资格、未取得学位证、外语水平未达到要求等〉;④其他意外情况。

2. 违约责任及其后果

毕业生违约,除本人应承担违约责任、支付违约金外,往往还会造成其他不良的后果,主要表现在:

(1)用人单位花人力、物力、财力,参加双选会,做了大量工作,录用人员的后期工作已考虑、安排,一旦违约,一切工作付诸东流,全得另起炉灶,造成工作被动。

(2)用人单位往往将毕业生违约当成是学校管理不严,影响学校和用人单位合作关系,由于对学校怀疑,以后可能不会再到学校选择毕业生。现在买方市场竞争激烈,没有需求，也就没有毕业生的就业。随着高校扩招，毕业生将成倍增加，学校作为签字方之一不会为极个别人的利益影响到明年乃至今后就业工作的整体利益和声誉。

(3)对其他毕业生有影响。一个单位，你不去，别人可以去，用人单位不录用你，完全可以录用别人，录用你就不能录用其他毕业生，日后违约，当初想去的毕业生却不能及时补缺，造成信息浪费。高校大学生应成讲诚信、讲法制的践行者，因此毕业生在签约过程中要慎重选择，诚信就业，认真履约。

(二)解约

1. 解约的内涵

因不可抗拒因素，或双方事前约定解约事项发生，毕业生和用人单位要终止协议，双方均不承担法律责任(前者如当事人发生意外伤亡，后者如毕业生考研成功、学生毕业时未达到约定条件等)。

2. 解约的程序

虽然解约不需要承担责任，但是必须了解解约程序如何履行。

(1)已经签约的毕业生解约程序。

① 毕业生在与原用人单位协商的基础上，取得用人单位同意，由用人单位向学校出具同意解除协议的公函；

② 毕业生向学校就业部门递交解除协议的申请，批准后学校向毕业生发放新协议书；

③ 由同意接收毕业生的新单位再与毕业生签订就业协议；

④ 学校就业部门接到以上材料，在规定的时间内报请上级主管部门批准，并办理毕业生报到有关手续。

(2)升学的解约程序。

① 洽谈时如实告知单位自己准备或已经参加升学考试；

② 经用人单位同意,在协议书备注栏内注明"如毕业生考取研究生,协议自行解除",双方签字盖章；

③ 如考取,应将录取通知书复印件交用人单位,单位签署意见后,送学校就业部门备案。

第三节　报　　到

一、报到证

(一)报到证的概念

《报到证》由原来《派遣证》转化而来,《报到证》是毕业生就业的证明,是应届普通高等学校(普通全日制,也就是统招生)毕业生到就业单位报到的凭证,也是毕业生参加工作时间的初始记载和凭证。自考生、成教生、留学归国学生，没有报到证。报到证是中国特色的产物，只有中国统招高校才有。

（二）报到证的作用

（1）《报到证》是毕业生到单位报到的证明。毕业生到工作单位就业时，须持《报到证》，用人单位凭《报到证》为毕业生办理手续。

（2）就业单位所在公安部门凭《报到证》为毕业生办理落户手续。

（3）学校相关部门依据《报到证》为毕业生办理档案投递、组织关系转移和户籍迁移等手续。

（4）《报到证》正页由毕业生自行保管，到用人单位报到时交给用人单位，是毕业生参加工作时间的初始记载和凭证，上面的日期是工龄的开始年限，与退休年龄和养老保险交纳年数都有关；《报到证》副页作为存根在大学生毕业后放入个人档案。

（三）报到证的办理

1．初办

已签约毕业生凭与用人单位签订的《就业协议书》办理。如用人单位无人事权，不能接收档案，还须到其上级主管部门签章（签在"用人单位上级主管部门意见"一栏）；用人单位无上级主管部门的，则到当地的人才交流中心办理人事代理手续（在"用人单位上级主管部门意见"一栏处签章），完成上述手续后，毕业生将《就业协议书》交由学校就业指导中心（办公室）在集中派遣期统一办理。

未落实就业单位的毕业生则在毕业时统一被派遣回原籍，回生源地人社局或省学生信息咨询与就业指导中心报到。

2．改派

改派是指已办理了报到证的毕业生，在毕业后两年择业期内因找到工作或更换单位的，可办理改派手续，重新换发新的报到证。每位毕业生有且仅有一次改派机会。改派时间一般是从首次颁发报到证之日起算，两年时限内改派。不同省份和地区在改派时限上的具体政策有所不一，有的一年，大部分两年，个别甚至三年内均可改派，故一定要了解清楚毕业院校所在地区的具体政策后，在改派期限内办理。

改派建立在原单位同意的基础上，并需原单位上级人事主管部门、新接收单位、新接收单位上级人事主管部门签署意见，跨省的和从市县调整到省级、中直单位，或从省级、中直单位调整到市县的改派还需省教育部门签署意见。

按教育部门的要求，对已经落实就业单位并领取报到证的毕业生，原则上两个月内不予受理改派手续。因此，要办理改派手续，必须要原单位同意解除协议，原单位上级人事主管部门同意，新单位同意接收，新单位上级人事主管部门同意。如果新的单位没有上级人事主管部门，单位可以到省人才交流中心办理人事代理开户手续，由省人才交流中心作为单位的上级人事主管部门并提供改派表，再按照教育部门的改派程序和时间期限办理相关改派手续。对于符合进 A 市落户条件的，经改派之后，可以由省人才交流中心协助办理进行落户手续。按现行政策，全日制普通高校本科及以上学历的应届毕业生，如果户口本来就是迁往 A 市的，可以不用办理改派手续，只需持与原单位解除关系的证明，到省人才交流中心报到，把人事关系以个人或单位的方式委托人才中心管理。

(1)毕业时已落实就业单位，后因更换就业单位办理改派的程序及材料：

① 原单位同意解除协议并开具证明(退函)；

② 新单位同意接收，并开具接收证明；

③ 原签约单位协议书原件；

④ 原报到证；

⑤ 携带上述材料到毕业院校填写《改派申请表》，申请改派。

(2)毕业时未落实就业单位派遣回原籍，后因找到就业单位办理改派的程序及材料：

① 签约单位的接收证明或签订的就业协议；

② 原报到证；

③ 携带上述材料到毕业院校填写《改派申请表》，申请改派。

3. 补办

《报到证》颁发三年之内可以补办，由省就业主管部门开具《报到证证明》(加盖教育厅公章)；自毕业之日起超过 3 年的，不再补发《报到证》。如果毕业生将《报到证》不慎遗失，需补办《报到证》，须回到毕业学校所在省(市、自治区)毕业生就业主管部门申请补发。办理程序如下：

(1)在公开发行的报纸上刊登的遗失声明，见报 3 个工作日后受理；

(2)本人填写《报到证补办申请表》，由学校就业指导中心在《报到证补办申请表》上加盖公章并开具证明；

(3)凭借报纸原件、人事局个人档案证明、毕业证书原件及复印件、身份证及复印件、《报到证补办申请表》及学校开具的证明到毕业学校所在省(市、自治区)毕业生就业主管部门办理。

二、档案、户口、党团关系的迁转

(一)毕业生档案包含材料

高考录取材料、学籍卡、学习成绩登记表、奖惩材料、入党(团)志愿书、体质健康登记卡、毕业生体检结果、报到证(白色报到证副本)、高等学校毕业生登记表、学年鉴定表等。

值得注意的是，毕业生落实档案去向的同时，应向用人单位或人才交流中心负责档案的同志确认档案袋内材料是否齐全，如有错漏应及时与学校档案室联系。

(二)毕业生毕业后的档案去向

(1)在国企、事业、公务员单位落实就业的，档案直接寄送到单位的人事部门，在其他性质单位就业并在人才流动中心办理了人事代理的，档案寄到相关的人才交流中心；

（2）申请出国毕业生档案寄送到生源地人社局；

（3）考研、专升本毕业生档案寄送到录取学校；

（4）延长学制的毕业生档案保留在学校学生档案室，于学生完成学业时根据情况寄出。

学生档案在毕业生毕业离校后两周内统一由学校档案室通过邮政特快寄递，个人不许自提。毕业生如有需要，可在毕业后一年内，通过各级邮政业务主管部门或拨打电话11183查询档案是否投递妥当。

（三）户口迁移证的办理

（1）户口在学校的毕业生，落实工作单位的，应将户口由学校迁移到工作单位所在地。工作单位所在地公安机关凭省毕业生就业主管部门签发的《报到证》和用人单位主管部门的接收证明及学校所在地公安机关签发的《户口迁移证》办理入户手续。

（2）户口不在学校的毕业生，落实工作单位的，凭省毕业生就业主管部门签发的《报到证》和用人单位主管部门的接收证明，就可将户口由原籍直接迁至工作单位所在地。户口迁出地公安机关凭《报到证》和用人单位主管部门的接收证明，直接办理《户口迁移证》。

（3）户口在学校的毕业生，要求将户口迁回原籍的，公安机关凭毕业生本人的毕业证和《户口迁移证》办理恢复户口手续。

（4）户口在学校的毕业生，暂未落实工作，要求将户口迁回原籍，其父母户口已迁移到本省其他地区的，可直接将户口迁至其父母户口所在地；如果父母一方还在原籍居住的，毕业生的户口仍应迁回原籍。

（5）户口在学校的毕业生，未落实工作，户口又不想迁回原籍的，可以通过办理人事代理的方式把户口转至正规人才咨询服务单位。

无论属于以上哪种情况，都要注意户口迁移证上的地址要与报到证上的地址一致，毕业生凭两证到户口迁移地的所在派出所办理落户。

（四）户口办理注意事项

（1）毕业生档案和户口一般情况下不得分开，以下特殊原因除外：到非生源地工作的毕业生，由于个人原因，需要把户口迁回生源地的毕业生，经用人单位和生源地户口管理部门同意，其户口可以迁回生源地；在同一个城市挂靠到亲戚朋友家中的，必须到接收单位（或人才交流中心）和挂靠户口所在地的派出所两者同意后，方可迁到亲戚朋友家。

（2）两证（报到证、户口迁移证）应妥善保管，务必及时落户，如有遗失，将会给毕业生带来极大的损失和不必要的麻烦。

案例一

2006年，小刘考上了西安一所高校，并把户口从汉中迁转到了学校。2010年毕业后，他在武汉找到了工作，但没有及时办理转户手续。没想到，2014年他准备在老家结婚登记时，才知道自己的户口在学校和当地派出所都已查不到，成了黑户。

案例分析：学校就业指导中心的老师说每年都有这种情况，大致可以分为两种，一种是毕业后他直接到单位上班，户口他没再关注过，也不清楚在哪；另一种是毕业时，学生把落户材料拿手里后，没有及时办理，导致过期或者丢失。万一出现像小刘这样的情况也不必担心，首先要到学校所属的派出所咨询并说明情况，如果是派回原籍，应该回原籍的派出所办理，如果派到就业单位，应该持报到证和户口迁移证到单位(所属)派出所办理。

案例二

许某老家在陕西宝鸡，2002年西安某科技大学硕博连读，把户口转到了学校。2008年他到徐州工作了，因为没有接收单位，他没有办理转户。当时学校发给他一个报到证，说他这种情况，只能把户口迁转回原籍，让他持报到证到宝鸡人事部门报到。

"我也没在意，没去报到，后来还把报到证丢了。"许先生说，在徐州工作几年后，今年他有机会把户口落到当地了，这时他去办理转户口手续时，却发现自己的户口已经查不到了。

案例分析：许某这种情况属于典型的"口袋户口"，他可以到省教育厅高校毕业生就业指导中心查阅当年上学时的档案，复印后盖章，可等同于报到证。凭此证到宝鸡人事部门办理未报到证明，恢复户籍后再进行下一步的落户手续。尽管现在全国各地对城市落户政策都有所放宽，但户口在当前仍发挥着较大的作用，买房、结婚、给小孩上户口等都需要。所以，提醒广大毕业生：现在大学毕业生落户西安的程序很简单，只要是统招本科以上的学历，在西安有接收单位，就可以到人才中心办理档案存放及户口落户等手续，一定要在期限内办理，以免后续麻烦。

(五)党团组织关系转出手续

凡毕业生党员须到学校党委组织部办理组织关系转接手续。离校毕业生党员须在离校前转移党员组织关系，在所在院系登记组织关系转出单位，由学校组织部开具组织关系介绍信，暂缓就业的毕业生党员在离校前要填写相关联系资料，报所在院系和学校组织部备案。

三、报到期限及需要的材料

(一)报到期限

按照教育部的规定，高校毕业生的报到期限为两个月。

(二)报到需要的材料

(1)报到证。毕业生前往用人单位报到，本专科毕业生须持《全国普通高等学校本专科毕业生就业报到证》，毕业研究生须持《全国普通高等学校毕业研究生就业报到证》。用人单位凭报到证办理接受手续和接转档案、户口关系的迁移手续。

(2)毕业证和学位证。自主择业的毕业生由毕业生本人携带毕业证和学位证。委培、定向毕业生的毕业证和学位证由学校主管部门在毕业生档案中寄送委培、定向单位人事主管部门。

（3）户口关系。毕业生本人在学校主管部门办理户口关系迁移手续后，由本人携带，并到接收单位办理转入关系的手续。委培、定向生的户口关系由学校主管部门在毕业生档案中寄送委培、定向单位人事主管部门。

（4）档案关系。所有毕业生档案均不得由毕业生自己携带，而是由毕业生档案具体管理部门进行认真审核后，在毕业生离校后两周内，按照机要文件的要求，统一寄送到毕业生工作单位所归属的人事档案管理部门。

四、人事代理

（一）人事代理的内涵

人事代理是指各级行政部门所属的人才交流服务机构或者人事代理机构，受代理对象的委托，根据国家、省、市的人事政策法规、运用社会服务化服务方式和现代化科学手段，为那些无主管单位、不需要具备人事管理权限的单位、要求委托人人事代理的其他企事业单位及自费出国、以辞职等方式流动后尚未落实单位的专业技术人员和管理人员，提供档案保管或有关人事方面的服务工作，是一种新型的人事管理和人员使用相分离的人事管理制度。

（二）人事代理的服务内容

（1）人事档案保管；

（2）鉴证聘用合同和负责代理单位接收的应届毕业生见习期转正手续；

（3）按有关规定代办养老保险并计算工龄；

（4）接受人事关系、党团组织关系及户口关系的挂靠；

（5）按国家政策规定代办档案工资定级、调资手续；

（6）代办专业技术职务任职资格初定、申报手续；

（7）办理人才流动手续；

（8）办理挂靠人员考研、出国、出境的政审（签署意见）；

（9）协助推荐尚未就业单位的代理人员就业；

（10）商定其他人事代理事项。

（三）如何办理人事代理

按照《人才市场管理规定》有关规定，人事代理方式可由单位集体委托代理，也可由个人委托代理；可多项委托代理，也可单项委托代理；可单位全员委托代理，也可部分人员委托代理。

单位办理委托人事代理，须向代理机构提交有效证件以及委托书，确定委托代理项目。经代理机构审定后，由代理机构与委托单位签订人事代理合同书，明确双方的权利和义务，确立人事代理关系。

第四节　就业权益保护

从多年的实际情况看，即将步入社会的大学毕业生，往往会将注意力集中在简历制作、招聘信息收集、准备面试与笔试等方面，而忽视了对就业法律、法规及制度的学习和了解，再加上社会经验不足、自我保护意识差、就业竞争激烈、就业市场不够规范等多种原因，致使一部分毕业生在求职择业的道路上遭遇了各种各样的"陷阱"。因此，毕业生在就业过程中，一定要了解、熟知就业的相关政策法规，时刻保持清醒头脑，学会运用法律武器维护自己的合法权益。

一、法律保护

毕业生要熟悉和掌握国家就业相关法律、法规，强化自己的维权意识，一旦在求职应聘、签订就业协议和劳动合同的过程中发现有权益受到侵害时，能够积极运用法律武器，争取和维护自己的合法权益。主要的法律、法规有：《劳动法》、《劳动合同法》、《就业促进法》、《劳动争议调解仲裁法》、《普通高等学校毕业生就业工作暂行规定》等。

1. 《劳动法》

《劳动法》于 1994 年 7 月 5 日经第八届全国人民代表大会常务委员会第八次会议通过，自 1995 年 1 月 1 日起施行。它根据宪法制定，目的是"为了保护劳动者的合法权益，调整劳动关系，建立和维护适应社会主义市场经济的劳动制度，促进经济发展和社会进步"。适用的范围是：在中华人民共和国境内的企业、个体经济组织和与之形成劳动关系的劳动者，国家机关、事业组织、社会团体和与之建立劳动合同关系的劳动者。内容包括：劳动者的基本权利和义务、促进就业、劳动合同和集体合同、工作时间和休息休假、工资、劳动安全卫生、女职工和未成年工特殊保护、职业培训、社会保险和福利、劳动争议、监督检查、法律责任。

毕业生应着重了解《劳动法》中关于劳动者应享有的各项权利：平等就业和选择职业的权利、取得劳动报酬的权利、休息休假的权利、获得劳动安全卫生保护的权利、接受职业技能培训的权利、享受社会保险和福利的权利、提请劳动争议处理的权利以及法律规定的其他权利。

2. 《劳动合同法》

《劳动合同法》于 2007 年 6 月 29 日经第十届全国人民代表大会常务委员会第二十八次会议通过，自 2008 年 1 月 1 日起施行。《劳动合同法》从劳动合同的订立、履行、变更、解除到终止，明确了劳动合同双方当事人的权利和义务，重在对劳动者合法权益的保护。

《劳动法》与《劳动合同法》都是为了保护合法的劳动关系和双方的合法利益而制订的法律，《劳动合同法》是《劳动法》的特别法，在关于劳动合同的问题上，优先适用《劳动合同法》。劳动合同法并没有废止劳动法，只是自然废止劳动法中关于劳动合同的部分。

《劳动合同法》突出了以下内容：一是立法宗旨非常明确，就是为了保护劳动者的合法权益，强化劳动关系，构建和发展和谐稳定的劳动关系；二是解决目前比较突出的用人单位与劳动者不订立劳动合同的问题；三是解决合同短期化问题。

案例一

2008 年 1 月 10 日，小王入职时，公司告知他有三个月的试用期，但是没有与小王签订书面的劳动合同。2008 年 3 月 15 日，公司通知小王，由于他在试用期表现不佳，所以公司决定辞退他。小王觉得很委屈，因为在试用期内他确实努力工作而且自认为表现很好。在这种情况下，小王应该怎么办？

案例分析：公司应当在 1 月份之内与小王签订书面的劳动合同。根据《劳动合同法》第十条规定：建立劳动关系，应当订立书面劳动合同。已建立劳动关系，未同时订立书面劳动合同的，应当自用工之日起一个月内订立书面劳动合同。由于公司截止到 3 月 15 日，仍然未与小王签订书面的劳动合同，因而违反了上述法律规定，根据《劳动合同法》第八十二条规定：用人单位自用工之日起超过一个月不满一年未与劳动者订立书面劳动合同的，应当向劳动者每月支付二倍的工资。所以公司应当向小王支付 2 个月的双倍工资。

由于公司与小王之间没有订立书面劳动合同，根据《劳动合同法》第十九条第四款规定：试用期包含在劳动合同期限内。劳动合同仅约定试用期的，试用期不成立，该期限为劳动合同期限。所以公司与小王口头约定的试用期是无效的。在此情况下，公司无权以小王在试用期表现不佳为由进行辞退。所以，公司辞退小王是一种违法的行为，按照《劳动合同法》第四十八条的规定，用人单位违反本法规定解除或者终止劳动合同，劳动者要求继续履行劳动合同的，用人单位应当继续履行；劳动者不要求继续履行劳动合同或者劳动合同已经不能继续履行的，用人单位应当依照本法第八十七条规定，即依照本法第四十七条规定的经济补偿标准的二倍向劳动者支付赔偿金。所以，小王可以要求继续履行劳动合同，如果小王不要求继续履行劳动合同的，用人单位应当按照经济补偿标准的二倍向小王支付赔偿金。

案例二

2008 年 4 月，李某被聘为某商场的营业员，并与该商场签订了为期两年的劳动合同，合同规定：李某需先交 200 元风险抵押金，如果李某违约，则 200 元押金不再退还，李某试用期为六个月，试用期每月工资为 500 元，试用期满后每月工资 800 元。合同还规定，如果李某严重违反商场的劳动纪律或者患病住院、怀孕等，商场有权立即解除劳动合同，并且不需要给李某任何经济补偿。请分析下该劳动合同存在哪些违反劳动法的地方？

案例分析：根据《劳动合同法》第二十五条的规定，除劳动者违反服务期约定的，或者劳动者违反竞业限制约定的，在任何情况下用人单位不得和劳动者约定由劳动者承担违约金。同时，在《劳动合同法》第八十四条中规定，用人单位违反本法规定，以担保或者其他名义向劳动者收取财物的，由劳动行政部门责令限期退还劳动者本人，并以每人五百元以上二千元以下的标准处以罚款；给劳动者造成损害的，应当承担赔偿责任。在案例中，用人单位要求李某先交 200 元风险抵押金，如果李某违约，押金不再退还的做法，违反了法律规定，不仅要返回劳动者本人，劳动行政部门还将对其进行处罚。

按照《劳动合同法》的相关规定，劳动合同期限一年以上不满三年的，试用期不得超过二个月。劳动者在试用期的工资不得低于本单位相同岗位最低档工资或者劳动合同约定工资的百分之八十，并不得低于用人单位所在地的最低工资标准。本案中，该商场与吴某签订的劳动合同中，试用期的期限超过了法定期限，同时，试用期 500 元的月工资低于最低工资标准，因此属于违法。

对于劳动合同的解除，《劳动合同法》作了明确的规定，劳动者在本单位患职业病或者因工负伤并被确认丧失或者部分丧失劳动能力的；患病或者非因工负伤，在规定的医疗期内的；女职工在孕期、产期、哺乳期的，用人单位不得依照本法第四十条、第四十一条的规定解除劳动合同。在本案例中，"患病住院、怀孕等，商场有权立即解除劳动合同，并且不需要给李某任何经济补偿"的约定违法。

因此，对于用人单位免除自己的法定责任、排除劳动者权利的，违反法律、行政法规强制性规定，订立的劳动合同无效。

案例三

2010 年 3 月，深圳市某科技有限公司刊登广告，招聘一名部门经理，要求有计算机专业硕士以上学位。李某应聘，双方签订了 3 年劳动合同。8 月 5 日，李某因一次工作失误引起公司对其专业水平的怀疑，遂将其硕士学位证书送交有关部门鉴定，结果发现是伪造的。该公司遂解除了与李某的劳动合同。李某要求该公司支付其解除劳动合同经济赔偿金，并赔偿其未提前一个月书面通知的代通知金。公司拒绝，李某向深圳市劳动争议仲裁委员会申请仲裁。请问该案例应当如何裁决？

案例分析：根据《劳动合同法》第 26 条规定，以欺诈、胁迫的手段或者乘人之危，使对方在违背真实意思的情况下订立或者变更的劳动合同无效或者部分无效。李某利用假文凭骗取公司信任，双方签订的是无效劳动合同。据此，上述公司有权对此劳动合同实施撤销，伪造硕士文凭与单位签订的无效合同应是撤销而不是解除。李某不但没有权利要求得到经济赔偿金和代通知金。而且如果李某给公司造成直接经济损失，公司有权要求赔偿。

3. 《就业促进法》

《就业促进法》于 2007 年 8 月 30 日经第十届全国人民代表大会常务委员会第二十九次会议通过，自 2008 年 1 月 1 日起施行。制定的目的是为了促进就业，促进经济发展与扩大就业相协调，促进社会和谐稳定。人们普遍关心的禁止就业歧视、扶助困难群体、规范就业服务和管理等就业问题在这部法律中都有体现。

毕业生在就业中常常遭遇就业不平等、就业歧视等问题，《就业促进法》给毕业生提供了明确的法律依据，应引起毕业生的特别关注。《就业促进法》对公平就业、消除就业歧视、保障妇女、少数民族、残疾人、传染病患者等劳动权利都做了明确规定。用人单位违反《就业促进法》实施就业歧视的，毕业生可以向人民法院提起诉讼，以维护自己平等就业的权利。

二、自我保护

毕业生就业权益保护的一个重要方面就是毕业生自我保护，主要体现在以下几个方面：

(一)增强四方面意识

1. 增强自我保护的意识

首先，要端正求职心态，防止急躁情绪。激烈的就业竞争往往会使毕业生产生盲目、焦急和浮躁等不良心态，这就给一些不法单位和机构以可乘之机，诱骗毕业生。因此，毕业生要调整情绪，保持平稳心态，在求职前做好心理准备，防止因轻信而上当受骗。其次，对用人单位进行全面深入了解，未雨绸缪。毕业生对用人单位有择业知情权，签约前，毕业生应通过多种途径多方了解用人单位的具体情况，最好能够实地考察，做到心中有数。再次，慎签就业协议和劳动合同，不可盲目草率。签约时，仔细阅读协议和合同的各项条款，明确双方的权利和义务，不留漏洞，以免日后产生纠纷。

2. 提高法律意识

毕业生要用法律手段维护自己的权益，就必须学习掌握与就业有关的法律法规，提高法律意识，当自己权益遭受侵害时，能够积极运用法律武器，力争自己的合法权益。尤其是在签订就业协议、订立劳动合同和试用期这些用人单位容易钻空子的环节上，切记要按法律程序进行。

3. 树立契约意识

毕业生与用人单位签订的就业协议是确立双方当事人之间劳动关系的一种契约，具有法律效力。毕业生在签约时要具备契约意识，一方面通过协议保护自己的合法权益，另一方面必须严格遵守就业协议，积极履行协议内容，未经对方同意时不得擅自毁约、违约，否则需要承担法律责任。

4. 增强维权意识

毕业生不但要明确自己在就业过程中享有哪些权利，还要具有维权意识，当权益受侵犯时，要敢于拿起法律武器据理力争，而不是选择忍气吞声，不了了之。只有这样，才能真正使自己处在与用人单位平等的地位，自己的合法权益才能得到切实的保障。

(二)权利求助的途径

毕业生在自己权益受到侵犯时，不要惊慌失措，更不要冲动蛮干，要懂得运用合法途径保护自己的权益。

1. 依靠学校

求职中毕业生遇到问题，权益遭受侵犯时，应首先到学校的毕业生就业主管部门寻求帮助，学校有责任和义务维护学生的利益，学校对学生的保护最为直接。学校可以制定各项措施来规范用人单位的招聘行为，还有权抵制用人单位在招聘活动中不公正甚至是违法的行为。就业协议需三方同意才生效，对不符合规定的就业协议，学校有权不同意。对于可以协商解决的问题，由学校与用人单位进行沟通，这将有助于问题的顺利解决。

2. 依靠国家行政机关

当毕业生权益受到侵犯时，毕业生可向各级行政主管部门举报、投诉。主要包括毕业生就业主管部门、劳动监察部门、物价监察部门、技术监督部门、工商行政管理局等等。这些部门会依法对侵犯毕业生合法权益的行为进行抵制和处理。

3. 借助新闻媒体

毕业生可以借助报纸、电视、网络等新闻媒体的力量，对自己遭受的权益受侵行为进行披露、报道，能够引起社会的关注和相关部门的重视，充分发挥新闻媒体的舆论监督作用，从而促进问题的快速、有效解决。

4. 寻求法律援助

法律援助是指由政府设立的法律援助机构组织法律援助人员，为经济困难或特殊案件的人员给予免费提供法律服务的一项法律保障制度。法律援助是一项扶助贫弱、保障社会弱势群体合法权益的社会公益事业，毕业生遇到就业问题时也可以到当地的法律援助中心寻求法律帮助，主要形式有：刑事辩护和刑事代理；民事、行政诉讼代理；非诉讼法律事务代理；公证证明；法律咨询、代拟法律文书；其他形式的法律服务等。

5. 依靠司法机关

我国的《民法通则》、《民事诉讼法》、《劳动法》、《行政诉讼法》、《刑事诉讼法》、《治安管理处罚条例》等法律、法规明确规定，被害人有权对侵犯其人身、财产权利的犯罪事实或犯罪嫌疑人，向公安机关、人民检察院或人民法院报案或提起诉讼。毕业生可在切身利益受到侵犯时，依靠司法机关保护自己的合法权益。

三、社会保险

社会保险是由国家通过立法，多渠道筹集资金，对劳动者在因年老、失业、生病、工伤、生育而减少劳动收入时给予的经济补偿，使他们能享有基本生活保障的一项社会保障制度。社会保险主要包括养老保险、失业保险、医疗保险、工伤保险和生育保险等，具有强制性，即为"五险一金"中的"五险"。"一金"指住房公积金。其中养老保险、失业保险和医疗保险,这三种险是由企业和个人共同缴纳的保费(也就是大家通常多说的"三险")，工伤保险和生育保险完全是由企业承担的，个人不需要缴纳。如表9-1所示。

表9-1　社会保险费缴纳对比表

保险项目		保险费缴纳
养老保险	基本	国家、用人单位、职工
	补充	用人单位、职工
	个人储蓄	职工
医疗保险		用人单位(6%)、职工(2%)
工伤保险		用人单位
失业保险		国家、用人单位、职工
生育保险		用人单位

因此，找工作时一定要弄清楚用人单位是否为职工缴纳社会保险，不能只看表面薪资的高低，要看到社保是一种潜在福利和隐性待遇，眼光要放长远。有些社保如果中断，没有及时续缴，不够缴费年限，就会造成巨大损失。如养老保险必须累计缴纳满15年，方可按月领取基本养老金及丧葬补助费等。

案例四

上班两年多的小李，离职后才发现公司一直没给他缴纳社会保险，于是他到丰台区劳动争议调解中心申请维权。不料当他要求原单位按应缴金额向其支付现金补偿时却遭到了驳回。律师解释单位未缴社会保险，职工不能要求现金补偿，应到劳动监察部门投诉或举报，由其监督原单位为员工补缴。

案例分析：为职工缴纳社会保险是用人单位的法定义务，公司未缴纳是违法行为。《劳动法》要求用人单位和劳动者必须依法参加社会保险，缴纳社保费，同时《社会保险法》第4条也明确规定："中华人民共和国境内的用人单位和个人依法缴纳社会保险费。个人依法享受社会保险待遇，有权监督本单位为其缴费情况"。遇到单位不给缴纳社保费时，职工可以到劳动监察部门举报投诉，由其监督单位补缴。如果合法权益因为单位未按时足额缴纳社保费而受到侵害，还可要求社会保险行政部门或社保费征收机构依法处理。

第五节　求职陷阱防范

大学生就业竞争日趋激烈，就业压力日渐加大，一些招聘单位、中介机构或个人，利用大学生社会经验不足、自我保护意识差、求职心切等弱点，以提供就业机会为诱饵，采用违背道德、违反法律等手段，与大学生达成权利与义务不对等的就业意向或协议，使大学生上当受骗，合法权益受到侵害。因此，广大毕业生在求职过程中应当学会识别和规避各种就业陷阱，增强自我保护意识。

一、求职陷阱的种类

(一)招聘面试阶段(择业阶段)

(1)费用陷阱。一些用人单位在招聘中向毕业生收取各种名目的费用，加重了毕业生的负担，甚至有些根本就是骗取钱财。这些费用有风险抵押金、报名费、培训费、考试费、资料费、登记费、服装费等等。有些毕业生不想错过机会，尝试着先把费用交了，但结果却是上当受骗。还有一些非法人才中介机构以收取信息介绍费为目的，发布过时或子虚乌有的招聘信息，欺骗毕业生。我国《劳动力市场管理规定》第十条规定：禁止用人单位招用人员时有下列行为：向求职者收取招聘费用；向被录用人员收取保证金或抵押金；扣押被录用人员的身份证等证件；以招用人员为名牟取不正当利益或进行其他违法活动。

案例一

某人才信息公司，一周时间内在网上发布招聘信息近千条，均为中介信息，并在每条信息的岗位描述中留下了人才信息公司的邮箱和网址，要求求职者将个人简历直接发送公司邮箱或登录公司网站应聘。求职者方小姐，在网上查询到了该公司的此类招聘信息，记下了该公司的邮箱和网站地址，没有在网上进行应聘，而是将个人简历通过E-mail 发送到了该公司，公司约见了方小姐，为其推荐了不少岗位，但要求方小姐每个岗位支付一定的介绍费用，并且如果面试成功，要支付给该公司首月工资的 50% 作为中介费用。

案例分析： 求职者切莫被这些中介公司描述的高薪或者高福利待遇所诱惑，这些有问题的招聘信息往往学历要求低，但报酬高，与市场规律不符，很具有诱惑力。求职者自身也要具有防范意识，对于此类收费行为要坚决予以抵制。

案例二

小谢是大四的一名学生，他在网站上发现了郑州某电子公司的招聘信息，在和同学一起投递了简历之后又一起参加了公司的面试。出乎小谢的意料，面试进行得十分轻松愉快，小谢和同学都很快通过了面试。然后，公司的负责人让小谢和他的同学交 200 元的服装费。小谢和他的同学商量，觉得钱不是很多，而且工作了之后应该能很快挣回来，于是交了。交钱后，公司负责人与他们约好一周后签订协议。一周后，小谢和同学来到这家公司所在的写字楼，发现已经是人去楼空。

案例分析： 这类打着招聘旗号的收费需要警惕，不能因为有些收费不高就接受了。按照有关规定，招聘单位不得以招聘为由向求职者收取任何费用，因此，不管招聘单位是收取服装费、培训费，还是押金，求职者都应该坚决拒绝。此外，值得注意的是，这种"变相收费"的公司一般来说规模都不大、流动性强，看起来不十分正规。而且，公司进行的面试一般都比较草率，通过率基本上是百分之百。如果遇到这样的公司，求职者们应该小心防范。

(2)宣传陷阱(虚假广告陷阱)。为了提高自身知名度，一些小企业会不失时机利用照片对企业或品牌形象进行宣传。对于他们来说，在招聘会现场租下一个展位，或在网站、报纸等媒体上刊登一条招聘信息，最便宜的仅需几百元，却能赚足曝光度，他们在招聘会上挂出巨幅宣传画，将展位布置得极其鲜亮夺目，但其实并不是真的招聘员工，大学生在就业中应高度警惕。

案例三

毕业生小李收到一个房地产公司的电子邮件，通知去面试。由于小李并未向该公司投过简历，他怕遭遇"皮包公司"，为安全起见，决定上网先查一下。让小李惊讶的是，当他用 GOOGLE 搜索后发现，该公司居然用同一个电话、地址注册了 4 个公司，涉及医药、保险、建材等不同领域。该公司提出的给求职毕业生的待遇异常优厚，而信息中对于学历的要求竟然是中专以上即可。该公司以低学历求职毕业生，却提出付相当高的工资，值得怀疑。经其向工商部门了解，该公司已不存在。该公司是以低标准将毕业生招进来为公司干活，而其承诺的高工资是不会兑现的。

对此，求职毕业生们应注意如果接到一些自己并不熟知或者并未投放简历的公司的面试通知，应该事先向有关部门查询、核实该公司的真实情况，并上网搜索一下该公司的网站，确定其规模与用人需求，然后再去进行面试。

(3)传销陷阱。通俗来说，以销售或推销货品为名义，通过拉人入会，收取入会费，为主要盈利途径的行为，即为传销。传销组织一般以推销商品、提供服务、项目投资等经营活动为名，要求参加者以缴纳费用或者购买商品、服务、投资等方式获得加入资格。鉴别传销的重要依据是其奖金制度是否具备金字塔分配。传销最大的特点就是"杀熟"，即指诱骗对象主要集中在"五同"，即同乡、同学、同室、同宗、同事，因为这些熟人更容易放松警惕。传销机构假借一些知名企业的名义发布虚假招聘信息，高薪诱骗毕业生进入非法传销队伍。

案例四

西安建筑科技大学华清学院2010届毕业生贺某和其他毕业生一样，早早投入到找工作的洪流，然而求职心切的她，却不慎被骗入一个传销团伙，并被诈骗万余元。

2010年3月初，贺某接到高中同学从山东打来的电话，告知山东某市有一单位在招聘，专业相符，而且待遇丰厚，希望贺某能来山东一起前往应聘。贺某听后深信不疑，简单告诉家人要去外地应聘，便急忙收拾行李，于两日后坐火车到达该市。一下火车，便受到高中同学的热情接待，不但替她安排住宿还全程陪同游玩，并约定第二天去公司应聘。第二天清晨，两人一起去所谓的"公司"应聘。"公司"在一个隐蔽的居民楼里，当两人到达"公司"时，贺某立即被几名陌生男子挟持进屋，将她随身携带的手机、钱包、证件等全部没收。慌乱中，贺某发现，高中同学此时已不见了踪影。在随后的几天里，贺某被三四名男子监视，根本无法走出房门一步，每顿饭也只有馒头和咸菜。除了吃饭睡觉之外，每天都有所谓的"老师"给他们洗脑。每次家人来电话、短信询问都要按管理人员的要求回答："一切挺好，请家人放心"。3月中旬，一男子要求她给家里人打电话，索要一万多元的会费，并威胁贺某，不交就不能离开。贺某只得打电话，对家长谎称在山东找工作时不小心损坏了他人的电脑，对方要求赔偿，大概需要一万元。家长信以为真，东拼西凑，凑够了一万元给贺某汇过去。传销人员收到钱后并没有如约放她，贺某处境依旧危难，只能听从安排，暗地寻找逃跑机会。在随后一次传销组织的大型聚会上，贺某借口上厕所，躲过了管理人员的监视，逃出了传销窝点，并向当地公安机关报案。

案例分析：非法传销组织通常以"高薪""好工作"等美丽的幌子欺骗大学生，大学生涉世不深，社会经验不足，因求职心切而被同学、朋友以旅游、老乡会、同学聚会，甚至网友见面等借口欺骗，结果深陷泥潭，难以脱身。造成以上事件发生的原因有：

(1)"发财就是成功"的观念扭曲了大学生的价值观和就业观。误入传销组织的学生大多数都是急于找工作，而忘记查阅单位资质，业界口碑，甚至连单位虚实都缺乏辨别能力。特别是当前就业竞争激烈，社会压力大，广大毕业生更想早日就业、创业，严重的功利心理扭曲了他们的价值观和就业观。

(2)初入社会，涉世不深，经验不足，导致大学生易轻信他人。大学生初入社会，生活阅历少，明辨是非能力差，容易轻信他人，特别是关系较好的同学、朋友。

(3)大学生辨识能力差，法律意识淡薄。对于非法传销的认识不足，急于求成，急功近利，在事情发生初期没有辨识出问题，事情发生后又因为法律意识淡薄，自我保护能力较弱，对自身心理和家庭造成了双重影响。

传销组织对于学校大学生的渗透和蛊惑是不遗余力的，他们除了采用常见的推销产品、一夜暴富等欺骗手段之外，还打着职业介绍、招聘兼职、网络营销等幌子，通过发传单、找中介或在招聘求职类网站发布信息，向在校大学生发送手机短信、电子邮件等方式，不择手段地进行诱惑欺骗，获取求职心切又缺少经验的大学生的信任。非法传销分子正是利用大学生难以抵御所谓的高薪引诱这种心理，借助一些新的营销理论来粉饰自己，用花言巧语攻破心理防线，使其甘愿落入传销组织的圈套中无法自拔。毕业生在应聘过程中，一定要提高警惕，增强防骗意识，多借双慧眼看、多费些口舌问、多长个心眼想，多设一根弦提防。一旦碰到用人单位工资待遇奇高，对人员使用解答又支吾不清时，就要引起高度警惕，不要被"高待遇，高回报"的谎言骗入陷阱。对于入职条件过于简单，欠缺　定手续的用人单位，大家要多加留意，应该在应聘或入职前了解清楚相关信息，还可以致电公司的人力资源部询问相关信息。

(4)安全陷阱。就业市场上鱼龙混杂，一些不法分子常常利用就业市场的平台，利用大学生求职心切的心态进行违法犯罪活动。一般类似 KTV 工作、侍者、伴游等有可能是不正当交易，女大学生千万要擦亮眼睛，不要以身试险。

(5)智力陷阱。一些公司以招聘为名，把该公司遇到的问题以考题的形式要求应聘者作答，或是针对与该公司有关的特定题目要求应聘者做案例分析等，进而窃取获得优秀的设计、方案，甚至知识产权。求职者工作没着落，成果反被窃，因此在不能判断招聘单位真实意图，又想取得工作的情况下，求职者需要对自己的劳动成果进行保护。

(6)信息陷阱。有些不法分子将求职者的姓名、住址和电话号码及身份证号码转让给他人或中介机构牟取不正当利益。侵犯了求职者的隐私，有的会给求职者的生活带来困扰。大学生在应聘过程中要注意保护自己的信息资料，不要随意泄露。

(7)高薪陷阱。求职中，毕业生往往容易被优厚的待遇、高额的工资所吸引，但等到正式开始工作时才发现，用人单位以各种各样的理由和借口不予兑现招聘时作出的承诺，或是用人单位对薪水中的不确定收入部分给予的是虚假或模糊的承诺，最终不能兑现。针对这种情况，毕业生一定要在求职时对用人单位做深入了解，重在预防，不要盲目签约。

(二)签订就业协议书和劳动合同阶段

(1)试用期陷阱。试用期是用人单位与劳动者建立劳动关系后为相互了解、相互选择而约定的考察期，是毕业生工作的第一个阶段，也是和用人单位最容易出现纠纷的阶段。

《劳动合同法》第十九条对试用期劳动者的权益保护进行了明确规定："劳动合同期限三个月以上不满一年的，试用期不得超过一个月；劳动合同期限一年以上不满三年的，试用期不得超过二个月；三年以上固定期限和无固定期限的劳动合同，试用期不得超过六个月。"

　　试用期陷阱主要有以下几种形式：①在试用期内无正当理由辞退毕业生。由于毕业生可以在试用期内无条件地解除劳动合同，很多用人单位就认为自己也可以拥有同样的权利，产生的一个结果就是用人单位在试用期即将结束时随心所欲地将毕业生辞退，甚至绝大多数毕业生也认为这是理所当然的事情。其实用人单位在试用期内辞退毕业生是有条件的，即毕业生只有在试用期间被证明不符合单位的录用条件的，用人单位才可以随时解除劳动合同。②试用期不签订劳动合同，试用合格后才签劳动合同。法律规定，劳动合同可以约定试用期，试用期应当包含在劳动合同期限内。因此，毕业生在被用人单位录用后就应该订立劳动合同，双方在法律、法规允许的范围内约定试用期。③随意延长试用期。依据《劳动法》及相关劳动法规的规定，试用期一般是 3 个月，最长不得超过六个月。一些用人单位为节省成本，经常规定过长的试用期，有的甚至达到一年。④故意混淆试用期与实习期、见习期的概念。⑤要求毕业生在试用期内承担违约责任。许多毕业生因工作不满意而在试用期内向单位提出辞职时，单位往往要求其承担违约责任，理由是试用期是劳动合同期限的一部分，毕业生此时提出辞职，已是在劳动合同生效之后，已属违约行为。殊不知劳动法设立试用期的目的就在于给予双方以相互考察、相互了解的期限，这个期限的特殊性就在于虽然劳动合同已经生效，但是任何一方因不满意对方而解除劳动合同时，都不需承担违约责任。

案例五

　　小姜刚于某高校计算机系毕业，近日应聘了某广告有限公司的网络管理员岗位。该岗位的招聘信息中明确表示月薪 1000～1500 元，且工作性质为合同制，小姜便欣然前往应聘。小姜被录用后与单位签订了一份见习协议，在之后的两个月的时间内，该单位每个月均仅支付给他 420 元的见习补贴，小姜察觉到可能其中有问题，立即到劳动部门进行核实，原来该广告公司并非见习基地，原则上不允许招收见习学员，它仅仅是想利用见习名义使用廉价劳动力。

　　案例分析： 求职者在应聘"见习"岗位前必须要理解"见习"的真正涵义。所谓职业见习是指组织学员进入企业在实际工作岗位上进行一段时间的实践性见习，以提高其动手能力，丰富其工作经验，增强上岗适应性，尽快实现就业。见习期内，见习学员与见习单位不建立劳动关系。发布"见习"岗位的用人单位必须具有见习基地资质，其他任何单位发布所谓"见习"岗位都不合法。同样，这类单位以"合同制"为诱饵，骗取求职者廉价劳动力后，以"见习"推脱则更为恶劣。

　　求职者与用人单位签订工作合同时要搞清楚"合同"与"见习协议"的区别，不要被用人单位的一面之词所误导。求职者在签订"见习协议"时要留心这家用人单位是不是具有见习基地资质。如果出现案例中的情况，可及时向劳动保障部门咨询或反映。

(2)合同陷阱。现实生活中，有些用人单位在与毕业生签订劳动合同时采用欺诈、胁迫等手段设置陷阱，严重侵害了毕业生的合法权益。合同陷阱一般有以下几种形式：①口头合同，用人单位与毕业生就责、权、利达成口头约定，不签订书面正式文本；②单方合同，用人单位在劳动合同里只约定毕业生的义务和用人单位的权利，而对毕业生的权利和用人单位的义务却很少甚至是根本不提；③生死合同，一些高危行业的用人单位会要求毕业生接受合同中的"生死协议"，即一旦发生意外，企业不承担任何责任；④真假两份合同，假合同内容按照劳动部门的要求签订，以应付有关部门的检查，真合同往往是从用人单位利益出发的违法合同；⑤格式合同，用人单位采用的是根据劳动部门制订的合同示范文本打印的聘用合同，从表面上好像看不出有什么问题，但具体文字却表述不清，甚至可以有多种解释。

总而言之，与用人企业签合同时，一定要擦亮眼睛，谨慎签订。求职者要"三看"：一看企业是否经过工商部门登记以及企业注册的有效期限，否则所签合同无效；二看合同字句是否准确、清楚、完整，不能用缩写、替代或含糊的文字表达；三看劳动合同是否有一些必备内容，包括劳动合同期限、工作内容、劳动保护和劳动条件、劳动报酬、社会保险和福利、劳动纪律、劳动合同终止的条件、违反劳动合同的责任等。必须签书面合同，试用期内也要签合同。

案例六

毕业生小潘在一次现场招聘会上看到一家单位非常适合自己，对招聘广告上"单位每月提供住房补贴 500 元"感到很满意。但后来，小潘发现她的工资单里并没有 500 元住房补贴。她马上向办公室反映，办公室工作人员说该补贴单位已取消了，并拿出了双方签订的劳动合同给小潘看，合同上也没有约定单位要支付她该补贴。小潘哑口无言。

案例分析：一般来说，招聘广告中的承诺，在法律上并非是要约，而是要约邀请。用人单位对招聘广告中的内容并非必须承担履行义务。作为毕业生，如想要招聘单位兑现招聘广告中的承诺，最好将这些承诺写入双方的劳动合同条款中，由劳动法的约束力来督促用人单位向毕业生履行承诺。如小潘，当初在与单位签订劳动合同时，就应该仔细查看合同内容中是否有关于住房补贴的条款。

此外还有薪酬缩水、待遇不兑现、保险问题、违法辞退、违法收取高额违约金等陷阱，毕业生求职路上一定要提高警惕，擦亮眼睛，绕过陷阱。

二、求职陷阱的防范——识别陷阱二三四五法

(1)坚持"两大原则"：不缴纳任何费用；不随便签字。
(2)注意"三忌"：一忌贪心；二忌急心；三忌糊涂心。
(3)运用"四法"——望、闻、问、切。

多种途径了解公司背景。在求职者正式进入单位之前，想方设法加强对企业的了解以免误入骗子设下的陷阱。比如：注意招聘单位的营业执照等相关证件。

望：仔细观察公司的外部环境和人员情况，办公所在地的环境、公司人员的基本素

质等。这些摆在眼前的实物，绝不能视而不见，它们都可以较为真实地传递出公司的基本情况。正规的单位都有固定的办公场所，若面试地点放在临时租借的民房或者小宾馆，或是现场十分简陋，"一间门面，一部电话，几把椅子"，要格外提高警惕。

闻：通过上网找资料、发帖询问等，了解公司经营发展概况。对那些无法通过网站资源追踪其踪影的小公司，可以通过和前台、保安、一般职员聊天了解公司现状。

问：对亲人、老师、专业人士、同学、朋友等进行有目的的探询。关乎自己切身利益的事情，千万别不好意思张口，他们站在第三者的客观角度，可以为你提供行之有效的意见和建议。

切：直接交手，试探虚实。在面试时，不用只做个回答者，有提问的机会千万要牢牢把握，别轻易失去一次上佳的了解企业的机会。在应聘过程中，留心观察工作人员的形迹，若是所谓"经理"没有任何专业素养，面试时只谈收钱的肯定是问题公司。

(4)学会"五大防身术"：所签合同须合法，关注内容应仔细，相关知识不能少，劳动合同及时签，对合同文本细推敲。

第四篇　创　业　教　育

第 十 章

创 业 认 知

创业教育是素质教育的升华和具体化，是培养创业人才的有效手段。加强创业教育既是缓解就业压力、构建和谐社会的重要途径，也是我国高等教育发展的必然要求和主流方向。为大学生提供良好的创业教育，是高校社会价值的重要体现。

第一节 创 业

21 世纪初，知识经济已见端倪，创业教育的开展和大学生的创业活动也在校园内蓬勃兴起。1999 年，团中央、中国科协、全国学联决定，允许大学生、研究生休学保留学籍创办高新技术企业，以培养学生的创业精神，增强学生创业实践能力。许多学校也都采取了相应措施，开展创业教育，支持创业活动，发挥创业功能。

一、创业的定义

创业是指创业者发现某种信息、资源、机会或掌握某种技术，利用相应的平台或载体，以一定的方式将其转化或创造成更多的财富和价值的过程。简单来说，创业就是一个过程，一个自主创办事业的过程，一个创造经济效益和社会效益的过程，而这种过程需要现实的载体。

二、创业的功能

1. 从大众的角度，创业功能体现在以下四个方面
(1)促进资源的合理分配
(2)推动组织发展
(3)帮助实现人生价值
(4)推动社会发展进步
2. 从大学生创业的角度，创业功能体现得更为直接
(1)实现自我理想
(2)改善财务状况
(3)解决就业问题
(4)创造社会价值

三、大学生创业的意义

随着高等教育从"精英教育"向"大众教育"迈进,高校毕业生就业形势日益严峻,大学毕业生数量将远远超过空缺岗位的数量。有专家指出,近几年城镇每年需要就业的人数将保持在 2400 万人以上,而在现有经济结构下,每年大概只能提供 1100 万个就业岗位,年度就业岗位缺口在 1300 万左右。因此,今后在很长时期内,大学生将面临更为严峻的就业形势。大学生创业具有现实意义。

1. 有利于缓解大学生就业压力

大学生创业有利于解决大学生就业难的问题。创业能力是一个人在创业实践活动中的自我生存、自我发展的能力。一个创业能力很强的大学毕业生,不但不会增加社会的就业压力,相反还能通过自主创业活动来增加就业岗位,以缓解社会的就业压力。为此,国家各级党政部门,纷纷把"鼓励和支持高校毕业生自主创业"作为化解当前社会就业难的主要政策之一。

2. 有利于大学生自我价值实现

大学毕业生通过自主创业,可以把自己的兴趣与职业紧密结合,做自己最感兴趣、最愿意做和自己认为最值得做的事情。在五彩缤纷的社会舞台中大显身手,最大限度地发挥自己的才能,并获得合理的报酬。当前社会鼓励大学生创业,虽然是从化解就业难的角度,但从大学生自身来说,其创业的主要原动力则在于谋求自我价值的实现。而只有提高大学生创业的比例,整个社会才能形成创业的风气,才能建立"价值回报"的社会新秩序。

3. 有利于大学生自身素质的提高

我国高校扩招以后,伴随着就业压力,大学生素质与我国高等教育的水平一直为人所诟病。在提高大学教育管理水平与大学生素质的各类探索实践中,大学生创业无疑是最经济、最有效的办法之一。通过创业与创业实践,大学生可以充分调动自己的主观能动性,改变自身就业心态,自主学习,独立思考,并学会自我调节与控制,也只有这样,大学生创业才能成功。对于一个能自我学习,懂得如何管理自己的时间与财务,善于拓展人脉关系,并能够主动调适工作心态,积极适应社会的大学生,其就业将不存在问题。

4. 有利于培养大学生的创新精神

创新是一个民族的灵魂,是一个国家兴旺发达的不竭动力。青年大学生作为中国最具活力的群体,如果失去了创造的冲动和欲望,那么中华民族最终将失去发展的动力。大学生的创业活动,有利于培养勇于开拓创新的精神,把就业压力转化为创业动力,培养出越来越多的各行各业的创业者。美国作为世界最发达的国家,其大学生的创业比率一直在 20% 以上。美国前总统里根曾说:一个国家最珍贵的精神遗产就是创新,这是国家强大与繁荣的根源。中国的未来在于大学生,中华民族的精神永恒则在于大学生旺盛的创造力与创新追求。

90 后大学生创业故事：剪纸一年，掘金 30 万

一个年仅 20 岁的女大学生依靠磁性剪纸，不仅屡获金奖，还在其刚刚创业不到一年的时间里，掘得了高达 30 万元的人生第一桶金。

多姿多彩的磁性剪纸

在杭州师范大学创业园里，1990 年出生的晋城女孩王子月，热情地向记者介绍起她的磁性剪纸。"磁性剪纸是个创意产业，任何东西都可以用剪纸表现出来，它提倡的是自己动手、自己创新，并在动手中获得巨大的乐趣。操作简单，任何人都可以轻松学会。而且成本低廉，便于使用和收藏，可以用作家居装饰、礼品赠送、广告促销……无论是作为节庆用品、旅游纪念品还是艺术藏品等，都有很大的市场前景。"

一段如同做广告一样的介绍之后，思路清晰、伶牙俐齿的王子月告诉记者，磁性剪纸是她在晋城一中时就发明的专利产品，它使用的是环保材料，可以循环利用再生产。只要有铁的地方都能直接吸上去，灵巧便携。因为不容易剪断、撕破，它比普通剪纸上手快，能让人们在十分钟内就体验到剪纸的乐趣。

让王子月自豪的是，2009 年 6 月，还在杭州师范大学读一年级的她，就在不远的义乌创办了一家磁性剪纸文化创意公司。在不到一年的时间里，她的公司已经发展了十余家"飞点儿磁性剪纸"加盟商，只此一项的经济收入就 30 余万元。

90 后女孩的耀眼荣光

2007 年 10 月，王子月和父亲的磁性剪纸专利从海内外报名的近 3000 项专利中脱颖而出，进入中央电视台《我爱发明》大赛的决赛现场，经过中国资产评估协会、中国发明协会等有关部门专家学者的严格评审，磁性剪纸项目因为其市场大、社会效益好及其良好的不可替代性等方面优势，最终夺得了央视《我爱发明》大赛的首个最高奖——新金点子奖，再次鼓舞了王子月和父母将这项发明推向市场的信心。

2008 年，参加完高考，刚刚拿到杭州师范大学录取通知书的王子月，又惊喜地接到山西省文化厅的通知：因磁性剪纸将中国的传统剪纸文化与现代的科技元素巧妙融合在一起，符合北京奥运会"科技奥运"的理念，故选其代表山西在北京奥林匹克公园中国故事山西祥云小屋展示。奥运会期间，王子月和母亲一起来到北京，给世界各地的运动员和游客展示磁性剪纸艺术。他们设计的获奥运金牌的各国优秀运动员的磁性剪纸肖像，特别是菲尔普斯、梅西、杨威、廖辉、郭晶晶、张娟娟等偶像级的人物肖像剪纸成了抢手货。

王子月和母亲的出色表现获得了奥组委和国家文化部的表彰。而最重要的是，王子月从中外游客欣赏赞叹的目光中再一次看到了磁性剪纸蕴含着的巨大商机。她暗暗下决心，一定要把这一专利转换成创意文化产业，做大做强。

2008 年 9 月，王子月到校报到，成了杭州师范大学医药卫生管理学院医学营销专业的一名新生。之所以选择这所大学，是因为她听说这是一个提倡和支持大学生自主创业的学校，她所崇拜的"阿里巴巴"创始人马云就是从这里毕业的。另外一个原因是，杭州离义乌很近，能更方便地实现她创业梦想。

在学校里，依托磁性剪纸等几项专利，王子月组建起了自己的"飞点儿"磁性剪纸创业团队，尽情地展现着自己的才华，2009 年 6 月，她在义乌注册了属于自己的公司——义乌市廿分红磁性剪纸有限公司。随后，又与同样抱有创业梦想的同学创立了磁性剪纸创意文化公司。2009 年 11 月 1 日，王子月带领她的磁性剪纸团队参加了以"励志、成才、就业、创业"为主题的浙江省大学生职业生涯规划大赛，与全省 85 所高校推选出的300 余件作品同台竞技，激励角逐，并最终荣获此次大赛的最高奖——"双十佳职业规划之星"。

2009 年 12 月 24 日，王子月的磁性剪纸文化创意公司摘得杭州经济技术开发区"大学生创业训练营暨创业大赛"头魁，领取了一万元创业资金。主办方还在杭州滨江区为王子月提供了免两年租金的写字间。

2009 年，在杭州师范大学举办的"师大荣光"大学生创业颁奖典礼上，王子月再获殊荣。

2010 年 1 月 20 日，杭州日报大学生创业就业俱乐部、高新区(滨江)大学生创业园主办的"相约在高新，创业在年少"杭州市大学生创业创意选拔大奖赛中，"磁性剪纸文化创意"团队，再次荣获金奖，并从主办方手中接过了一份贺岁大礼——5000 元奖金和一份价值 1 万元的创业资助协议书。

2010 年 9 月 28 日，磁性剪纸获得了由共青团中央、中国科协、教育部、全国学联共同主办的第七届"挑战杯"决赛金奖。

杭州师范大学也被王子月团队的创业热情所感动，为了支持他们，学校专门提供了一个 40 平方米左右的免费店面。王子月将店面设计成"磁性剪纸板子店"、就像格子铺一样，他们在店里的墙面上提供 100 块板子，每块板子都是可以翻动的，学生出一部分租金就可以在板子上贴上自己动手制作的剪纸作品出售，而且每块板子都会对应一个网站，帮"租客"线上线下进行销售。一时间，磁性剪纸板子店生意极好，王子月还特意雇佣了大一大二同学来店里做兼职。在坚持创业的同时，王子月还以优异的成绩获得学校的二等奖学金。

四、创业的类型

按照新企业建立的渠道，可将创业分为独立创业、母体脱离和企业内创业。

1. 独立创业

独立创业是指创业者个人或创业团队白手起家进行独立的创业。独立创业成功的例子不胜枚举，许多赫赫有名的企业家都是白手起家发展起来的。

独立创业的生涯充满挑战和刺激。创业者的想象力可以得到最大限度的发挥，不会受到单位中官僚主义的压制和摧残；创业者可以自由地施展才能和实现抱负而不会有人对你指手画脚发号施令；可以接触各类人物，从事各类工作，可以在短时间内获得大量财富，实现更多需求。

独立创业的难度和风险较大。因为创业者往往缺乏足够的资源和经验，需要费尽心血去筹集经验，需要在成功与失败的实践中积累来自各方面的支持。独立创业的风险是多方面的。首先创业者可能发现自己开办企业并不如想象的那么容易和顺利，创业者必须每日为企业的产品寻找出路，来维持企业生存，否则很快就会被市场淘汰。其次小企业比较脆弱，当市场竞争变得激烈时，小企业首当其冲受到冲击，企业员工纷纷流失，企业时刻面临被兼并的危险。

2. 母体脱离

母体脱离是公司内部的管理者从母公司中脱离出来新成立一个独立企业的创业活动。母体脱离的创业者拥有创业所需的专业知识、经验和关系网络，生产和原公司相近的产品或提供类似的服务。母体脱离不是个别的现象，其原因可能是创业者与原管理层不和从而分离出来，或者是创业者发现了商业机会但未得到原管理层重视或认同。

进入障碍小的非新兴行业也容易发生母体脱离。例如餐饮业中手艺好的厨师离开老板自己开业；咨询业中优秀的咨询专家积累了丰富的经验和客户后另起炉灶等都是十分普遍的现象。

母体脱离的成功与否与创业者的筹集资金和组建团队的能力密切相关。寻求资金支持是母体脱离的创业者面临的最大挑战之一，因为离开资金支持，创业者难以起步和展开。创业者必须在筹集资金以及运用资金方面具有创造力，因为母体脱离的创业者往往只是某一方面的专家，最常见的是技术专家或营销高手，他们欠缺其他方面的管理技能，这就需要组建一个高效的创业团队，来各尽其职各显其能地进行创业活动。团队成员往往来自以前共事的同一个企业，基于以前建立的友谊，对商业机会的共识或对原组织的不满。

3. 企业内创业

企业内创业即在大企业内创业。现在的大企业已经不是创业热潮中的旁观者和被动的应对者，甚至是一些知名的大公司也在积极地寻找和追逐新的有利可图的创意和商业机会，这就是内部创业者要完成的工作。

五、大学生创业的方向与项目推荐

方向一：高科技领域

身处高新科技前沿阵地的大学生，在这一领域创业有着近水楼台先得月的优势，"易得方舟""视美乐"等大学生创业企业的成功，就是得益于创业者的技术优势。但并非所有大学生都适合在高科技领域创业。一般来说，技术功底深厚、学科成绩优秀的大学生才有成功的把握。有意在这一领域创业的大学生，可积极参加各类创业大赛，获得脱颖而出的机会，同时吸引风险投资。

推荐商机：电子商务、软件开发、网页制作、网络服务、手机游戏开发等。

方向二：智力服务领域

智力是大学生创业的资本，在智力服务领域创业，大学生游刃有余。例如，家教领域就非常适合大学生创业，一方面，这是大学生勤工俭学的传统渠道，积累了丰富的经验；另一方面，大学生能够充分利用高校教育资源，更容易赚到"第一桶金"。此类智力服务创业项目成本较低，一张桌子、一部电话就可开业。

推荐商机：家教、家教中介、设计工作室、翻译事务所等。

方向三：连锁加盟领域

统计数据显示，在相同的经营领域，个人创业的成功率低于 20%。对创业资源十分有限的大学生来说，借助连锁加盟的品牌、技术、营销、设备优势，可以较少的投资、较低的门槛实现自主创业。但连锁加盟并非"零风险"，在市场鱼龙混杂的现状下，大学生涉世不深，在选择加盟项目时更应注意规避风险。一般来说，大学生创业者资金实力较弱，适合选择启动资金不多、人手配备要求不高的加盟项目，从小本经营开始为宜；此外，最好选择运营时间 5 年以上、拥有 10 家以上加盟店的成熟品牌。

推荐商机：快餐业、家政服务、校园小型超市、数码速印站等。

方向四：开店

大学生开店，一方面可充分利用高校的学生顾客资源；另一方面，由于熟悉同龄人消费习惯，入门较为容易。正由于走"学生路线"，因此才要靠价廉物美来吸引顾客。此外，由于大学生资金有限，不可能选择热闹地段的店面，因此推广工作尤为重要，需要经常在校园里张贴广告或和社团联办活动，才能广为人知。

推荐商机：高校内部或周边地区餐厅、冷饮店、水果店、咖啡屋、美发屋、文具店、书店等。

方向五：技术创业

大学生毕业后，在学校学习的课程很难应用到实际工作中。毕业后学习一门技术，可以让大学生很快融入社会。有一技之长进可开店创业，退可打工积累资本。好酒不怕巷子深，所以有一技之长的大学生在开店创业的时候，可以避开热闹的地段节省大量门面租金，把更多的创业资金用到经验活动中去。

推荐商机：照相馆、养殖、种植有机蔬菜、裁缝店、修车等。

第二节　创业者和创业团队

创业是一项实践性、专业性极强的系统工程，而且对创业者的素质要求是远远高于就业者。研究发现的基本事实是：不是所有的人都适合创业。创业的人都希望自己成功，但是真正能够成功的创业者只有少数优秀分子。

一、创业者

(一)创业者的定义

创业者在欧美学术界和企业界被定义为组织管理一个生意或企业并承担其风险的人。创业者有两个基本含义：一是指企业家，即在现有企业中负责经营和决策的领导人；二是指创始人，通常理解为即将创办新企业或者是刚刚创办新企业的领导人。

创业者一词由法国经济学家 Cantillon 于 1755 年首次引入经济学。1880 年，法国经济学家萨伊首次给出了创业者的定义，他将创业者描述为将经济资源从生产率较低的区域转移到生产率较高区域的人，并认为创业者是经济活动过程中的代理人。著名经济学家熊彼特则认为创业者应为创新者；这样，创业者概念中又加了一条，即具有发现和引入新的更好的能赚钱的产品、服务和过程的能力。

在当前，国内外学者将创业者的定义分为狭义和广义两种。狭义的创业者是指参与创业活动的核心人员。该定义避免采用领导者或组织者的概念。因为在当今的创业活动中，技术含量越来越大，离开了核心的技术专家，很多创业都无法进行，核心的技术专家理应成为创业者。事实上，很多创业活动最早都是由拥有某项特定成果的技术专家发起的。广义的创业者是指参与创业活动的全部人员。在创业过程中，狭义的创业者将比广义的创业者承担更多的风险，也会获得更多的收益。

(二)创业者的能力与素质

自主创业是一项极具挑战性的社会活动，是对创业者自身智慧能力、气魄胆识的全方位考验。它对创业者的个人素质和能力有特定的要求，只有那些能够承担更大风险的学生才能涉足，本身不具备创业素质的学生，没有必要勉强走上创业路，无可奈何地喝下一杯"失败的苦酒"。

美国汇集着无数的风险投资家，有着无数的成功案例。许多大学生甚至中学生，如微软的比尔·盖茨、戴尔公司的迈克尔·戴尔，以及创立苹果公司的史蒂夫·乔布斯，他们都经历过商海的跌宕起伏，在资本市场上饱经沧桑，才获得了巨大的成功。他们在为世界创造巨大财富的同时，也在ＩＴ发展史上留下了重要的一笔。他们休学的原因是觉得必须及时把握时机，充分利用产业发展的大好机会，而不是把休学创业作为一个吸引别人注意力的光环。微软的比尔·盖茨、戴尔公司的迈克尔·戴尔先后到过清华大学作演讲。他们在回答同学的提问时，都劝同学们不要学他们，最好先努力完成学业，拥有扎实的知识之后，机会和幸运一定会到来。

从现实看，许多创业者虽然能够拿出一份创业计划，但是很多时候投资人对于其中的某些部分并不是很满意。在成立了公司之后，对于如何建立财务制度、人事制度、行政制度等，学生创业者往往也并不是很清楚。缺少资金、缺少商务活动经验、内部管理没有严格的体系、缺乏市场渠道、人员流动快，是大学生创业普遍面临的问题。现在到校园里来找项目的风险投资人很多，但是他们大多是满怀希望而来，灰心失望而去。

科学家王选在谈到学生创业时，鼓励学生要勇于创业，同时告诫学生创业是艰难的。他讲到，今天大学生在创业大赛中所取得的成绩是值得肯定的，有些同学有了自己的科研产品，有的已获得了风险投资，组建了自己的公司，然而，这只是刚刚迈出了很小的一步，离成功还有很长的路要走。比尔·盖茨从13岁开始研究计算机，到从哈佛大学中途退学与朋友创办微软公司，再到他30多岁成功，经历了很长的时间。他本人在38岁时还是个默默无闻的小人物，经过整整18年没有节假日的艰辛努力，才在他所研究的领域中稍有所成。因此，学生在创业路上会碰到这样或那样的困难，要有长期忍受痛苦的思想准备，要耐得住寂寞，能够经得起各种困难的考验，并有百折不挠的奋斗精神。

1. 创业者应具备的基本素质

在学生创业过程中，困难、挫折甚至失败是在所难免的。学生创业与学生本人的意志品质、商业意识、经济头脑以及性格、气质、个性、爱好和特长等有着紧密的联系。

（1）创业意志品质的要求。

第一，具有自觉性、坚毅性、果断性、自制力、勇敢等品质。即有风险意识，有充沛的精力和健康的体魄，具备百折不挠的意志品质和遭受挫折时的自我激励能力，以解决创业时内部和外界大量未知风险带来的各种突发问题，并承担巨大的压力，经受失败的考验。

第二，要正直、守信，对公司、员工、投资者都有责任感。

第三，具有敏锐的商业意识，按照商品经济的运行规律办事，遵循公平交易原则，遵纪守法，诚实可靠；同时要善于寻找、捕捉和创造商机。

第四，具有务实精神，踏实做事，诚恳待人。

第五，具有献身精神，有达到目标的自信心和勇气。

第六，有科学的经济头脑，思路清晰，能够分析、判断经济运行趋势，权衡经济利益，核算投入和产出。

第七，具有自我实现欲和创新精神。创业者创业的目的并非源于对金钱的贪婪，而是出于自我实现和追求成功的强烈欲望。

（2）创业者性格与气质特征的要求。

创业者作为企业的经营管理人员，应有坚定的信念、优良的品德、坚忍的精神、必胜的信心、巨大的魄力、充沛的精力等特征。具体表现在：

第一，创业者必须有战略家的胸怀。现代市场已经突破国界和意识形态的限制，成为世界性的国际大市场。市场的变化受到经济、政治、自然等诸多因素的影响。一个企业要想在开放的国际市场上生存和发展，创业者在经营时必须要有战略眼光，根据外部环境的变化迅速决策，这是企业发展中带有全局性、长远性和根本性的问题。决策活动最能体现战略家的特质。在决策活动中，创业者通过"谋"和"断"两大职能来决定组织中的重大问题。创业者对最终选定方案充满信心，才能胸有成竹地做出决断。

第二，创业者必须是宣传鼓动家。创业者要高瞻远瞩，明察动静，运用思想家、演说家、评论家的才华，阐述观念，鼓舞士气，引导众人形成明确的价值观，使企业内部全体员工产生持久的凝聚力，并在组织外部树立起一种亲切友好的形象，使企业有一个轻松的社会环境，更广泛地传播自己的企业文化，提高企业的知名度，增加无形资产。

第三，创业者必须敢于创新。没有创新精神，不敢冒风险，就谈不上开拓。只有敢闯敢干，敢于冒险，才能走出新路，走出好路，干出新的事业。

第四，创业者必须充分显示自己的个性。创业者最重要的内在素质，归结到一点，就是个性。个性能使人的才干增添无比的光彩。他们的个性特征一般包括：

① 主动性。强烈的求知欲和强烈的好奇心能驱使创业者积极进取。

② 洞察力。对环境有敏锐的感受力，可以深究到别人未注意到的情况和细节。

③ 变通性。善于举一反三，能想出较多的点子，提出非凡的见解。

④ 疑问性。不盲从，敢于大胆发问，冲破传统观念。

⑤ 独创性。有别出心裁的见解，勇于弃旧图新，别开生面。

⑥ 自信心。相信自己所做事情的意义，即使受到阻挠和诽谤，也不改变信念。

⑦ 坚持力。有百折不挠、坚持不懈的毅力和意志。

⑧ 想象力。思想中有见地的观点、意见来自于合理的联想、幻想。

⑨ 严密性。灵感的火花闪过后，能深思熟虑、精推细敲，力求达到完美。

⑩ 幽默感。幽默的性格不会因别人的讥讽和轻视而影响自己的情绪和创造力。

⑪ 勇气。具有常人无法忍受的面对困境的勇气。

⑫ 狂劲。表现在对外试图突破常人难以突破的主客观障碍，达到理想的光辉顶点；对内既有一种对自己实力的充分信任，又有对较高目标的大胆追求。

2. 创业者应具备的智慧潜能

学生创业时面对着茫茫商海，仅具备基本的素质还远远不够，还要做好许多知识和能力的准备。

（1）对创业者知识的要求。

第一，应具备扎实深厚的专业知识和全面广博的综合知识。只有深厚的专业知识和宽广的综合知识相结合，才能正确分析形势，用敏锐的目光把握事物发展的全局，提出精辟独到的见解和谋略，认清事物的本质，把握其规律，实现自己的创业目标。

第二，应具备相关的商业知识。如商品交换、商品需求、商品流通等，通过学习商业知识，创业者在经济活动过程中实现价值的增值。

第三，应具备一定的管理知识。如人事管理、资金财务管理、物资管理、生产管理和市场营销管理等。通过学习管理知识，改进管理方法，丰富管理经验，不断开发新的管理资源，提高管理水平。

第四，应具备相关的法律知识。如工商注册登记知识、经济合同知识、税务知识等法律知识，这些对学生创业来说是必不可少的，它可以帮助创业者顺利走过创业之路。

（2）对创业者能力的要求。

对创业者来说，具备各种能力是创业成功的充分条件。因此，学生在开始创业前或在创业过程中必须不断培养和提高综合能力。

第一，具备学习能力。即获取知识的能力，包括对知识的接受、转化与应用。

第二，具备实践能力和科研动手能力。能够将自己头脑中的思想、创意和灵感转化为现实的科技发明成果和现实产品。因此，应积极参与各种科技实践活动，最好先在规范的公司中实习一段时间。

第三，具备开拓创新能力。创新是知识经济的主旋律，是企业化解外界风险和取得竞争优势的有效途径。因此，如果创业者的项目具备技术含量高、市场前景好的条件，这就意味着已成功了一半。

第四，具备组织领导能力。要有出色的领导水平，具备统率能力和用人能力，能迅速地实现从学生到职业经理人的角色转变。创业者要有对自己员工的指挥、调动、协调以及对非人力资源的集中分配、调度、使用的能力，还要有能力实现对公司组织机构的设计与再设计，表现为对组织机构的谋划和人员的配置，如对成员职位的任命安排、明确其职责范围等。这是创办企业者应当具备的重要素质，是开办企业、使公司正常运转的保证。

第五，具备管理能力。要有过人的经营决策能力、分析判断能力、指挥协调能力、抵御及化解风险的能力和信息处理的能力。

第六，具备协作能力。协作是创业者成功的重要支持力量，是一种能设身处地为他人着想，善于理解对方、体谅对方，善于合作共事的心理品质。它与创业者独立思考、自主行动并不矛盾。创业者需要的是自立、自强，而不是孤独、孤僻。培养协作能力是创业者获得别人和社会支持的重要前提。

第七，具备交际能力。创业者能够随机应变，在人际交往中能做到热情、真诚待人，能够理解对方，促进相互间的心灵沟通、情感融洽，就能建立起理想的人际关系。

二、创业团队

(一)创业团队的定义

团队是由个体结合而成的，但他不是简单的人群组合，他是由一群心理上相互认知，行为上相互支持、相互影响，利益上相互联系、相互依存，目标上有共同向往的人们结合在一起的人群集合体。

创业团队是由少数具有技能互补的创业者组成的、为了实现共同的创业目标而努力的利益共同体。优秀创业团队应具备的基本要素至少包括：共同目标、互相依赖、相互信任、归属感、责任心。

(二)创业团队的组建

创业团队组建的任务就是要找到那些最合适的合作伙伴，让大家能形成合力向着一个共同的目标奋斗。

腾讯团队是中国互联网最牢固的创业团队之一。自1998年创立腾讯公司以来，没有任何一个团队成员离开，甚至没有不和谐的声音。"五个人有四个是高中同学，大学又是一起读书，相互间的信任和默契不是一般创业团队能比的。"作为一个集体领导的管理团队，不可避免会有不同想法，甚至有时候内部很多争辩以致最后无法统一。当年肯从大名鼎鼎的中兴"屈就"腾讯的奚丹，很大程度上看中的就是这个结合紧密的创始团队。

打造一支坚不可摧的创业团队，需要做到以下五点：

1. 树立共同的目标和价值观

共同的目标和价值观能够为团队成员指引方向和提供动力，使个体提高业绩水平，使团队充满活力。

马云在访谈中说道："30%的人永远是不可能相信你。不要让你的同事为你干活，而让我们的同事为我们的目标干活，共同努力，团结在一个共同的目标下面，就要比团结在一个企业家底下容易得多。所以首先要说服大家认同共同的理想，而不是让大家来为你干活。阿里巴巴的六脉神剑就是阿里巴巴的价值观：诚信、敬业、激情、拥抱变化、团队合作、客户第一。

2. 完善成员技能

一个团队需要 3 种不同技能类型的成员。第一，需要具有技术专长的成员；第二，需要具有解决问题和决策技能，能够发现问题，提出解决问题的建议，并权衡这些建议，然后做出有效选择的成员；第三，团队需要善于倾听、反馈、解决冲突的其他人际关系技能的成员。

柳传志谈到联想团队核心人才时说："联想需要各种各样的人才，但主要是三种人才：能独立做好一摊事的人；能带领一班子做好事情的人；能审时度势，具备一眼看到底的能力、制定战略的人"

3. 分配团队成员角色

团队领导人的重要职责之一，就是恰当分配团队成员的角色，并做好团队协调工作。在角色分配中，应当充分考虑团队成员的性格特征、技术专长、能力互补等因素。

李嘉诚："知人善任，大多数人都会有部分的长处，部分的短处，各尽所能，各得所需，以量才而用为原则。"

4. 建立考评激励机制

台湾塑胶集团董事长王永庆在台湾是一个家喻户晓的传奇人物。他把台湾塑胶集团推到世界化工业的前 50 名。多年的经营管理实践令王永庆创造出一套科学管理之道，有效地增强了自己科学管理的执行力。最为精辟的是"压力管理"和"奖励管理"两套方法。

"压力管理"，就是人为地使企业整体有压迫感和让台塑的所有从业人员有压迫感。台塑在 1968 年就成立了专业管理机构，就像一个金刚石般的分子结构，只要自顶端施加一种压力，自上而下的各个层次便都会产生压迫感。

"奖励管理"就是对员工施加压力的同时，对部属的奖励也极为慷慨。台塑的激励方式有两类，一类是物质的，一类是精神的。台塑的金钱奖励以年终奖金与改善奖金最有名。王永庆私下发给干部的奖金称为"另一包"（因为是公开奖金之外的奖金）。此外还设有成果奖金。对于一般职员，则采取"创造利润，员工分享"的做法。员工们都知道自己的努力会有回报的，这极大地激发了他们工作的积极性。

5. 培养相互信任

曾供职于微软的 Google 全球副总裁兼大中华区总裁李开复表示，相信 Google 的员工会比较快乐，因为 Google 的文化是信任、放权，由下而上的管理，产品决策权在工程师手中。而当一位工程师可从头到尾主导一项产品，均会视为自己的"Baby"，会比较有主人翁意识。

对于一个企业来说，创业者乃群龙之首，创业者的品质素质直接关系到企业文化和企业的灵魂精髓；创业团队则是整个企业的栋梁，团队的好坏决定了企业的兴衰成败，没有绝对优秀的个人，只有绝对优秀的团队。麻雀虽小，五脏俱全，大学生创业更要重视创业者的素质和创业团队的建设。

第三节　创业的基本条件及其影响因素

一、创业的基本条件

大学生创业需要以下几方面的条件。

(一)政策条件

近年来,国家为支持大学生创业,相继出台了一系列优惠政策和措施,涉及税收、融资、创业指导与培训等方面,为大学生创业提供了政策条件。

(二)家庭条件

家庭条件是创业者早期教育和健康成长的基础,也是创业者创业过程中的坚实后盾。家庭条件相对好一点,如家庭主要成员在相关领域有一定的地位或声誉,往往会使创业者容易成功。也有一些创业者虽然他们家庭条件较差,但他们仍通过自身的艰苦努力仍然实现了自己的理想和抱负。

(三)人际条件

人际关系条件是创业者在创业过程中起着非常重要的作用。对于创业者而言,人际关系是一笔不可多得的财富,在创业过程中要有意识培养和建立自己的人际关系网络,并最大程度利用和调动有利的因素,最大限度地为创业活动提供援助。

(四)自身素质条件

创业者自身的素质条件是决定创业能否成功的关键因素,也决定了创业活动的性质与范围。自身素质包含其文化素质、身体素质和心理素质等方面。创业者首先要有较高的文化素质,具备相应的行业技能与水平;其次要有好的身体素质,能承受创业初期的艰难;再次要有强大的心理素质、健全的人格、良好的人品等。

二、影响创业的因素

(一)个人因素

在创业过程中,创业领导者及创业团队的任务就是反复探求更大的商机和资源的合理运用,其中创业领导者的作用至关重要。创业者应具备的个人特性包括以下五点:

(1)自信。拥有正当的自信会在竞争中获胜,自大和自信有明显的区别,判断是否自信的可以看这个人有没有勇气敞开胸怀,不论观点来源于何处,只要是有意义的变动和新的思想都能够接受。自信的人也敢于面对别人在观点上的挑战。

(2)已有的知识。创业者更加关注与他们已经拥有的信息、知识相关的机会,并且创业者拥有的知识将在技术开发、机会识别、机会开发三个方面影响创业的成功与否。不同知识结构和层次的创业者也表现为不同的创业倾向。

(3)社会网络。个体对创业所需资源的可获得性是个体资源的一个重要方面。个体是否已经具备创业所需的社会关系网络会影响个体对创业的了解是否成熟的评估。

(4)风险感知。创业者的风险感知又取决于创业者的自信心、不依赖计划、渴望控制等因素。只有具备冒险勇气的人才能迎接挑战，投入时间、精力和财力并承担可能的损失。创业者是愿意并能承担风险与责任，同时结合生产方式和信誉，以期获得利润和声望的人。而"创业经济回报"也是如今大多数创业者创业的目标所在，在这里有一个有趣的现象，在很多有关创业影响因素的研究里，都将创业经济回报因素对自己创业影响的分数打的很低，而事实上创业经济回报一直上是影响个体创业与否的关键因素之一。

(5)警觉性。又称企业家预警，用于反映企业家发现市场机会存在与否或者是否具有价值的能力。当某个人对某种资源的价值具有洞察力而其他人没有时，这时预警就已经出现。因此企业家预警可以归结为当某种机会出现时，某个人具有抓住这种稍纵即逝的机会的洞察能力。创业者比一般的经理人更加渴望信息，更倾向于在信息搜索上花更多的时间，搜索方式也有所不同。

值得注意的是，这些个人因素并非彼此独立存在，在某种程度上，他们彼此之间也存在一定的相关性，这种交互作用使得单纯研究某一因素和机会识别之间的关系存在着一定缺陷，这也说明在考察个人创业机会的识别时需综合考虑以上因素。

(二)环境因素

创业环境是指可供创业者创办小企业(或称初创企业)并使之得到成长的物理和社会空间。创业环境分析模型 Globe Entrepreneurship Monitor 开发出包括八个方面的创业环境条件，包括金融支持、政府政策、政府项目支持、教育培训、研究开发转移效率、商业和专业基础设施、进入壁垒、文化和社会规范等八个方面。我们认为，政府政策、教育培训、文化和社会规范等方面对个人有较大的影响。

(1)金融支持。创业企业的资金来源主要有三种途径：一是私人权益资本，包括自有资金、亲戚朋友借贷和引入私人股权筹集资金；二是创业资本融资；三是上市融资。

(2)政府支持。　政府的创业政策是指激励创业的政策，包括对创业活动和成长的规定、就业的规定、环境和安全的规定、企业组织形式的规定、税收的规定等。政府政策包括中央政府和地方政府的政策。

(3)教育和培训。　教育培训是创业活动得以开展的必要条件，也是创业者将潜在商业机会变为现实的基础。

(4)文化和社会规范。我国的文化和社会规范中，对个人创业持积极态度。我国的文化中提倡鼓励自立，鼓励人们通过个人努力取得成功，也鼓励创造和创新的精神，面对创业的风险，鼓励创业者承担相应的风险。因此，我国的文化有利于个人创业。

（三）风险因素

认识创业风险和合理规避或化解创业风险是创业者面临的重要任务。创业风险是指由于创业环境的不确定性，创业机会与创业企业的复杂性，创业者、创业团队与创业投资者的能力与实力的有限性，而导致创业活动偏离预期目标的可能性及其后果。创业风险主要具有如下几个特点。

1. 创业风险的客观存在性

创业风险不以人的意志为转移。创业环境的不确定性，创业机会与创业企业的复杂性，创业者、创业团队与创业投资者的能力与实力的有限性，是创业风险的根本来源。

研究表明，由于创业的过程往往是将某一构想或技术转化为具体的产品或服务的过程，在这一过程中，存在着几个基本的、相互联系的缺口，它们是上述不确定性、复杂性和有限性的主要来源，也就是说，创业风险在给定的宏观条件下，往往就直接来源于这些缺口，所以说它是客观存在的。

2. 创业风险的不确定性

创业的过程中，创业者面临各种各样的不确定因素，如可能遭受到已有市场竞争对手的排斥，进入新市场面临着需求的不确定等。

3. 创业风险的损益双重性

创业风险对于创业收益不是仅有负面影响的。如果能正确认识并且充分利用创业风险，反而会使收益有很大程度的增加。风险具有损益的双重性、风险存在的潜在性和风险可预测性、可防范性。风险损益的双重性，主要是从风险损益匹配的规律来看的，即风险愈大，回报率愈大。为此，风险投资者要努力寻求合乎风险收益匹配规律的最大限度回报，并且要把握住机会，坚决避开陷阱。

4. 创业风险的可测性和测不准性

创业风险的可测性是指创业风险是可测量的，即可通过定性或定量的方法对其进行评估。创业风险的测不准性是指当创业的内部与外部条件发生变化时，必然会引起的创业风险变化。

第 十 一 章

创 业 实 践

第一节 创 业 准 备

创业是一种具有显著创新性、创意性和创造性的行为，涉及社会、经济、政治、法律、文化等各个方面。创业不易，成功创业更不容易。创业之所以会取得成功，在于一系列有利因素有机结合；创业之所以会失败，则可能只是由于某一个不利因素。简言之，创业往往是"成于一万，败于万一"。无数创业者成败的经验表明，准备不足必然会导致创业失败。知识匮乏、能力不足和资源缺乏是阻碍创业成功的三大"陷阱"，做足创业准备的基本要求，就是掌握创业必备知识，培养创业必备能力，发掘创业必备资源。

一、拟涉足行业与产品的相关专门知识

一切创业都是在特定行业从事特定产品或服务的经营活动。因此，在创业之前，创业者首先必须掌握拟涉足行业和拟经营的产品或服务的相关专业知识。

（一）拟涉足行业的相关专门知识

所谓行业，一般是指按生产同类产品或具有相同工艺过程或提供同类劳动服务计划的经济活动类别，如饮食行业、服装行业、机械行业等。创业者在了解一般行业知识的基础上，应重点了解拟涉足行业的相关专门知识。至少包括：

(1) 该行业在整个国民经济和产业链中的地位与作用；

(2) 该行业的组织结构和竞争态势；

(3) 该行业所处发展阶段和发展趋势；

(4) 该行业的市场需求容量和可持续发展潜力；

(5) 该行业的专门工艺、技术和知识；

(6) 该行业的职业资质要求、进入门槛和相关法规。

（二）拟经营产品的相关专门知识

所谓产品，一般是指市场上任何可以让人注意、获取、使用或能够满足某种消费需求和欲望的东西。产品通常被分为四个基本大类：服务类无形产品，如医疗、运输、咨询、金融贸易、旅游、教育等；软件类无形产品，如计算机程序、字典、信息记录等；

硬件类有形产品，如建筑物、电器、机械零部件等；流程性材料类有形产品，如润滑油、布匹、矿产、燃料等。创业者在了解一般产品知识的基础上，应重点了解拟涉及产品的相关专门知识。至少包括：

(1) 该类产品的核心价值、产品形式和附加利益等；

(2) 该类产品的整体设计，含基本功能设计、形式设计和销售技术服务设计等；

(3) 该类产品的生命周期和替代品构成状况；

(4) 该类产品的价格、销售渠道、促销等基本营销策略；

(5) 该类产品新品开发的资源条件、程序和具体要求；

(6) 该类产品的质量、监督和消费者权益保护等有关法律法规。

二、创业必备的资源

一般而言，资源是指一切可被开发利用的客观对象，人类生存、发展和享受有价值的一切要素的总和，也是一切财富的源泉。资源可分为两类：一类是自然资源，如土地、森林和矿藏等；另一类是社会资源，如人才、资金、技术和信息等。

资源是创业活动不可或缺的要素，是创业成功必须依赖的"资本"。对每个创业者来说，在创业过程中资源缺乏是一种普遍现象。解决资源缺乏的根本途径是不断积累和持续开发。创业者必须下工夫开发的创业资源有以下五类：

(一) 经验——创业的心灵资本

在通常意义上，经验是指人们亲自经历有关事情后获得的体验。经验不同于知识的地方就在于它属于亲力亲为的认识范畴。经验直接来自实践，所以能够指导实践。在大多数人的印象中，我国南方人比较会做生意。实际上，富有长期在生意场上的实践经验是南方人商业智慧的源泉。南方市场氛围浓厚，青年人从小就在家里做生意，或者给别人打工，时机一旦成熟就自己去创业。在重视积累和利用成功创业经验方面，温州人颇具代表。对于没有经验而打算创业的大学生来说，首要任务是通过学习与实践去取得间接的创业经验和积累直接的创业经验。

大学生创业获取经验的途径有以下五点：

(1) 校内资源。通过课堂学习能拥有过硬的专业知识，在创业过程中将受益无穷；大学图书馆通常能找到创业指导方面的报刊和图书，广泛阅读能增加对创业市场的认识，大学社团活动能锻炼各种综合能力，这是创业者积累经验必不可少的实践过程。

(2) 媒体资讯。一是纸质媒体，人才类、经济类媒体是首要选择。例如比较专业的《21世纪人才报》《21世纪经济报道》《IT经理世界》；二是网络媒体，管理类、人才类、专业创业类网站是必要选择。例如《中国营销传播网》《中华英才网》《中华创业网》《人才中国网》《校导网》等。此外，从各地创业中心、创新服务中心、大学生科技园、留学生创业园、科技信息中心、知名民营企业网站等都可以学到创业知识。

(3) 与人交流。商业活动无处不在。你可以在你生活的周围，找有创业经验的亲朋好友交流。在他们那里，你将得到最直接的创业技巧与经验，有的时候这比看书的收获更多。你甚至还可以通过电子邮件和电话拜访你崇拜的商界人士，或咨询与你的创业项目有密切联系的商业团体，你的谦逊总能得到他们的支持。

(4)曲线创业。先就业、再创业是时下很多学生的选择。毕业后，由于自己各方面阅历和经验都不够，能够到实体单位锻炼几年，积累了一定的知识和经验再创业也不迟。先就业再创业的学生跳槽后，所从事的创业项目通常也是过去密切接触过的工作。而在准备创业的过程中，你可以利用与专业人士交流的机会获得更多的来自市场的创业知识。

(5)创业实践。真正的创业实践开始于创业意识萌发之时。大学生的创业实践是学习创业知识的最好途径。间接的创业实践学习主要可借助学校举办的某些课程的角色性、情景性模拟参与来完成。例如积极参加校内外举办的各类大学生创业大赛、工业设计大赛等，对知名企业家成长经历、知名企业经营案例开展系统研究等也属间接学习范畴。直接的创业实践主要可通过课余时间来完成，例如大学校园各学生宿舍做饮水机清洗消毒、送水等有偿服务等，假期在外的兼职打工、试办公司、试申请专利、试办著作权登记、试办商标申请等事项来完成；也可通过举办创意项目活动、创建电子商务网站、谋划书刊出版事宜等方式来完成。

通过以上有效途径，对自己已经具备的工作、学习、生活和社交等方面的经验进行认真盘点和梳理，分析总结出自身经验结构中的优势和欠缺。

(二)人脉——创业的社会资本

人脉就是一个人的人际关系资源的总和。人脉是一种"无形的社会资源"，是创业必备的"社会资本"。对创业者来说，人脉就是最大的财富资本。很多成功的商界人士都深深意识到人脉资源对自己事业成功的重要性。美国钢铁大王卡耐基经过长期研究得出结论说："专业知识在一个人的成功中占15%，而其余的85%取决于人际关系。"潘石屹指出，"成功的人并不是他的个人能力多强，而是他吸引人才的能力有多强"。由此可见，积累和经营人脉对于创业成功的重要性。开发人脉资源不但要对自己的人脉网络进行规划，了解拓展人脉的途径和人脉的经营原则，还要不断提高自己的人际交往能力。

1. 人脉规划

在制定人脉规划时，要注意以下几点：第一，人脉资源的结构要科学合理。比如性别结构、年龄结构、行业结构、学历与知识素养结构、高低层次结构、内外结构、现在和未来的结构等等。第二，人脉资源要平衡物质和精神方面的需要，并重视心智方面的需要。创业者的人脉关系中，既有真性情的培养和善于倾听的伙伴，还应该有一些专家、学者、教授等。第三，注意人脉的深度、广度和关联度。要善于利用朋友的朋友或他人的介绍去拓展资源，从长远考虑，需要关注成长性和延伸空间。

(1)人脉拓展途径。

一般来说，人脉资源的拓展途径主要包括：一是通过熟人介绍来扩展自己的人脉链条；二是多参加一些社交活动，结交新朋友；三是多参加一些社团活动，扩展自己的人脉网络；四是多参加培训学习班，结识志同道合的朋友；五是利用网络扩大自己的朋友圈。

(2)遵循人脉开发规律。

开发人脉的过程和效果虽然会因人而异，但仍是有规律可循的。最重要的就是要在交往中遵循诚信、友善、分享和互惠互利的原则。

总之，创业者应当慈悲为怀，广结善缘，不断增强自身实力、培养人格魅力，要对帮助过自己的人充满感恩之心，并知恩图报，实现人脉资源的良性循环。

阅读拓展

建立人脉的 22 个细节

(1)遇人要热情，充满微笑，哪怕是陌生人，不能做出一副冷酷或深沉世故状。

(2)与人握手时，同性可多握三秒钟，而且要有点儿力度，显示你的真诚。异性只能轻握一下四指。

(3)与人说话时，尽量不要打断对方，耐心得听别人诉说，同时态度要诚恳温和，眼睛要看着对方。千万不能斜视，这样很不礼貌。但又不能长久直视，这样会让对方不自在。

(4)对别人的错误最好不要当场批评，下来悄悄婉转地指出。

(5)坚持在背后说别人好话，不要怕这些好话传不到当事人耳朵里。

(6)有人在你面前说别人坏话时，你只微笑，千万别发表意见或传播。

(7)对任何人都要诚实守信。

(8)与朋友玩牌时不能耍无赖，运气好时不能趾高气扬，眉飞色舞，出语损伤对方。运气不好时，不能发脾气。

(9)与朋友一起消费时，稍微大方一些，别显得吝啬小气。

(10)要把别人的动机想的高尚些，并常向对方表达此意。

(11)当你犯错误时，要及时主动认错并道歉，别把脸面看得太重。

(12)见过一次面后一定要记住别人的全名，如果可能还要对别人的长处、爱好加以了解，并记住他人的生日。

(13)生日、结婚纪念日等尽可能的多发信息给朋友。

(14)与朋友在一起的时候尽量谈论别人感兴趣的话题，这很重要。

(15)尊重一切人，包括不喜欢你的人。

(16)常常自我批评，而不要自我表扬，但不要显得过分谦虚，如果这样会让人感到你很虚伪。

(17)不要吝惜你的喝彩声。

(18)绝不能侮辱嘲笑他人，更不能打击他人。

(19)要知道感恩，感恩也是一种美德。

(20)人多的场合少说话，言多必失。

(21)不要过分地讨好别人，这样你会失去人格魅力。

(22)聚会时不要因一点小事而生气，破坏大家融洽欢快的气氛。

2. 技术——创业的知识资本

技术资源包括关键技术、制造流程、作业系统、专用生产设备等。通常，技术资源包含三个层次：一是根据自然科学和生产实践经验而发展成的各种工艺流程、加工方法、劳动技能和诀窍等；二是将这些流程、方法、技能和诀窍等付诸实施的相关的生产工具和其他物资设备；三是使用现代劳动分工和生产规模等要求的对生产系统中所有资源进行有效组织和管理的知识、经验和方法。

对于打算创业的人来说，很有必要客观评估一下自己创业的技术预备程度。创业实践表明，具有一定专业技术能力的人，虽然在本行业创业具有一定的优势，但如果要成为有作为的创业家，就需要努力学习创业的必备知识和积累核心能力，需要实现从关注产品到关注市场、从专业人到领导人、从单方面思考问题到综合思考问题的角色转变。开发创业技术的一般途径包括以下四点：

(1)在行业工作实践过程中，综合岗位、业务、项目和工程等，采取体验、交流、考察等方式进行综合提高；

(2)有针对性参加脱产、业余、在职、远程等行业性或工商类学历教育、学位教育或专题研修报告；

(3)有针对性参加创业教育课程或专题创业培训；

(4)有针对性选择特定科目进行自学和探索。

用智力换资本，这是大学生创业的特色之路。一些风险投资家往往就因为看中大学生所掌握的先进技术，而愿意对其创业计划进行资助。因此，打算在高科技领域创业的大学生，一定要注意技术创新，开发具有自己独立知识产权的产品，吸引投资商。

3. 资金——创业的物质资本

资金是指可使用的金融资源的总和，是企业正常运行的血液和命脉。任何企业的生产经营活动都需要资金的支撑。对于新创企业来说，在企业的销售活动能够产生现金流之前，企业需要技术研发，需要为购买和生产存货支付资金，需要进行广告宣传，需要支付员工薪酬，还可能需要对员工进行培训；另外，要实现规模经济效益，企业需要持续地进行资本投资，加上产品或服务的开发周期一般比较长，就使得创业企业在生命早期需要筹集大量资金。一项调查显示，有四成大学生认为"资金是创业的最大困难"。的确，"巧妇难为无米之炊"，没有资金，再好的创意也难以转化为现实的生产力。因此，资金是大学生创业要翻越的一座山，大学生要开拓思路，多渠道融资。

4. 商机——创业的信息资本

商机是指市场需求变化所提供的有价值的赢利机会，这是创业的信息资本。如果把创业比作"赤壁之战"，那么商机就是"东风"。没有东风的赤壁之战，结果难以乐观。从本质上讲，创业就是寻找或创造市场需求，并通过投资经营企业以满足这种需求的商业活动过程。能否发现和把握创业机会，在很大程度上直接影响创业成败与否。创业机会存在于任何时候和任何地方。但如果创业者缺乏创业眼光和能力，就很难发现和识别创业机会，更难以把握创造机会。因此，识别和把握创业机会是准备创业者必须具备的能力。

怎样识别商机呢？经研究，商机有如下四个特征：

(1)商机有潜在的盈利可能性。客观需要创业者根据一定的知识、技术、经验对它进行评价和识别。

(2)商机具有流动性和区域性。流动性是指商机可能随着时间和条件的变化在向其他地区转移；区域性是指不同的区域有着不同的商机。

(3)商机必须通过生产经营才可以实现。创业者是否具备生产经营的条件，是否能够及时生产出产品，或通过经营提供出市场需求的服务，关系着机会的实现。

(4)商机的市场价值具有多层次性。创业者能够通过分析、鉴别并根据实际需要，进一步开发其丰富的价值。甚至可以一定程度上引导需求、创造商机。

第二节　创　业　流　程

从创业项目的选择到企业的运营管理，是一个完整的创业流程。在这一流程中包括项目选择、调查研究、编撰创业计划、筹集资金、财务管理、流程管理等多个环节。这里要特别强调的是，创业过程中，一支强有力的团队很重要，以下创业流程必须在一个强有力的创业团队的前提下进行。

一、项目选择

产业发展存在客观规律，有朝阳产业和夕阳产业之分。中国产业结构的优化升级带来了创业新机会，但要注意避免入错行。选择合适的项目是创业的起点，要掌握发现创业机会的基本途径和甄别创业项目的要领。常见的创业模式主要包括创办新企业、收购现有企业、特许经营、经销或代理、内部创业等。中小企业有一系列盈利模式，大学生要根据自己实际情况谨慎选择。

创业项目是发现和利用创业机会的具体形式或实施载体。对于绝大多数创业者来说，在选择项目时，应注意以下甄别要领：

(1)小型项目比大型项目好；

(2)轻工业比重工业好；

(3)食品项目比一般用品项目好；

(4)女子需求项目比男子需求项目好；

(5)儿童需求的项目比成人需求的项目好；

(6)专业经验的项目比综合经营的项目好；

(7)参与品牌特许的项目比普通的项目好。

二、确定创业模式

创业模式是指企业在较长的时间内维持经营，并不断收获利润的规律性方法。创业模式可以被借鉴，但一般不可以照搬。因为创业模式需要创业者根据自己的实际情况加以改造，改造目标是为了获取利润。因此，创业模式在一定意义上也就是盈利模式。盈利的方法千差万别，但也存在一些共同规律。适合大学生创业的创业模式有：

(一)创办新企业

创办新企业是最典型的创业模式，是指创业者通过实施自己的创业计划来创建一家新的企业。创办新企业与其他创业模式相比，存在更大的难度和风险，但创业者从中获得的成就感也是其他创业模式无法比拟的。

创办新企业一般面临最大的问题是缺乏资金，大学生创业者可采取俗称"借鸡生蛋"的方式开始创业，如租赁经营、质押贷款、信用赊账、租赁融资等形式。

(二)特许经营

特许经营又称加盟创业是指特许者将自己所拥有的商标、商号、产品、专利(专有)技术和经营模式等以合同的形式授予被特许者使用，被特许者按合同规定，在特许者统一的业务模式下从事经营活动，并向特许经营者支付相应费用的一种营销模式。

(三)经销或代理

经销创业指的是，创业者从其他企业买进产品再转手卖出，关注的只是价差，而不是实际的价格。代理创业和经销创业截然不同。代理是"代企业打理生意"的意思，不是买断企业的产品，而是厂家给额度的一种经营行为，货物的所有权属于厂家，代理商一般只赚取企业代理佣金或代理折扣。

三、调查研究

调查研究就是通过邀请潜在客户和竞争者回答问题来获取有用信息。同时必须预测风险。还要考虑到针对不同风险的反应，来制定对策。

(一)了解客户和竞争对手

1. 通过市场调查了解可能的客户群体，了解他们的数量、文化层次、消费水平及消费需求等。

2. 通过市场调查了解自己的竞争对手。通过当面接触、电话访问、电子邮件等形式了解同类型企业的经营方式及存在的不足，在此基础上从技术和经济角度对所选项目进行评估、测算。

(二)了解产品或服务的特点

创业者必须搞清楚产品和服务的特点，并认识到为什么这些特点对目标顾客具有吸引力，和同类产品或服务相比有什么区别。

(三)预测销售

预测销售是调查研究阶段最重要和最困难的部分。收入来自销售，没有好的销售就不可能有利润。多数人往往过高地评估自己的销售额，因此在预测销售时不要过分乐观，应保守一点，留有余地。

四、撰写创业计划

创业计划，又称"商业计划"，是引领创业的纲领性文件，是创业者具体行动的指南。一方面，创业计划让创业者自己明晰创业思路；另一方面，创业计划使投资者明白这个项目的投资价值。

创业计划本质上是一种创业介绍或投资申请。一份优秀的创业计划不仅能够吸引投资者的眼球，更能够有效的指导企业经营，帮助创业者理清企业未来的发展思路。因此，在具体的创业实践中，创业者不能轻视创业计划的价值和作用。

创业计划的内容一般围绕企业概述、商业模式、竞争能力、市场调查、财务状况、风险评估、利益评估等制定。

五、筹集资金

资金是创业的经济保障，没有资金，再好的创意也难以转化为现实的生产力。大学生创业者，由于经济积累周期短，自身没有更多的资金，创业所需的资金多数来自各方的筹集。大学生筹集资金的方式除了银行贷款、白筹资金、民间借贷等传统途径外，还可充分利用风险投资、天使投资、创业基金等融资渠道。

(一)向家人朋友自筹资金

向家人朋友自筹资金，是部分大学生创业者的主要选择之一。国内某权威大学生就业调查机构发布的调查报告显示：2013年大学毕业生的创业资金82%来自于个人和家庭的资金。

(二)申请小额创业贷款

为创业者提供小额创业担保贷款，是国家鼓励创业的主要政策之一。针对大学毕业生自主创业，除了国家的扶持政策，各地也有一些相关的扶持优惠政策，以鼓励高校毕业生自主创业。对创业感兴趣或有创业政策方面的需要的话，可以去当地就业网关注最新优惠扶持信息。

(三)YBC创业贷款

YBC是由共青团中央、中华青年联合会、中华全国工商联合会共同倡导发起的一个旨在帮助青年创业教育项目，该项目可为18岁至35岁的青年提供无息无抵押贷款，贷款总额在3万元至5万元。

(四)参加创业比赛

参加创业比赛对大学生创业者来说是一个挑战，参与是一个学习与收获的过程，还有获得奖金的机会，一般创业大赛的创业培训资金非常丰厚。目前很多大学生都将参加创业大赛当作挑战自我的机会和创业实战的平台，创业大赛吸引了很多大学生的参与。西安建筑科技大学华清学院 2006 级材料与科学工程专业学生丁一凡，2009 年在共青团团市委、西安市创业办、西安市工商联、西安市科技局、西安市劳动和社会保障局等十余家政府部门主办的西安首届青年创业大赛中获得季军，获得 50 万元的创业意向基金。他利用这 50 万元创办了西安久城德润商贸有限公司，担任总经理，并加盟广汉市恒润化工有限责任公司，担任西安办事处总经理。

(五)风险投资

风险投资是一种权益资本，而不是借贷资本。对于创业者来说，风险投资是一种昂贵的资金来源。风险投资家既是投资者又是经营者。风险投资家在向风险企业投资后，便加入企业的经营管理。也就是说，风险投资家为风险企业提供的不仅仅是资金，更重要的是专业特长和管理经验。然而，风险投资终将从企业退出，他们的目的不是占有企业，而是在这个过程中找到他们的利益。随着创业市场的建立和国内外风险投资力度的加大，一部分富于冒险精神的大学生和风险投资商已经先行一步。他们有的已经尝到了成功的喜悦，有的还在困难中摸索。但前者的成功和大学生对于自身价值的追求给予了后者极大的鼓舞和动力，我们有理由去相信"大学生创业"和"风险投资"会继续创造新时代的奇迹。

阅读拓展

大学生投资创业优惠政策

为支持大学生创业，国家各级政府出台了很多优惠政策，涉及融资、开业、税收、创业培训、创业指导等诸多方面。对打算创业的大学生来说，了解这些政策，才能走好创业的第一步。根据国家和上海市政府的有关规定，应届大学毕业生在上海创业可享受免费风险评估、免费政策培训、无偿贷款担保及部分税费减免四项优惠政策，详细包括：

高校毕业生(含大学专科、大学本科、研究生)从事个体经营的，自批准经营日起，1年内免交个体户登记注册费、个体户治理费、经济合同示范文本工本费等。此外，假如成立非正规企业，只需到所在区县街道进行登记，即可免税 3 年。

自主创业的大学生，向银行申请开业贷款担保额度最高可为 7 万元，并享受贷款贴息。

(1)大学毕业生做个体户一年免五项收费。

(2)大学生自主创业免费存档 2 年。

(3)只需凭借身份证及大学学生证即可创办企业。

(4)免费风险评估、免费政策培训、无偿贷款担保以及部分税费减免。

(5)低息贷款。

(6)大学生、研究生可以休学保存学籍创办高新技术企业。

(7)"彩虹工程"将通过多种方式帮助扶持大学生创业。

(8)申请《自主创业证》将提供三大优惠政策：即优先受理，优先办照并简化登记手续；申请从事小规模私营企业的，实行试办期制，试办期间，免收注册登记费、变更手续费、年检费；减免企业所得税。此外还享受贷款担保，贷款金额一般在 2 万元左右。此证在三年内有效。

六、运营管理

新企业在创办成功后，大学生创业者要做好战略管理，注重企业文化建设；加强人力资源管理，突出营销管理；要清楚认识创业风险管理，进行事前、事中、事后防范，特别要预防商业欺诈。此外，初创企业还要进行必要的公共关系管理。

第三节 创业误区及创业风险

一、大学生创业误区

大学生创业需要怎样的准备？一味借鉴企业家的成功经历，并不能解决实践中的所有问题。除了脚踏实地、艰苦奋斗，创业成功没有共同的规律。当前，初出校门创业的大学生在创业初期往往存在共同的误区：

（一）眼高手低

比尔·盖茨神话，使 IT 业、高科技行业成为大学生的创业金矿，以至于不少学生不屑于从事服务业或技术含量较低的行业。其实，高科技创业项目往往需要一大笔启动资金，创业风险和压力都非常大，大学生如果自身经验和能力认识不足，对创业的期望值过高，很容易失败。因此，大学生创业不妨放平心态，深刻了解市场和自己，然后从小做起，从实际做起，第一步走稳了再走第二步。

（二）纸上谈兵

缺乏经验是目前大学生创业中普遍存在的问题，不少大学生创业者不习惯对其产品或项目做市场调查，只进行理想化的推断，例如："如果有 3 亿人需要我们的产品，每人销售 100 元，我们就有 300 亿元的销售市场"这种推断方法是站不住脚的，而且常常起着误导作用。大学生在创业初期一定要做好市场调研，一些可行性研究也可委托专业机构进行，在了解市场的基础上创业，才能长久。

（三）单打独斗

在强调团队合作的今天，创业者想靠单打独斗获得成功的几率已大大降低。团队精神已成为不可或缺的创业素质，风险投资商在投资时更看重有合作能力的创业团队。如大学生一般都有个性，自信心较强，在创业中常常自以为是、刚愎自用，这些都影响了创业的成功率。因此，对打算创业的大学生来说，强强合作，取长补短，要比单枪匹马更容易积聚创业实力。

二、创业风险

由于创业环境的不确定性、创业项目与创业企业的复杂性，创业者的能力与实力的局限性，创业活动很可能偏离预期目标、出现创业风险。分析大学生创业的现状，对于大学生创业的风险分析如下：

(一)项目选择盲目

大学生创业时如果只是凭自己的兴趣和想象来决定投资方向，甚至仅凭一时心血来潮做决定，从而缺乏前期市场调研和论证，那么成功的可能性一定很低。创业需要理智而不是冲动，需要冷静而不是狂热。因此，对于大学生来说，对创业要持十分谨慎的态度。如果对创业所需要的各种条件考虑不周，对创业的前景不甚了解，就马上投入资金和人力物力，成立自己的公司或者企业，那么将面临很大的市场风险。因此，对创业的决策要科学，要深思熟虑，盲目决定创业将会埋下风险隐患。盲目创业是大学生创业的通病。所以大学生创业者在创业初期一定要将市场调研做扎实，在充分了解市场的基础上进行创业。

(二)缺乏创业技能

创业技能缺乏是很多大学生创业者的共同点，往往当创业计划书中的内容转化为实际操作时，才发现自己根本不具备解决问题的能力。作为创业者既不了解创业的相关政策法规，也没有在相关企业的工作、实践经历，缺乏创业必备的知识技能，也缺乏必需的能力和经验，却对创业的期望值非常高。这样的创业无异于"纸上谈兵"，所以创业的时候切忌空谈，要脚踏实地一点一点把事情做好。

(三)融资渠道单一

融资渠道是创业成功与否的关键，如果没有广阔的融资渠道，创业计划只能是一纸空谈。资金难筹几乎是每一个大学生创业者都会遇到的难题，"巧妇难为无米之炊"。企业创办起来后，就必须考虑是否有足够的资金支持企业的日常运作。当代大学生创业由于自身能力及人脉的限制，融资渠道十分有限。所以，创业者应充分了解市场，扩充融资渠道。除了银行贷款、自筹资金、民间借贷等传统方式外，还可以充分利用风险投资、创业基金等融资渠道。

(四)社会资源贫乏

创业本身是一个复杂的系统工程，市场不会因为创业者是学生就网开一面，在单纯的校园环境中成长起来的大学生，由于长期身处校园，大学生掌握的社会资源非常有限，而企业创建、市场开拓、产品推介等工作都需要调动社会资源，所以在面对社会和市场时，大学生在这方面会感到非常吃力，比有社会经验的人更容易迷失和迷茫。这也是大学生创业的劣势之一。所以我们平时应多参加各种社会实践活动，扩大自己人际交往的范围。创业前，可以先到相关行业领域工作一段时间，通过这个平台，为自己日后的创业积累人脉。或者可以借助于父母亲属的人脉为自己搭桥。

（五）管理过于随意

一些大学生创业者虽然技术出类拔萃，但理财、营销、沟通、管理方面的能力普遍不足，无法凝聚人心，造成创业的失败。所以要想创业成功，大学生创业者必须技术、经营两手抓，可从合伙创业、家庭创业或从虚拟店铺开始，锻炼创业能力，也可以聘用职业经理人负责企业的日常运作。

三、大学生如何规避创业风险

（一）谨慎选择创业项目，避免盲目跟风从众

由于自身能力的限制，大学生往往并不了解市场的需求，大多是凭自己的兴趣和想象来决定投资方向。目前，大学生选择的创业项目多集中在高科技领域和智力服务领域，如软件开发、网络服务、家教中介、设计工作室等。此外，快餐、零售等连锁加盟店也是大学生青睐的创业项目。这表明大学生在选择创业项目这方面出现了明显的扎堆趋势。作为一个大学生创业者，选择一个既有市场需求又符合自己特点的创业项目是重中之重。一般来说，大学生创业者既要客观地分析自身的创业条件，更要冷静地分析创业环境，立足于技术项目，尽量选择技术含量高、自主知识产权明确的项目，并在技术创新的基础上做好产品市场化工作。切忌盲目跟风，一定要选择自己最熟悉、最擅长、最有经验、资源最丰富的行业来做。

（二）合理组建创业团队，避免单打独斗和随意搭伙现象

再出色的创业计划也会具有可复制性，但是整个团队是难以复制的，因此那些具有良好合作能力的团队相比那些异想天开的单干者往往会更受到投资者的青睐。团队合作对于创业是否成功至关重要，志同道合的搭档会是你事业成功的无价之宝。因此，组建创业团队时要考虑专业互补、能力互补、性格互补，使组建的团队有战斗力，要避免随意搭伙的现象。

（三）积极参与创业竞争，杜绝急功近利心态

创业是一个由小到大、由不成熟到成熟、由弱到强的过程。在这个过程中，创业者要积极参与竞争，逆境中要坚韧，顺境中要冷静。作为一个大学生创业者，不要惧怕同其他创业者竞争，必须做好与风险作斗争的思想准备。创业的过程中还要积极克服急躁情绪，端正心态，采取稳扎稳打、步步为营、积小胜为大胜的策略。创业者时刻切记，任何浮躁和急功近利的举动，都是有害无益的，甚至会造成前功尽弃的后果。

（四）提升心理素质与抗打击能力

大学生创业者开始创业，需要有一个好心态，对自己有信心，相信自己终能成功。

创业是一份极具挑战自信心的工作，只有不断相信自己，才能不断把不可能变为可能。如果在创业过程中，创业者出现了不自信的心理状况，那创业项目会受到阻碍，解决问题的能力也会受到影响；另外，创业者遇到困难需要冷静，不能随意急躁，造成创业机会的浪费。实际上，在创业过程中遇到难题是很正常的现象，创业者应摆正自己对于困难的态度，遇事沉稳冷静。在冷静下来之后，还要善于思考解决困难。还有一点，创业者要能吃苦，不怕吃苦。还要注意摆脱多疑的情绪，多疑是团队的毒药，它容易产生悲观心理，造成团队人心涣散、工作执行力和效率下降。

创业故事：香飘飘——一杯奶茶如何卖到 24 亿元？

蒋建琪出生在湖州南浔，自小听得最多的，就是"生意"两个字，这直接导致他在大专毕业分配到上海铁路局后的极度不适。就在此时，学食品专业的亲弟弟在南浔建了一个食品厂，蒋建琪便隔三差五地跑回老家帮忙。食品厂主营糕点，一个春节下来就挣了一万多元钱，这是蒋建琪人生中最开心的时刻之一，用他的话说，即便现在每天挣一百万元都没有当年那么开心。厂子办到第二年，弟弟因为别的打算准备放弃，于是，蒋建琪辞职回家，接收了食品厂，这家食品厂就是香飘飘食品有限公司的前身——湖州老顽童食品有限公司。

诞生

2003 年，一个困惑让蒋建琪和公司副总裁蔡建锋感到焦虑：彼时的老顽童年销售额几千万元，但明显遇见了不可能突破的天花板——主打产品棒棒冰是典型的淡旺季产品，一到冬天便急速下滑，并且很有可能成为一种过渡性产品。企业迫切需要切入新的领域，但是举目四望，一片茫然。当时唯一确定的方向，是做一种能喝的产品。在蒋建琪的商业认知中，喝的东西肯定要比吃的东西销售量大。

时至 2004 年的一天，蒋建琪在街头看到一家奶茶店，人们排着长队购买珍珠奶茶。经验告诉他：一个地方只要排长队就一定存在供需失衡，就一定有创新的可能、商机的存在。蒋建琪突发奇想：为什么不把街头的奶茶方便化、品牌化呢?立即行动，蒋建琪请来杭州市科技农业研究所帮助研发配方，请设计公司设计包装，大约半年后，产品试制成功。他给产品确定了一个新的名字：香飘飘。

香飘飘上市之前，只选择了温州、湖州、无锡、苏州四个城市试销，每个城市只选取中学、大学、标准超市，每个销售点公司都安排人员跟踪，继而再将结果画成图表。

半年的测试结果令人满意——这是一个有潜力的产品。抛开硬性的数字曲线，单凭自己眼睛看到的，都让蒋建琪兴奋不已。

以学生为引爆点

2005 年，蒋建琪决定：香飘飘要着手准备打仗了。仗怎么打？试销数据已经告诉了蒋建琪引爆点在哪里。根据马尔科姆·格拉德维尔的引爆点理论：一项工作的 80% 都是由参与工作的 20% 的人完成的。同样，要发起流行，就得把资源集中在引爆点上，只要找对了一点，轻轻一触，这个世界就会动起来。那么，能够迅速引爆杯装奶茶的流行趋势的人群在哪？出租车司机？明星？行业内的意见领袖？传统经销商？——是学生。

照此办法，逐一推进，香飘飘先后以杭州、郑州、南京、北京等几个有辐射力的大中城市为中心，做深做透，继而再向周边城市辐射，借势成事，水到渠成。在2005年于济南举办的全国糖酒订货会上，香飘飘正式向全国招商。此前，经销商们从未见过杯装奶茶，亲口品尝后兴奋不已，现场签单者络绎不绝。数月后，全国各地的订单纷纷向湖州聚集，香飘飘当年的账面资金，迅速攀升至5000万元。

广告轰炸

地面部队在加速推进，空中的广告轰炸则依旧选择聚焦。当年，资金实力尚不雄厚的香飘飘，砸下3000万元，且只砸湖南卫视。香飘飘成了奶茶行业第一个做广告的。由此，其销售额从2005年的数千万元一下跃升至2006年的4.8亿元，一年时间，放量速度之快，让蒋建琪自己都觉得意外。2006年下半年，喜之郎旗下的优乐美、立顿旗下的立顿奶茶、大好大旗下的香约奶茶相继杀入杯装奶茶市场……一时间，全国冒出了几十家奶茶品牌。2008年，香飘飘的销售收入接近10亿元，而优乐美的销量不断上涨，至2009年上半年，与香飘飘已经非常接近了。香飘飘岌岌可危。

"剐肉"式改革

改革就是要敢于剐掉自己身上的肉。这句话对于转型期的企业同样适用。2009年下半年，蒋建琪开始深刻反思，同时也密集拜访了国内众多营销管理机构，他企图给自己的企业寻找到一张药方，同样也为自己接下来的商业生涯寻找一个答案。——聚焦，专注，从多元化中抽身，这是蒋建琪得到的答案。他痛下决心，砍掉了盈利丰厚的花生项目、房地产项目及新投资的年糕项目，将全部身家押宝奶茶的香飘飘，开始强调自己的行业开创者地位。"杯装奶茶的开创者，香飘飘一年卖出X亿杯，杯子连起来可绕地球X个圈。"——这则全国人民似乎都听过的广告。

除了广告，在产品上，香飘飘也开始不断与对手进行区隔。例如包装，香飘飘奶茶的杯子比起竞争品要更大一些，用纸也更考究，突出量足、实惠的特点；甚至于吸管，其他品牌是随便一折然后放入杯子，香飘飘则特别定制了双节组合式吸管，平时是短短的两节，使用时轻轻一插即可变长……时至2009年底，面对通货膨胀导致原材料涨价。香飘飘毅然决定率先提价，并且依靠其良好的口碑，纯正的味道，稳定了销量。一场惊心动魄的价格战打下来，2010年，香飘飘奶茶销量突破10亿杯，销售额过20亿元。进入2011年，香飘飘销量持续增长，与竞争对手的距离再度拉开，行业第一品牌的地位得以保住。

事实上诸如香飘飘这种依靠单一品类制敌的企业，其优势在于五指合拳，不留退路，劣势则在于行业本身的市场容量。2012年香飘飘销售额24亿元，未来能否突破50亿甚至100亿元的行业天花板，则取决于企业能否在未来几年内搭建起战略平台。

参 考 文 献

陈健. 2009. 大学生职业生涯规划与就业指导[M]. 北京：北京理工大学出版社

大学生职业生涯规划与就业指导服务课题研究组. 2013. 梦想启航——大学生职业生涯规划与就业指导[M]. 北京：北京航空航天大学出版社

董玉河，何忠诚，林志强. 2013. 大学生就业创业与职业发展指导 [M]. 天津：南开大学出版社

高桥，葛海燕. 2009. 大学生就业指导[M]. 北京：清华大学出版社

高校就业类教材课题研究组. 2009. 大学生职业发展与就业指导[M]. 长春：吉林大学出版社

葛玉辉，宋志强，等. 2014. 职业生涯规划与管理[M]. 北京：清华大学出版社

龚平，黄平. 2011. 新编大学生职业发展与就业指导[M]. 成都：西南交通大学出版社

侯同运，谷道宗等. 2014. 大学生职业发展与就业创业指导[M]. 济南：山东人民出版社

李福军. 2010. 大学生职业生涯规划与就业指导[M]. 西安：西北工业大学出版社

李家华，谢强. 2014. 创业基础教学手册. 北京：北京师范大学出版社

李家华. 2014. 创业基础. 北京：北京师范大学出版社

李伟，赵瑛，张建民. 2002. 新世纪大学生就业指导[M]. 西安：西安交通大学出版社

梁华，林明，毛芳才. 2012. 大学生职业发展与就业指导[M]. 北京：清华大学出版社

刘伟，张宪义，王小红等. 2009. 大学生职业发展与就业指导[M]. 长春：吉林大学出版社

罗晓燕，彭新立. 2013. 大学生职业生涯规划与就业指导[M]. 北京：北京航空航天大学出版社

明照凤. 2013. 大学生就业指导[M]. 济南：山东人民大学出版社

潘旭阳，袁龙，等. 2014. 大学生职业生涯发展与素质训练[M]. 天津：南开大学出版社

彭志刚，潘一鸣，肖桂林，等. 2007. 大学生职业生涯规划与就业指导[M]. 北京：北京理工大学出版社

曲振国. 2005. 大学生就业指导与职业生涯规划[M]. 北京：清华大学出版社

任迎虹，阮学勇. 2011. 大学生职业发展与就业指导[M]. 北京：北京理工大学出版社

童天. 2013. 职业生涯管理[M]. 北京：法律出版社

王福山，靳和连. 2008. 职业道德与就业指导[M]. 北京：机械工业出版社

王明复，孙培雷. 2012. 大学生职业生涯规划与求职指导[M]. 北京：清华大学出版社

王艳茹，王兵. 2014. 创业基础课堂操作示范. 北京：北京师范大学出版社

王哲，刘敬东. 2012. 大学生职业生涯规划与学业指导[M]. 北京：机械工业出版社

吴宝龙，张立新，张立莉等. 2014. 职业生涯规划与自我修炼[M]. 北京：清华大学出版社

吴玉平. 2013. 幸福心理学与择业成功学[M]. 天津：天津大学出版社

熊苹. 2014. 职业生涯规划[M]. 北京：清华大学出版社

杨帮勇. 2010. 大学生职业发展与就业指导[M]. 上海：同济大学出版社

杨俊峰. 2013. 职业指导实务[M]. 上海：复旦大学出版社

姚先桥. 2012. 职业生涯六堂课[M]. 北京：机械工业出版社

曾少华，钟芳勤. 2013. 大学生就业指导与职业生涯规划[M]. 北京：人民邮电出版社

张长保，路正社，孙全学. 2010. 助你飞翔：当代大学生就业指导手册[M]. 西安：陕西师范大学出版社有限公司

张振刚，雷育胜，等. 2014. 大学生学习与职业生涯规划[M]. 北京：清华大学出版社